Como os DADOS Aconteceram

da Era da Razão à Era dos Algoritmos

CHRIS WIGGINS
MATTHEW L. JONES

Como os DADOS Aconteceram

da Era da Razão à Era dos Algoritmos

ALTA BOOKS
GRUPO EDITORIAL
Rio de Janeiro, 2024

Como os Dados Aconteceram

ISBN: 978-85-508-2344-7

Impresso no Brasil — 1ª Edição, 2025 — Edição revisada conforme o Acordo Ortográfico da Língua Portuguesa de 2009.

Dados Internacionais de Catalogação na Publicação (CIP)
(BENITEZ Catalogação Ass. Editorial, MS, Brasil)

J67c
1.ed. Jones, Matthew
Como os dados aconteceram : da era da razão à era dos algoritmos / Matthew Jones, Chris Wiggins ; tradução Eveline Machado. - 1.ed. - Rio de Janeiro : Alta Books, 2025.
352 p.; 15,7 x 23 cm.

Título original: How data happened.
Bibliografia.
ISBN 978-85-508-2344-7

1. Algoritmos. 2. Ciência da computação. 3. Dados - Mineração. 4. Dados (Processamento). 5. Inteligência artificial - Inovações tecnológicas. 6. Política. I. Wiggins, Chris. II. Machado, Eveline. III. Título.

11-2024/170 CDD 001

Índice para catálogo sistemático:
1. Dados : Algoritmos : Ciência da informação 001
Aline Graziele Benitez - Bibliotecária - CRB-1/3129

Produção Editorial: Grupo Editorial Alta Books
Diretor Editorial: Anderson Vieira
Editor da Obra: J. A. Ruggeri
Vendas Governamentais: Cristiane Mutüs
Gerência Comercial: Claudio Lima
Gerência Marketing: Viviane Paiva

Produtora Editorial: Isabella Gibara
Tradução: Eveline Cardoso
Copidesque: Carol Suiter
Revisão: Thaís Cotts
Diagramação: Alice Sampaio
Capa: Lorrahn Cândido

ALTA BOOKS
GRUPO EDITORIAL

Rua Viúva Cláudio, 291 — Bairro Industrial do Jacaré
CEP: 20.970-031 — Rio de Janeiro (RJ)
Tels.: (21) 3278-8069 / 3278-8419
www.altabooks.com.br — altabooks@altabooks.com.br
Ouvidoria: ouvidoria@altabooks.com.br

Editora
afiliada à:
ASSOCIADO

Para nossas famílias, que tornaram possível este livro

SUMÁRIO

PRÓLOGO

Em uma manhã de abril em 2018, conforme a luz do sol da primavera entrava pela janela leste da sala do seminário no Schermerhorn Hall da Universidade Columbia, eu (Wiggins) fui para o quadro-negro explicar a coisificação quantitativa, processo mágico pelo qual uma correspondência numérica da observação empírica se torna uma coisa. Armado com a história de Adolphe Quetelet, que visava revelar o homem ideal usando os dados que ele obteve sobre as medições físicas dos soldados escoceses, tracei no quadro a imortal "curva normal". Conhecida pelos matemáticos como curva gaussiana e contestada como a famosa "curva em sino" dos testes de QI, a curva normal significa para os cientistas naturais que os dados revelaram algo real, mesmo sendo algo transcendental. Virei para os alunos, na esperança de ver em seus olhos que eles compartilhavam do meu entusiasmo. Um me encarou e levantando as mãos para o céu, perguntou: "Podemos falar sobre o Facebook agora?"

Naquela manhã, jornais e feeds de notícias digitais igualmente abriram fogo contra Washington, acabando com toda dissimulação. O CEO irreverente de uma empresa de tecnologia que mudaria a cultura no Vale do Silício estava sendo chamado ao Senado dos Estados Unidos. Em nome de todos os cidadãos, senadores buscavam entender como os dados pessoais de milhões de pessoas, inclusive dos nossos alunos, foram comprometidos, o *New York Times* explicava, usados para fins escusos que violavam as normas sobre privacidade e nosso processo político.[1] No fim do depoimento no Congresso naquela semana, os alunos reconheceram o tamanho da lacuna entre como os representantes eleitos entendiam sua realidade mediada digitalmente e seu conhecimento pessoal a partir do crescimento com os algoritmos.

A história dos dados está repleta de disputas: disputas para definir o que é verdade, disputas para usar dados e aumentar o poder de alguém, às vezes, disputas para usar algoritmos e dados para iluminar a escuridão e empoderar os indefesos. Este livro nasceu do nosso ensino de centenas de alunos curiosos, junto de nossas próprias experiências, como um historiador da ciência e um cientista de dados em exercício, como cidadãos tentando entender como chegamos nessa realidade mediada por algoritmos, como podemos escolher viver de modo diferente. Como todos os usuários, desenvolvedores e temas da tecnologia, tentamos entender para onde vai tudo isso, além de como modelaremos coletivamente o futuro. Tentamos contar uma história com ideias e tecnologias, mas também uma história com verdade e poder.

Deixando de lado o giz, concordamos que Quetelet teria sua vez. Mas primeiro, precisaríamos explicar como um astrônomo belga desconhecido se encaixa na história dos dados: como os dados e os meios para analisá-los passariam de uma preocupação do Estado para as universidades, as Forças Armadas e o setor privado.

Usamos os "dados" aqui como um atalho para a vastidão dos sistemas de tomada de decisão algorítmica baseada em dados nos cercando por quase todos os lados. Exploramos como os dados foram criados e escolhidos, além de como novas técnicas matemáticas e de computação que se desenvolveram para lidar com os dados servem para modelar pessoas, ideias, a sociedade, operações militares e economias. Junto com os dados vem o poder, inclusive o poder de modelar o que é percebido como verdade. Embora a tecnologia e a matemática sejam centrais, a história dos dados diz respeito a um jogo instável entre Estados, corporações e pessoas.

E por isso, naquela manhã, falamos não só sobre dados, mas sobre os riscos de um mundo mediado por eles.

Contexto

A ideia de uma aula sobre como os dados aconteceram nasceu em novembro de 2015, em uma conversa rápida durante o jantar com alguns alunos da graduação na Columbia com uma combinação de formações nas áreas de engenharia e humanas. Na época, suspeitávamos que os alunos estivessem muito interessados na história sobre data science e pensávamos que nossas perspectivas combinadas e complementares forneceriam uma visão útil, com material novo igualmente para engenheiros e não tecnólogos. Quando demos a aula pela primeira vez em janeiro de 2017, percebemos rápido que os alunos não só estavam interessados em como chegamos lá, como também buscavam uma estrutura analítica e viável para entender a ética e a política dos dados.[2]

Com "política" não queremos dizer uma definição limitada como "votar", mas "relacionada à dinâmica de poder". Nosso objetivo é fornecer uma estrutura para entender o papel persistente dos dados em reorganizar o poder: poder corporativo, poder estatal e poder do povo. Nosso arco histórico fornece uma vantagem crítica que aponta para uma compreensão compartilhada do presente, assim como as armas e as ferramentas à nossa disposição para modelar o futuro.

Este Livro

Toda história deve começar em algum lugar e achamos que um ponto de partida útil é o final do século XVIII, na época em que a palavra "estatística" apareceu pela primeira vez no idioma inglês. Nossa história fica entre o difícil trabalho de coletar dados, inclusive criar uma infraestrutura para coletá-los e torná-los públicos, e o desenvolvimento de novas técnicas matemáticas e de computação para estudá-los — novos modos de entender e fazer afirmações sobre esses dados, usando tais firmações para tomar decisões, muitas vezes mudando profundamente as vidas, para melhor ou pior. Em cada capítulo consideramos uma transição intelectual. Debatemos sobre como uma nova capacidade técnica e científica foi desenvolvida; quem apoiou, fez avanços ou financiou essa capacidade ou transição; como a transição foi contestada; e como essa nova capacidade reorganizou o poder, mudando quem podia fazer o quê, a partir de quê e para quem.[3] Focamos não apenas as reorganizações do poder militar ou financeiro, mas em geral as transições com uma valência ética e política: em que os dados afetam os direitos, reorganizam os danos, apoiam ou impedem a justiça.

Como os Dados Aconteceram começa com dados a serviço do estadismo, antes de voltar o uso dos dados para a melhoraria da sociedade e o batismo matemático dos dados com a criação de um novo campo acadêmico chamado "estatística matemática". A segunda parte abre com a aplicação militar dos dados na Segunda Guerra Mundial para quebrar o código, coincidindo com o nascimento da computação digital. Seguimos desde o Bletchley Park na Inglaterra ao Bell Labs nos EUA, e até as aplicações comerciais e de engenharia de dados como resultado da Segunda Guerra. Fazendo a transição do poder corporativo para as reações no poder do Estado e no "poder do povo", exploramos o impacto do registro digital e pessoal mantendo nossa compreensão de privacidade, em particular o desejo público de privacidade como uma defesa contra o excessivo poder do Estado nos anos 1970. Traçamos o primeiro nascimento e morte do campo da "inteligência artificial" e seu renascimento, saindo das cinzas na forma de "aprendizado de máquina" com base em repositórios cada vez maiores de dados sobre cidadãos, consumidores e adversários militares do mesmo modo.

A última seção do livro conecta esse passado ao nosso presente e futuro. Examinamos como dados e poder saíram de uma preocupação do Estado e passaram a ser uma preocupação corporativa, vendo organizações financeiras e modelos de negócio que permitiram que uma corporação dominasse setores inteiros rapidamente com a ajuda de tecnologias capacitadas por dados. Um debate duvidoso sobre ética estruturou muitas das possíveis soluções para o poder corporativo; traçamos a história da ética aplicada na pesquisa e como ela impactou o modo como os algoritmos capacitados por dados são implantados como produtos, modelando nossa realidade pessoal e política.

Por fim, debatemos sobre o futuro. Por mais difícil que seja fazer previsões, um modo incisivo de organizar nossa compreensão do futuro é descrever as disputas presentes entre os poderes, além das áreas nas quais essas disputas serão decididas. Fechamos o livro vendo o que consideramos ser as disputas presentes mais importantes entre os poderes corporativo, do Estado e do povo, junto com a possibilidade de novas formas de solidariedade. As soluções dessas disputas modelarão nosso futuro coletivo, tendendo mais para a justiça — ou talvez não.

Nosso objetivo aqui é um entendimento prático da história. Não fugiremos de nossos papéis como cidadãos, tecnólogos e indivíduos; somos usuários desses produtos e, como mencionado lá nos anos 1970, já que estamos em uma economia de publicidade, também somos o produto.

Trouxemos para o livro duas perspectivas complementares, cada uma com limites e tendências. Wiggins desenvolve métodos de aprendizado de máquina para entender a biologia e a saúde há mais de 20 anos como professor em Columbia e, desde 2013, desenvolve e implanta métodos e produtos de aprendizado de máquina como cientista de dados chefe no *New York Times*. No outro lado das "duas culturas" de C. P. Snow, Jones é historiador de ciências, tendo rastreado como os modos matemáticos de pensar e o debate se tornaram um jeito oficial e essencial de estudar a natureza e a política a partir da "Revolução Científica" do século XVII em diante. Em particular, ao examinar como muitos usos dos dados aumentam a disparidade, nos baseamos bastante na escrita esclarecedora de muitos acadêmicos e ativistas que expuseram esses processos. Muitos, se não a maioria, dos críticos mais incisivos e brilhantes vêm essencialmente de origens e experiências muito diferentes das nossas — dois acadêmicos brancos do sexo masculino. Nosso trabalho se baseia e celebra a obra e a visão deles por toda parte. Indicaremos uma excelente literatura sobre o impacto global dos algoritmos e das tecnologias capacitadas por dados, e histórias dos dados na organização de nossas sociedades, economias e instituições educacionais. Nosso material mais contemporâneo foca basicamente os EUA. Fornecemos notas finais para refletir não só onde descobrir mais sobre os tópicos dados em aula e escritos sobre nossas publicações acadêmicas, mas também muitos trabalhos importantes, inclusive a literatura acadêmica, que encorajamos que os leitores vejam para aprofundar o conhecimento.

Procuramos dar uma visão clara das tensões históricas e atuais entre os poderes corporativo, do Estado e do povo, focando o papel dos dados ao estabelecer a verdade e modelar as disputas entre eles. Esperamos mostrar como chegamos lá coletivamente, para representar as pequenas coincidências, as escolhas subjetivas de design e as decepções que se calcificaram no que apenas *parece* como as coisas "devem ser". Entender essas transições e contingências revelará como problemas parecidos foram resolvidos no passado. E, por sua vez, nos ajudará a retratar como poderemos romper e redefinir os ossos do sistema que, por vezes, empodera o indefeso — embora com frequência tenha fortalecido o empoderado.

Mostrando como resultados aparentemente imutáveis dependeram de escolhas no passado, podemos ver como escolher um futuro diferente de maneira coletiva.

PARTE I

01.

Os Envolvidos

> A tecnologia não é boa nem má, e também não é neutra.
>
> — *Primeira lei da tecnologia de Kranzberg, 1986*

> Ministro um curso na Universidade de Michigan chamado "a Internet é um fiasco" e não tenho que explicar a ninguém o que significa... Aturamos isso por muito tempo; não parecemos saber nada diferente.
>
> — *Lisa Nakamura, 2019*

Em dezembro de 2014 no Palais des Congrès de Montreal, a cientista de computação Hanna Wallach defendia uma revolução diante um público de tecnólogos, advogados e ativistas. Falando para os principais cientistas de computação que trabalham com "aprendizado de máquina", ela propôs que seu próprio campo precisava desesperadamente questionar como os algoritmos que desenvolviam e as tecnologias que os algoritmos forneciam, desafiavam nossos valores de "equidade, responsabilidade e transparência". Embora filósofos, sociólogos e advogados tivessem soado o alarme por anos, aqui, um membro consagrado da comunidade técnica, com uma posição de pesquisa cobiçada na Microsoft, se baseou nesse trabalho crítico e chamou colegas para melhorar sua pesquisa, fazendo um trabalho melhor precisamente ao reconhecer a necessidade da equidade e da responsabilidade a partir dos sistemas algorítmicos.

Longe de um protesto no deserto, a fala de Wallach, proferida na conferência mais importante em aprendizado de máquina aplicado, foi um aviso direto na porta da catedral. Wallach diagnosticou o problema, fora do tradicional escopo da disciplina de ciência da computação. Admitindo que as soluções para os problemas não viriam de dentro da ciência da computação, ela pediu a colaboração de pessoas de outros setores. "Poucos cientistas da computação ou engenheiros", explicou Wallach, "considerariam desenvolver modelos ou ferramentas para analisar dados de astronomia sem envolver os astrônomos. Então por que tantos métodos para analisar dados sociais são desenvolvidos sem a participação [de] cientistas sociais?"[1]

Wallach insistia em um maior reconhecimento de como as parcialidades entram nos modelos criados pelas máquinas aprendizes e alertou sobre os riscos inerentes de estudar os conjuntos de dados simplesmente porque estavam disponíveis. Um exemplo: embora seja relativamente simples obter e analisar dados dos usuários do Twitter, esses dados dificilmente são representativos de, digamos, a população em geral dos EUA. Ela insistia que os pesquisadores "começassem a pensar fora das caixas dos algoritmos normalmente adotados pela comunidade de aprendizado de máquina, focando as oportunidades, os desafios e as implicações envolvidas [em] desenvolver e usar os métodos de aprendizado de máquina para analisar dados reais sobre a sociedade".[2]

Analisar dados reais sobre a sociedade já era, na época em que Wallach falava, a essência dos modelos comerciais das gigantes da internet Google, Facebook e Amazon, sem mencionar ser o centro das agências de inteligência dos EUA, do Reino Unido, de Israel e China. É suficiente dizer que essas corporações e agências raramente incorporavam questões de equidade e responsabilidade animando a fala de Wallach. As questões centrais não eram meramente acadêmicas nem um caso da comunidade de pesquisa mudando seu foco.

Nadando contra a maré da utopia da internet após 2000, um grupo animado de cientistas sociais sinalizou preocupações com a internet baseada em dados no comércio, na educação e no governo. Em um simpósio de 2011 realizado em Oxford, danah boyd* e Kate Crawford argumentaram: "A era do Big Data começou." Diante de um público incluindo grandes nomes como Vint Cerf, um dos "inventores da internet", os pesquisadores devem fazer a comunidade pensar mais criticamente sobre a incipiente era do big data:

> Os dados de pesquisa em grande escala nos ajudarão a criar ferramentas, serviços e produtos públicos melhores? Ou entrarão em uma nova onda de incursões de privacidade e marketing invasivo? A análise de dados nos ajudará a entender as comunidades online e os movimentos políticos? Ou será usada para rastrear manifestantes e reprimir a fala? As grandes quantidades de dados transformarão como estudamos a comunicação e a cultura do homem, ou limitarão a palheta das opções de pesquisa, alterando o significado de "pesquisa"?[3]

Baseando-se nas vozes críticas anteriores, como Oscar Gandy Jr., Wendy Chun e Helen Nissenbaum, os pesquisadores começaram a documentar os efeitos reais de corporações e governos falhando em enfrentar questões preocupantes, e pediram uma mudança drástica.[4] Sem a pretensão da captura adequada desse enorme corpo de trabalho, mencionaremos alguns exemplos importantes.

Em 2013, Safiya Noble, então professora na Universidade de Illinois em Urbana-Champaign, agora uma premiada bolsista "Genius" MacArthur, publicou uma visão perturbadora da pesquisa do Google. "A pesquisa comercial implode", escreveu Noble, "na hora de fornecer informações confiáveis, plausíveis e historicamente contextualizadas sobre mulheres e pessoas não brancas, sobretudo mulheres e garotas pretas." Uma tecnologia ostensivamente imparcial reproduziu rapidamente, e reforçou, tendências racistas e sexistas em relação a mulheres pretas. "Um estudo continuado desses fenômenos", ela escreveu, "é uma oportunidade para contestar a alegada neutralidade da tecnologia,

---

* danah boyd alterou seu nome, somente com caracteres minúsculos, de forma a homenagear seu avô (Boyd), refletir o "balanceamento tipográfico" que sua mãe desejava ao nomeá-la e "satisfazer [sua] própria irritação política contra a importância das letras maiúsculas". [N. da R.]

criando novas oportunidades para fazer justiça social e ter uma representação justa online."[5] Em 2016, a matemática Cathy O'Neil descreveu sua própria jornada, desde a universidade até ser funcionária em Wall Street e crítica de dados e algoritmos não verificados. Em seu livro *Weapons of Math Destruction* [sem publicação no Brasil], explorou como os incentivos em data science minaram a humanidade de seus temas: "A inclinação é substituir pessoas pelo rastro de dados, transformando-as em compradores mais eficientes, eleitores ou trabalhadores para otimizar algum objetivo. Isso é fácil de fazer, e justificar, quando o sucesso volta como uma pontuação anônima e as pessoas afetadas permanecem a cada bit tão abstratas quanto os números dançando na tela".[6] Sem mudar esses incentivos, o data science, por toda a sua promessa, mudaria drasticamente os objetivos das organizações, desde universidades até medicina e bem-estar social, às custas, em grande parte, dos membros menos poderosos da sociedade. Paralelas a esses diagnósticos críticos, as revelações da grande expansão dos aparatos de espionagem dos EUA e sua aliança "Cinco Olhos"** no 11 de Setembro feita por Edward Snowden reanimaram antigas preocupações sobre a vigilância em massa do governo, antes levantadas pelas primeiras gerações de delatores, jornalistas e libertários civis. A NSA (Agência de Segurança Nacional dos Estados Unidos) e o GCHQ (Government Communications Headquarters) britânico patrocinaram e se beneficiaram com a grande explosão de pesquisa acadêmica e desenvolvimentos comerciais na coleta e na análise dos dados. Os primeiros modos de entender os perigos da vigilância demandavam uma análise legal e tecnológica crítica das violações de privacidade que possibilitaram quantidades cada vez maiores de dados e técnicas analíticas sofisticadas. Uma grande onda de diagnósticos críticos da nova centralidade dos dados e dos algoritmos surgiu junto com essas importantes intervenções.

Em poucos anos na onda das preocupações críticas, todas as curtidas do Google, do Facebook e da IBM tinham especialistas internos em ética da IA. Essas empresas, potências econômicas equivalentes financeiramente a muitos Estados-nação, se apropriaram rápido do movimento crucial, contratando muitos dos críticos mais brilhantes, mas muitas vezes silenciando-os ou incapacitando-os quando a crítica ficava muito pesada. Era como se o Papa contratasse Martinho

---

** Os Cinco Olhos é um acordo entre Austrália, Canadá, Nova Zelândia, Reino Unido e Estados Unidos, que visa a cooperação entre as inteligências dessas nações. [N. da R.]

Lutero e o colocasse no canto do Vaticano, enquanto as indulgências que estimularam a Reforma continuavam relativamente inabaláveis. Os pesquisadores contratados pelas curtidas do Google, como Timnit Gebru e Margaret Mitchell, muitas vezes se viram desafiados enquanto lutavam para não ser cooptados. A comunidade de pesquisa de ciência da computação, por sua vez, transformou essas preocupações profundas sobre equidade em novos quebra-cabeças algorítmicos, mas muitas vezes teve o cuidado de afastá-los das reflexões sobre poder.

Acadêmicos como Wallach, Noble e O'Neil, entre muitos outros, viam perfeitamente como os novos sistemas algorítmicos reproduziam com facilidade em seus julgamentos automatizados as desigualdades sistêmicas de outrora com uma rapidez e escala sem precedentes. Novas capacidades produziram novos poderes. Esses poderes ameaçavam consolidar muitas desigualdades contra as quais tantas sociedades lutavam para desfazer há tempos, com sucesso variado e desequilibrado. Quase sempre essas novas tecnologias reforçam as formas existentes de desigualdade e diferença estruturais, no que a professora de Princeton Ruha Benjamin descreve como "um conjunto de tecnologias que gera padrões de relações sociais" que em si mesmas "se tornam uma caixa preta, sendo natural, inevitável, *automática*".[7] O verniz de objetividade que vem com as tecnologias que usam dados serve, argumenta Ruha, para "codificar" a desigualdade. E essa desigualdade se estende até as empresas que criam os sistemas algorítmicos: a capacidade de implantar essas tecnologias em grande escala hoje só está realmente disponível para corporações e governos com mais recursos, como enfatizou a ex-funcionária da Google Meredith Whittaker.[8]

> Acredita-se que o escritor de ficção científica William Gibson disse: "O futuro já está aqui — só não está muito igualmente distribuído." Também acredito nisso, mas de modo oposto ao que acho que ele pretendia dizer. Pessoas que vivem em ambientes com direitos reduzidos (comunidades pobres e da classe operária, imigrantes, comunidades não brancas, de minorias religiosas ou sexuais) já estão vivendo no futuro digital, em especial quando se trata de vigilância de alta tecnologia e disciplina.
>
> — *Virginia Eubanks*[9]

Os avisos de Wallach, boyd, O'Neil, Noble e outros acadêmicos e ativistas não foram os primeiros nem os únicos exemplos do que agora é amplamente reconhecido como um esclarecimento das desvantagens da avalanche de dados em que vivemos. Como observa Lisa Nakamura, "Ministro um curso na Universidade de Michigan chamado 'a Internet é um fiasco' e não tenho que explicar a ninguém o que significa."[10]

As primeiras gerações de acadêmicos e ativistas legais de 1960 em diante sinalizaram os perigos do acúmulo e da análise automática dos dados para a privacidade, e observaram como tal investigação, em geral, exacerba as desigualdades existentes. Sociólogos levantaram preocupações sobre o impacto dos algoritmos fornecidos por dados na política democrática. Zeynep Tufekci alertou em 2014 sobre o aumento da "capacidade daqueles com recursos e acesso ao uso dessas ferramentas ao realizarem incontáveis campanhas altamente eficientes, pouco transparentes e de persuasão e engenharia social nas esferas políticas, civis e comerciais".[11] Embora a persuasão política e o marketing quantitativo ou de "performance" não fossem novos em 2014, sua combinação com as operações de influência política e a "microssegmentação", ou seja, a capacidade de otimizar a entrega de diferentes mensagens digitais para indivíduos, abriu a possibilidade de fraturar as realidades dos eleitores no que Renée DiResta mais tarde chamou de "realidades sob medida".[12] A eleição para presidente nos EUA em 2016 trouxe para os lares a realidade de tal microssegmentação, sobretudo em torno da empresa Cambridge Analytica e de sua exploração dos dados adquiridos via Facebook. A imaginação pública e os temores foram bem capturados pela história do que parecia ser um quiz de personalidade inofensivo no Facebook sendo utilizado para "arquitetar o público", como definiu Tufekci, levando o CEO Mark Zuckerberg do Facebook a depor no Congresso na primavera de 2018, assegurando aos congressistas que, apesar dos medos de seus eleitores, os dados deles não eram comercializados e todos estavam bem em Menlo Park (porém, as respostas dos congressistas nem sempre tranquilizavam o eleitorado: um senador confuso perguntou se o Facebook era "igual" ao Twitter e outro pediu a Zuckerberg para esclarecer se a empresa vende publicidade, seu negócio principal).

Os temores do poder dos algoritmos em conduzir a "política da computação" na escala de Estados-nação inteiros refletiam as preocupações com o poder dos algoritmos para criar o que Virginia Eubanks chama de "miséria digital". Seu livro de 2018, *Automating Inequality* [sem publicação no Brasil], investiga três histórias sobre algoritmos incapacitando o pobre e o necessitado. Ela compartilha como os algoritmos pouco transparentes usados pelo Estado, alguns complexos, outros simples, servem para aumentar a desigualdade social, provocando danos em escala àqueles que têm menos poder para se defender e criticar seu uso. Alertando sobre como malefícios injustos podem ser usados em tudo, menos nos mais empoderados, um de seus informantes a repreende: "Preste atenção no que acontece conosco. Você será a próxima."[13] Histórias sobre policiamento preditivo saíram da ficção científica distópica e foram para a realidade em testes nos EUA e outros países, talvez mais notoriamente a "Lista de Assuntos Estratégicos" de Chicago.[14] Quando algoritmos fornecidos por dados são implantados por forças policiais, eles já levaram a prisões e encarceramentos injustos, com uma preocupação crescente sobre a parcialidade em seu design e implantação. Profissionais de saúde e funcionários de saúde pública enfrentam assédio, negação e narrativas contrárias igualmente. Estados-nação enfrentam desestabilização e desinformação em grande escala.

As possíveis ameaças dos sistemas de decisão algorítmicos repletos de dados granulares em números cada vez maiores de pessoas são novas de muitas maneiras. Elas permitem que governos e corporações saibam sobre nossa atividade diária em uma escala totalmente nova: técnicas antes direcionadas a pequenos grupos, muitas vezes mais marginalizados ou dissidentes, podem ser aplicadas à população inteira. Elas constituem uma intimidade sem precedentes no sentido de que potencializam as comunicações entre as pessoas, nossas fontes de notícias e informação, até moderam de forma algorítmica nossos relacionamentos.[15] Isso torna tais sistemas (inclusive com algoritmos recomendando filmes, entretenimento, notícias ou parceiros românticos) potencialmente mais danosos nas situações de abuso ou design ruim. No caso da desinformação, por exemplo, a natureza das plataformas abertas de informação significa que os perigos dos algoritmos fornecidos por dados vêm não apenas dos Estados-nação, mas dos nossos vizinhos.

No mundo acadêmico, as respostas para a explosão dos sistemas de aprendizado de máquina são muito variadas, entre entusiasmo e alarme, com crescente participação de diversos tecnólogos, cientistas sociais e humanistas. No entanto, a forte relação entre indústria e mundo acadêmico causa comoção e com razão: conforme a pesquisa industrial patrocinada aumenta, rivalizando com o financiamento tradicional do governo, um tipo de "captura" é permitido, em que a pesquisa crítica das empresas de tecnologia é impedida ativamente ou apenas desestimulada pelo medo da perda de apoio financeiro.[16]

Fora do complexo formado pela indústria e pelo meio acadêmico, entre ativistas, departamentos e corpo docente não se beneficiando direta nem financeiramente das empresas de tecnologias fornecidas por dados, não existe apenas preocupação, mas um ativismo aberto para limitar o poder dessas empresas, defendendo uma regulação estatal ou na forma de "ordem privada", inclusive desencorajando que outras pessoas trabalhem para ou com empresas de tecnologia que prejudicam a sociedade.[17] As empresas responderam, em particular nos últimos anos, de várias formas, antigas e novas. As respostas tradicionais, como lobby do governo e campanhas de relações públicas para o público, aumentaram em intensidade e escala financeira, e até em divergências. As respostas específicas para as preocupações com os algoritmos incluem correções técnicas sob o rótulo de "equidade", além de estabelecer equipes, papéis ou responsáveis pela "ética da IA". Ambas obtiveram respostas mistas do Congresso dos EUA, dos interessados e dos críticos. Nenhuma teve sucesso em mudar drasticamente os processos internos nas empresas mais poderosas. O professor de Direito Frank Pasquale alertou por muitos anos sobre as grandes corporações cooptarem valores genuinamente importantes, como a transparência. Em 2016, uma coalizão de pesquisadores produziu os importantes "Princípios para Algoritmos Responsáveis" defendendo que:

> Agora os algoritmos de tomada de decisão automatizados são usados na indústria e no governo, fundamentando muitos processos, desde a precificação dinâmica até a implantação de práticas para condenação penal... A responsabilidade nesse contexto inclui a obrigação de informar, explicar ou justificar a tomada de decisão algorítmica, além de mitigar qualquer impacto social negativo ou danos em potencial.[18]

É necessário muito mais, como a maioria dos escritores a quem recorremos provavelmente concordaria agora; devemos ter formas institucionais robustas que permitam a responsabilidade, não simplesmente forçar a produção de uma responsabilidade. Lidar com os perigos e a promessa dos sistemas algorítmicos demanda uma ação política concentrada, capaz de afetar a quem os dados capacitam ou não; e demanda uma clara compreensão do quanto nossa situação atual é dependente, quando não inalterável. Quanto mais entendermos a gênese desses sistemas, mais equipados estaremos coletivamente para contestar, desafiar e usá-los com mais justiça.[19]

História e Crítica

Abrimos o capítulo com uma lei da tecnologia, a primeira lei de Kranzberg, em homenagem a um historiador da tecnologia que escreveu em 1986:

> minha primeira lei — A tecnologia não é boa nem má, e também não é neutra — sempre deve nos lembrar que é dever do historiador comparar os resultados de curto e longo prazos, a esperança utópica e a realidade vista, o que poderia ter sido e o que realmente aconteceu, as concessões entre as várias "coisas boas" e as possíveis "coisas ruins". Tudo isso pode ser feito apenas vendo como a tecnologia interage de diferentes modos com valores e instituições diversos, na verdade, com o meio sociocultural inteiro.[20]

As vozes crescentes de alarme em torno dos dados hoje competem com as vozes de otimismo, disparadas pelos avanços tecnológicos claros ao usar dados para entender nosso mundo e facilitar as atividades do cotidiano. Conforme escrevemos, aceitamos como normal um nível de reconhecimento de fala e verificação ortográfica automatizada que excede muito os melhores esforços de pouco tempo atrás. Na pesquisa, vimos grandes avançados na capacidade de prever o enovelamento de proteínas ou identificar doenças com dados de imagens clínicas e dados do genoma. Promessas de grandes futuros com carros autônomos e uma medicina personalizada ou de "precisão" enchem a imprensa especializada e materiais de marketing das empresas de tecnologia da mesma forma. E precisamos não aceitar a euforia exagerada em torno dos dados para reconhecer os efeitos profundos, muitos não intencionais, causados pelas tecnologias incorporadas em nossos sistemas sociais, políticos e econômicos.

Com esses desenvolvimentos vêm os desafios para muitas autoridades e profissões, de cientistas a anunciantes, médicos a advogados. A história das máquinas substituindo trabalhadores braçais em grande escala é tão antiga quanto a Revolução Industrial; e agora as máquinas estão chegando nos trabalhadores de elite de terno e gravata, e rápido. Por exemplo, médicos cada vez mais reconhecem que logo as máquinas farão práticas de diagnóstico mais importantes: "Prever onde a disrupção é mais provável é difícil, mas se parece rotina hoje, então é possível que será um alvo para a máquina amanhã. Especialidades clínicas, como radiologia, podem não desaparecer, mas com certeza passarão por uma grande transformação."[21] Mesmo que essas profissões tradicionais sejam desafiadas, uma faixa global de novos trabalhadores será necessária para permitir que os sistemas façam o trabalho.

Nos últimos 10 anos, vimos ameaças crescentes aos direitos individuais, e danos à justiça por parte de corporações e governos; ao mesmo tempo, também testemunhamos grandes desenvolvimentos em nossas vidas pessoais e na pesquisa, e a promessa dos benefícios tecnológicos que virão. Agora, também está claro que as pessoas no poder, em particular os poderes estatal e corporativo, não abrirão mão das capacidades fornecidas pelos dados sem grande pressão e defesa. Devemos encarar o desafio de Kranzberg e entender os resultados de curto e longo prazos, além de entender como nossas escolhas constituem grandes e pequenas reorganizações de poder.

História como Solvente

Muitas vezes forças poderosas são reticentes em investigar a gênese histórica que as possibilitaram, ou até as tornaram dominantes. Histórias complexas abalam a clareza e a legitimidade do seu poder.[22] Ao ver de longe as formas óbvias como as tecnologias ganham destaque, a história desestabiliza a ideia de que o crescimento de certas tecnologias em si direciona a história, uma visão chamada "determinismo tecnológico". Foi muito lucrativo para os inúmeros interessados, por exemplo, afirmar que as visões mais antigas de privacidade estão desatualizadas na era da internet, mesmo que a própria internet cause a diminuição da privacidade. Nenhuma afirmação é verdadeira. Mas tais histórias fornecem uma potente versão da história, onipresente em debates na internet, legitimando a ordem atual das coisas serem obrigatoriamente assim.

A história pode ficar nostálgica sobre um passado humano e melhor, mas não precisa. Quaisquer que sejam a novidade, os perigos e a escala da tomada de decisão algorítmica contemporânea, o surgimento de burocracias cruéis usando medidas quantitativas tem uma história muitas vezes obscura. Acadêmicos, desde Michel Foucault e Bernard Cohn a Jacqueline Wernimont, Martha Hodes, Simone Browne e Khalil Gibran Muhammad, mostram como a quantificação das pessoas tem uma longa história do início do século XIX em diante nos modos de ordenar e classificar estudantes, raças, colonizados, escravizados, soldados, pobres, pessoas com deficiências e encarcerados.[23] Historiadores como Sarah Igo, Emmanuel Didier, Dan Bouk e Emily Merchant exploram como pesquisas e censos não registram simplesmente: eles constituem públicos e populações; eles permitem formas de solidariedade e tipos de ação — e omissão — do governo. Os dados são criados, não descobertos, e o processo de separar e analisar muitas vezes se repete drasticamente para modelar as pessoas sob uma verificação oficial.[24]

Bem antes de o SAT nos EUA ter reduzido os candidatos universitários a uma pontuação, o psicólogo Charles Spearman propôs uma pontuação de "inteligência geral" matemática para reduzir o intelecto a um número; muito antes que os autores e a Amazon pudessem saber quantos leitores online interagiam com sua escrita, o engenheiro mecânico do século XIX Frederick Taylor introduziu o gerenciamento científico para quantificar a produção do trabalhador; muitas décadas antes, meios sofisticados de contar e contabilizar eram o centro da plantação escravista, como mostrou a historiadora Caitlin Rosenthal.[25] Contudo, nossas sociedades aproveitam o conhecimento que estudos quantitativos rigorosos podem trazer para organizar nossas vidas sociais, médicas e políticas. Nossa confiança nas vacinas, como um exemplo, está basicamente em um processo quantitativo padronizado de avaliação da eficácia e na medição dos danos. As medidas quantitativas podem, têm e devem fornecer responsabilidade, mas elas se voltaram contra nós em um ritmo febril.

Os principais métodos de responsabilidade numérica surgiram em grande parte como ferramentas para resistir ao julgamento de especialistas abrigado em entidades governamentais, educacionais e corporativas críticas. O historiador da ciência Theodore Porter argumenta que as formas padronizadas de contagem numérica, como a análise do custo/benefício, surgiram para contestar o poder dos especialistas *humanos* de "caixa preta" com autoridade fundamentada no status tradicional e nas formas obscuras de julgamento. A responsabilidade numérica, com suas promessas de transparência e objetividade guiadas por regras, normalmente ganhou destaque nas condições da disrupção dos especialistas.[26] A lei "Truth in Securities" de 1933, por exemplo, procurou reforçar a confiança nos mercados de capitais com padrões uniformes de responsabilidade e relato, duramente resistidos por Wall Street e seus contadores. Forçar os bancos anos depois a revelar seus protocolos para emprestar dinheiro mostrou um critério racista sistemático e forçou a criação de novos critérios. Seja qual for seus limites, disponibilizar informações sobre grandes instituições usando medidas quantitativas tem sido, desde o século XIX, uma ferramenta formidável para verificar o Estado e o poder corporativo, em particular a falta de transparência da tomada de decisão especializada nas organizações. Tal conhecimento pode permitir que as pessoas desafiem os especialistas, assegurem a equidade e tomem decisões transparentes.

Todavia, mecanismos tão úteis para tornar as instituições poderosas mais acessíveis ao público há tempos focam *o* público. Ao invés de tornar as instituições poderosas transparentes para nós, os sistemas algorítmicos nos desnudam cada vez mais diante dessas instituições.[27] Nas últimas quatro décadas, corporações, universidades e governos impuseram medidas numéricas da responsabilidade sobre funcionários individuais e cidadãos em um ritmo sempre crescente. Nada é inevitável nem comum ao impor tais sistemas de medida.[28] Os últimos 40 anos viram uma explosão de técnicas para insistir na responsabilidade numérica adaptada e aplicada em contextos concretos. Graças a décadas de esforços, agora a medição numérica satura os ambientes de trabalho, de fábricas a universidades, de motoristas da Uber a indústrias da pesca, com sistemas de métricas que tornam os funcionários conhecidos pelos empregadores — e responsáveis perante seus chefes por quase todas as atividades. Os algoritmos, muitas vezes secretos, patenteados e raramente transparentes, processam esses dados para ordenar e classificar, promover e demitir, recompensar e punir. Os sistemas de responsabilidade tendem a se impor nos níveis mais baixos dos sistemas institucionais, ficando previsivelmente nas linhas socioeconômicas e raciais. Ao invés de tornar as instituições poderosas transparentes para os externos, todos os dias essas medidas costumam tornar funcionários e cidadãos visíveis para as instituições poderosas. E o fazem através da tomada de decisão algorítmica e classificação normalmente sem análise.

Começaremos, bem antes da pesquisa no Google e das caronas compartilhadas da Uber, com os sonhos do astrônomo belga que inventou o índice de massa corporal e a "física social". Seus objetivos, veremos, parecem contemporâneos: usar as tecnologias mais recentes da época e dados coletados sobre indivíduos. E capacitar as pessoas que usam essas tecnologias para melhorar a própria sociedade.

02.

Física Social e *l'homme moyen*

UM ASTRÔNOMO BELGA do século XIX, Adolphe Quetelet, inspirou Florence Nightingale. Um profeta com nova visão para fazer leis. Uma visão baseada em evidências. Anote, recomendou o belga, "o que você espera de determinada legislação. Após *x* anos, veja onde ela teve sucesso e onde ela falhou". Escrevendo em 1891, Nightingale se queixou que a legislação do seu tempo não envolvia tais dados: "As leis e sua administração mudam tão rápido, sem questionar os resultados atuais e do passado, que tudo é experimentação, um vaivém, uma peteca doutrinária entre duas raquetes."[1] Esse belga, o "fundador da ciência mais importante no mundo inteiro", Nightingale explicou, fornecera "a essência da ciência para toda a administração política e social". Quetelet "não viveu para ver sua perceptível influência de nenhuma maneira prática, na política — que não existe sem ela — ou no governo."[2] Embora essa nova ciência — essas novas capacidades — não tenha reorganizado o poder, Nightingale estava certa que deveriam. Nosso mundo passa exatamente por essa reorganização de poder.

Quetelet nos deu o índice de massa corporal, a ideia da pessoa média estatisticamente, e acima de tudo, alterou radicalmente como pensamos as sociedades. Quetelet "gostava dos números", brincou o filósofo Ian Hacking, "e ficava feliz em tirar conclusões".[3]

Por todas as suas ideias novas e radicais ao pensar a sociedade, Quetelet queria evitar uma disrupção radical. Sua geração tinha visto isso, desde as revoluções na França e no Haiti até o Império napoleônico. Em 1830, revolucionários ocuparam seu novo observatório astronômico em Bruxelas, para sua grande tristeza. "Nosso observatório", escreveu a um amigo, "acabou de ser convertido em uma fortaleza."[4] Uma revolução violenta perdeu seu encanto. Obcecado por aplicar a matemática na sociedade, ele tentou criar uma nova ciência de mudança não revolucionária. Na política e na vida social, ele explicou, um "movimento abrupto" causa uma perda de força inútil. "Esse princípio é vantajoso para os partidários de uma revolução", observou. A sociedade precisava de reforma. A revolução não era o caminho. "Movimentos abruptos nunca são feitos sem certa perda de força viva. Esse princípio não é vantajoso para os partidários de uma revolução, a menos que impulsionem as forças em uma direção mais útil [e] consintam em perder uma parte [dessas forças]."[5]

Uma nova política científica, baseada em dados pessoais, deve reorganizar o poder. Aos poucos. Sem ocupar os prédios. Sem disrupção.

Burocracia, problemas de orçamento e desafios de construção atrasaram muito a conclusão de seu observatório. Embora esperasse observar o céu, Quetelet utilizou suas melhores técnicas de estudo das estrelas para refletir sobre as pessoas.[6] Diretamente influenciado pelos sucessos do final do século XVIII dos modelos físicos e astronômicos do céu e da Terra, e desanimado com as agitações políticas e militares de poder do início do século XIX na Europa, tentou criar uma nova "física social". Mas os números não eram o modo óbvio de entender a humanidade ou as relações de poder em 1830 — não por acaso, Nightingale chamou de física social muitas décadas depois.

Estatística Vulgar

Como começamos a pensar que os números são essenciais para entender o mundo e as vidas das pessoas? De artistas a antropólogos, romancistas a grão-vizires, os críticos há tempos dizem não à quantificação. "Pessoas estúpidas", escreveu um alemão controverso em 1806, "disseminam a ideia insana de que é possível entender o poder de um Estado se soubermos seu tamanho, população, receita nacional e quantidade de animais pastando."[7] O conhecimento estatístico e genuíno do Estado, continuou, diferente de seu primo "vulgar", envolvia uma descrição cuidadosa e conhecimento da História. Tal investigação transcendia o material para compreender as texturas moral e espiritual dos diferentes países. A criação de uma tabela da mortalidade para ter uma orientação moral, notícias e lucro aumentou desde o final do século XVII, mas aplicar simplesmente tais tabelas brutas às principais questões do estadismo era um anátema. Os matemáticos eram "estatísticos de tabela", não estatísticos reais. A representação numérica "não toca nas forças espirituais e nas relações dos Estados, da moral, do divino". Tais estatísticos "não veem a qualidade, apenas a quantidade".[8]

Dois séculos depois, a ex-escritora de discursos republicana e colunista Peggy Noonan do *Wall Street Journal* denunciou igualmente uma situação que ela achou mais ridícula:

> Outro dia, um político republicano veterano me encaminhou um aviso de contratação da campanha de Obama de 2012. Parecia que a política é feita pelos marcianos.
>
> O "Departamento de Análise" busca especialistas em "Modelagem/Mineração de Dados preditiva" para participar da "equipe multidisciplinar de estatística" da campanha, que usará uma "modelagem preditiva" para antecipar o comportamento dos eleitores.[9]

Em 2016, nos EUA, os dois partidos tinham operadores de dados formidáveis nesse sentido.

Nem sempre os números foram o caminho óbvio para entender e exercer poder. Como ficou assim? Por que agora recorremos a eles? E assim que computadorizados, são patológicos e ao mesmo tempo libertadores? Como a análise matemática dos dados sobre pessoas e coisas chegou a tal modo dominante de entender o controlar o mundo, prever e prescrever? Os críticos das estatísticas numéricas no final do Iluminismo entendiam bem que os dados são profundamente artificiais. Como Lisa Gitelman observou alguns anos atrás, "os dados brutos são um paradoxo", pois toda coleção de dados vem pela escolha humana sobre o que coletar, como classificar, quem incluir e excluir; toda coleção envolve uma parcialidade cognitiva e infraestruturas radicalmente diferentes para categorizar, armazenar e processar essa informação.[10] Os dados são criados, não descobertos, seja em 1600, 1780 ou 2022.[11] Como esses dados ficaram poderosos? Como são criadas as estruturas para coletá-los, armazená-los e analisá-los? Como os argumentos que os utilizam ficam tão convincentes, e até necessários legalmente?

Na Europa do século XVIII, a guerra, os impostos, por vezes a vida e normalmente a morte, dominavam as preocupações dos governantes. Essa Europa via um derramamento de sangue contínuo com pontuações de paz, muitas vezes se estendendo a conflitos brutais nas Américas e em outras partes. Guerra requer dinheiro; dinheiro requer impostos; impostos requerem burocracias crescentes; e essas burocracias requerem dados. Os Estados emergentes da Europa iluminista precisavam saber quais recursos eles tinham: pessoas, terras, metais preciosos e indústrias. A *estatística* era originalmente de conhecimento do *Estado* e de seus recursos, sem nenhuma inclinação quantitativa ou aspirações em particular quanto a insights, previsões ou o contrário. A partir de 1780, aconteceu uma explosão de números, que Ian Hacking escreveu memoravelmente como "uma avalanche de números".[12]

Essa nova estatística altamente numérica ameaçava os antigos modos de entender a regra e as pessoas. Ao invés de basear a organização do Estado nos clássicos da filosofia política e usar a história dos Estados antigos e modernos como guia, os defensores da nova estatística focavam as descrições quantitativas da "terra e das pessoas" relevantes para orientar o governante. Autoridades reformistas, armadas com novos modos de estudar as pessoas e o Estado, tentavam convencer os governantes de que elas e seus métodos eram necessários para o crescimento e a saúde do Estado. Tentavam descrever — e interpretar — essas descrições como fornecendo sugestões para a política. A enumeração nunca foi "neutra", mas designada com objetivos em mente e interpretada de modos que sugeriam uma política, em particular a alocação de recursos. Perto do final do século XVIII, os novos Estados Unidos da América consagraram o censo em sua lei mais fundamental, a Constituição. Então, como agora, os números eram políticos.

A história dos dados pessoais, ou seja, sua coleção e interpretação, muitas vezes envolve o reforço poderoso dos poderes político, militar, colonial e industrial. Dadas as longas tradições de coletar informação sobre terras e pessoas na China, nas áreas incas e outras, tais práticas não eram exclusivas dos Estados europeus no final do Iluminismo. Contudo, a quantificação ganhou uma centralidade radical e nova na Europa, depois nos EUA e nas colônias do mundo inteiro do século XVIII até o século XX.[13]

No início, a estatística era uma tecnologia nova dos Estados em um momento de crescente competição industrial, comercial e militar. Herdeiros de Maltus, nós nos preocupamos com a superpopulação. Os pensadores europeus do século XVIII, ao contrário, estavam ansiosos com a baixa população, muitas vezes atribuindo a ela o subdesenvolvimento econômico. Monarcas e seus conselheiros passaram a ver a força dos Estados, e das "raças", como quantificada pelo tamanho e pelo vigor de sua população.

Projetos de lei publicados regularmente que documentam as causas das mortes nos povoados compunham algumas das primeiras coleções reconhecíveis de dados numéricos na Inglaterra do século XVII. Ao transformar a morte em números, esses projetos de lei, explica Jacqueline Wernimont, "produziram um mundo idealizado com ironia, no qual a notificação de uma doença epidêmica e morte em massa aparecia tão clara e ordenada quanto um livro de contabilidade."[14] Do século XVIII em diante, os europeus começaram a registrar dados abundantes e criaram novas ferramentas matemáticas para examinar esses dados para fortalecer os governos, influenciar a política e persuadir o povo. Conforme acelerava o acúmulo de números, cada vez mais facetas das vidas humanas eram registradas em termos numéricos abstratos. Desde o início, governos, igrejas e estatísticos privados colocaram em tabelas números sobre desvio, morte, crime e doença. Instituições novas e antigas registravam detalhes sobre o curso da vida e da morte, e como acontece agora, pessoas em conflito com a lei deixam vestígios. O pensamento estatístico de 1700 em diante repousava basicamente na exploração da coleção de dados sobre os Estados, seu povo e, com muita frequência, as pessoas consideradas fora do padrão.

Essa coleção de números inicialmente era, em grande parte, descritiva, com cálculo ou trabalho matemático escasso ao longo do caminho. Quando a Sociedade Estatística de Londres foi fundada em 1834, ela escolheu um selo com as palavras *aliis exterendum* ("para ser eliminado por outros"). Ela tenta "simplesmente reunir fatos, deixando para os outros" interpretarem.[15] Mas os outros trabalharam para desenvolver novas ferramentas para entender todos os números e argumentar com base neles.[16] Do século XVIII em diante, financiadores, cientistas e burocratas começaram a desenvolver novos meios matemáticos e visuais para entender esses dados e fazer afirmações orientadas por eles, para convencer os investidores a abrirem os bolsos ou afetar a política. Embora nosso astrônomo belga Quetelet tenha tido o maior impacto nas estatísticas posteriores, os políticos alemães chamavam de "cameralistas",* demógrafos, financiadores ingleses e outros encontraram meios de refazer o estadismo e as economias usando novas formas de análise baseadas em dados.[17] Afastando-se radicalmente de suas raízes qualitativas, o termo "estatística" passou a incorporar de um lado, o acúmulo de dados, basicamente dados numéricos, sobretudo, desde pessoas a clima, e por outro, um conjunto de ferramentas matemáticas poderosas, fascinantes e muitas vezes mal utilizadas para tirar conclusões e analisar dados.[18]

Assim como a análise baseada em dados fez uma "disrupção" na comercialização de produtos em sua mercearia local nos anos 1990, uma análise empírica da população, da produção e dos hectares da lavoura desafiou as antigas formas de saber governar. O estudo dos dados ameaçou substituir outras formas de expertise, da ciência a lojas e farmácias. Em vez de descrições exuberantes do campo, fazia a contagem da flora e da fauna. Em vez de uma discussão ética dos valores, havia uma tentativa de modelar os efeitos de certa política de forma quantitativa. Em vez da realidade terrível da morte, tabelas de estatísticas sobre mortalidade. Em vez de expertise sobre os possíveis desejos dos consumidores, a coleção e a análise de cada compra. Em vez de uma experiência clínica individual de médicos com um medicamento, estudos randomizados para medir a efici-

---

* O cameralismo foi uma ciência e modelo de administração originalmente da Alemanha no século XVIII e início do século XIX. A disciplina, na sua definição mais restrita, dizia respeito à gestão das finanças do estado.[N. da R.]

ência e a segurança. Em vez do julgamento do caráter de um aluno entrando na faculdade, o uso de testes padronizados para fornecer uma medida "objetiva".

O nascimento da estatística no sentido moderno acontece com a percepção de que a fusão dos dados e a análise matemática podem servir ao poder, mas também, às vezes, pode impedi-lo.

Que entre nosso astrônomo belga, Quetelet.

Astrônomo Observando o Mundo Social

Conhecer *Estados* ou *países* de forma quantitativa logo levou os cientistas a tentarem conhecer os *seres humanos* de forma bem diferente, para mudar como nos entendemos, ou seja, como pessoas morais, seres físicos, seres sociais. Governos e outras instituições começaram a coletar dados sobre morte, crime e suicídio de forma inconstante. A maioria manteve esses dados com rigor; muitos até os consideravam segredos de Estado. Quetelet obteve esses números, então os publicou. Contou com uma ampla rede de cientistas europeus para conseguir os números com administradores, depois publicou as pontuações em seu próprio periódico.[19] Na era da internet, a publicação no periódico pode parecer muitíssimo lenta, mas foi uma transformação radical na disponibilidade pública e na circulação de dados.

E ele passou a analisar todos esses dados. Adaptou e simplificou a análise de dados dos astrônomos, encontrando regularidades nos dados sobre as populações. Algumas ficaram conhecidas por mais de um século, e normalmente eram oferecidas como evidência da Divina Providência organizando o mundo. O historiador Kevin Donnelly enfatizou como Quetelet passou de assuntos como a mortalidade, onde a ação humana era limitada, para domínios "morais" como crime, onde a ação era crucial. Conforme ganhava acesso a dados sobre crimes e características físicas humanas, Quetelet chegou a reconhecer outro tipo de regularidade, do agrupamento dos dados em torno de médias.

Ele não ficou contente por simplesmente notar essas regularidades. Imediatamente lhes atribuiu significância, e uma forma de realidade. "Essa constância notável com a qual alguns crimes aparecem anualmente na mesma ordem", explicou Quetelet, "reduzindo seus autores às mesmas punições, nas mesmas proporções, é um fato singular, que devemos às estatísticas dos tribunais."[20] Essas leis estatísticas pareciam questionar o livre-arbítrio do homem. Elas sugeriam que não controlamos nosso destino.

Da Teoria do Erro ao Homem Médio

Quetelet argumentou que se observamos o "fenômeno moral" em muitas pessoas, elas acabam parecendo ser um fenômeno físico. "Quanto maior o número de indivíduos observados, mais peculiaridades individuais, físicas ou morais, são ocultadas e deixam em evidência os fatos gerais, em virtude disso a sociedade existe e é preservada."[21] Como lidar com muitas observações individuais? Como hoje, uma pessoa poderia escrever muitos romances e esperar produzir algo da condição humana eterna. Ao contrário, Quetelet aplicou uma nova tecnologia matemática originalmente para lidar com inúmeras observações astronômicas.

Em sua busca para construir um observatório, Quetelet foi para Paris onde aprendeu como um grande número de observações astronômicas, em geral produzidos por muitas pessoas diferentes, podiam ser convertidos em um conhecimento razoavelmente certo sobre as posições das estrelas e dos planetas no céu noturno. Se várias pessoas medissem a posição de determinada estrela no céu, as posições observadas variariam de tempos em tempos, de pessoa para pessoa, de instrumento para instrumento.

Os grandes matemáticos Pierre-Simon Laplace e Carl Gauss mostraram que várias observações astronômicas da mesma quantidade tendiam a ficar no que costumamos chamar de curva em sino ou normal. O centro da curva fornece o local para um corpo estelar mais bem fundamentado pela evidência. Quetelet fez algo novo com essa tecnologia astronômica para lidar com muitos dados produzidos por diferentes olhos.[22] Ele aplicou esse modo de inferir nos dados sobre seres humanos, dados como a incidência de crimes, taxa de suicídio ou alturas de uma população. A consequência foi um salto enorme, não justificado inteiramente pela ciência da época.

Se você e eu fizéssemos muitas observações da posição de uma estrela por várias noites, estaríamos tentando determinar um valor real: a posição de uma estrela no céu. Agora, se medíssemos todas as alturas dos membros de um batalhão do Exército, poderíamos calcular com facilidade a altura média. Essa média seria uma abstração dos dados, não uma tentativa de medir algo real, algo por aí. Não é como encontrar a posição da estrela.

A jogada de gênio de Quetelet, por mais que faltasse rigor, foi tratar as médias sobre os seres humanos como se elas fossem quantidades reais que estávamos descobrindo. Ele agiu como se a altura média de uma população fosse algo real, não como a posição de uma estrela, ou seja, o número "descreve objetivamente a população".[23] Apesar da "flutuação dos números", ele escreveu, sabemos "que existe de fato um número cujo valor buscamos determinar, seja a altura de um indivíduo... ou a ascensão reta da estrela polar.[24] Apenas esses números, continuou Quetelet, caracterizavam o *homme moyen* ou o "homem médio" de certa população.

Por mais ridícula possa parecer a média de Quetelet em retrospecto, criar medidas que caracterizam populações inteiras é essencial para nossa política: taxas de criminalidade, PIB, QI. Se muitas são entendidas como abstrações, sem uma existência real, outras, como a inteligência inata de diferentes grupos étnicos ou raciais, muitas vezes são interpretadas como tendo alguma realidade biológica. Esse tratamento afetou radicalmente o acesso à educação e aos recursos, assim como relatos completos da natureza da diferença humana. Veremos nos próximos capítulos como outros cientistas criaram medidas no espaço conceitual que Quetelet abriu ao caracterizar objetivamente uma "raça".

O foco de Quetelet ao diferenciar o "homem médio" forneceu uma ferramenta para caracterizar o que é mais marcante em certa sociedade, ou "raça", na linguagem do século XIX. O filósofo Hacking explica: "Uma raça seria caracterizada por suas medidas de qualidades físicas e morais, somadas no homem médio dessa raça."[25] Caracterizar as "raças" dessa forma abriu espaço para entender o trabalho comparativo das diferenças entre as "raças", homens e mulheres, e também para fazer uma análise do desenvolvimento, entender as diferenças dos seres humanos ao longo do tempo e o desenvolvimento dos seres humanos individuais. Todas essas facetas são centrais na nova ciência do "homem", uma nova abordagem para entender a natureza humana cientificamente.

A Ciência do "Homem"

Tratados, folhetos, romances, poemas obscenos — todos afirmavam, no Iluminismo europeu do século XVIII, revelar a natureza genuína da humanidade. Os humanos eram criaturas puramente egoístas, como Thomas Hobbes e muitos economistas hoje podem afirmar? Tinham piedade? Eram fundamentalmente individualistas ou seres sociais? Eles acumularam muitas evidências, com a maioria parecendo informais para nós. Como foi para Quetelet. "A experiência sozinha pode resolver com certeza um problema que nenhum raciocínio *a priori* poderia determinar", ele escreveu sobre perceber a natureza da humanidade. "É de grande importância manter nossa visão do homem, existindo como isolado, separado ou em um estado individual, e vê-lo apenas como uma fração da espécie. Deixando de lado sua natureza individual, conseguimos sair de tudo que é acidental e as particularidades individuais, que exercem uma pequena influência sobre a massa, são apagadas por conta própria, permitindo que o observador aproveite os resultados gerais."[26]

Para Quetelet, o conhecimento da natureza humana não vem dos filósofos de gabinete fazendo introspecções sobre a condição humana ou de romances realistas descritos com cuidado capturando as nuances da vida do indivíduo. Ele virá dos processos matemáticos que extrairão a característica dos "resultados gerais" em relação à natureza humana genuína, não os acidentes desse ou daquele ser humano.

Os governos tendem a ser bons em registrar os grandes eventos da vida, como nascimento e morte, e os momentos em que os Estados e as pessoas interagem. No início do século XIX, como hoje, essas interações muitas vezes envolvem a polícia, médicos e educadores lutando com o que eles veem como sendo crime ou desvio. Há tempos as regularidades têm sido observadas em dados sobre nascimento e morte. Quetelet, por sua vez, enfatizou as encontradas em dados sobre crimes.

> Essa constância notável com a qual os mesmos crimes aparecem anualmente na mesma ordem, reduzindo seus autores às mesmas punições, nas mesmas proporções, é um fato singular, que devemos à estatística dos tribunais. Em vários documentos, fiz meu melhor para colocar claramente essa evidência diante do público; sempre repeti todo ano que há um preço que pagamos com uma regularidade assustadora — são as prisões, as masmorras e os cadafalsos.[27]

Mesmo no domínio das ações morais, as regularidades matemáticas aparecem rápido. Seguindo grande parte do melhor raciocínio científico de seu tempo, Quetelet se absteve de opinar sobre as causas precisas e imediatas do crime. De seu modo típico, ele pegou a evidência dessas regularidades como sendo uma evidência da existência de algo além do ser humano individual, com uma realidade unindo os grupos de pessoas. "A sociedade", ele argumentou com controvérsia, "tem em si os germes de todos os crimes cometidos e, ao mesmo tempo, os recursos necessários para seu desenvolvimento. É o estado social, em certa medida, que prepara esses crimes e o criminoso é somente o instrumento para executá-los." Para entender o ritmo e o aumento dos crimes, precisamos entender a organização da sociedade, não apenas dos indivíduos. "Todo estado social pressupõe certo número e ordem de crimes, com estes sendo meramente as consequências necessárias de sua organização."[28] Aqui Quetelet aplicou uma visão das causas necessárias da física no mundo social.

De fato, ele caracterizou sua própria realização como mostrando que o fenômeno moral, quando observado com dados, lembrava o fenômeno astronômico: "assim chegamos nas questões de seu tipo, no princípio fundamental: quanto maior o número de indivíduos observados, mais peculiaridades individuais, físicas ou morais, são ocultadas, e deixam em um ponto de vista relevante os fatos gerais, em virtude disso a sociedade existe e é preservada."[29] Entender a sociedade humana significava entender esses fatos gerais, algo possibilitado pelo acúmulo de quantidades de dados cada vez maiores sobre a sociedade e seu povo.

Quetelet insistia que sua descoberta das leis morais caracterizando diferentes sociedades não deve diminuir a esperança, mas apontar a possibilidade de melhoria. Se os crimes surgem da organização da sociedade, argumentou, deve ser "consolador... mostrar a possibilidade de melhorar a raça humana, modificar suas instituições, hábitos e a quantidade de informação, em geral, tudo que influencia seu modo de existir".[30]

Coisificação e Objetividade

Ian Hacking afirma que Quetelet transformou radicalmente como entendemos o mundo. Em seu trabalho, "as leis estatísticas que foram meramente descritivas das regularidades em grande escala" se transformaram em "leis da sociedade e da natureza que lidavam com as verdades e as causas inerentes".[31] Encontrar a média não é apenas uma descrição do grupo que formamos. Para Quetelet, essa média é algo mais real. A média captura algo existente acima e além de cada pessoa, algo sobre o grupo em si, algo sobre como cada membro individual do grupo age.

Quetelet conectou o estudo do fenômeno social, que muitas vezes fica na curva normal, com o estudo da variação das observações por seres humanos, que fica na curva normal. A curva normal caracterizava a variabilidade humana subjacente e, para surpresa de muitos, sugeria um comportamento básico e legítimo do homem no agregado. Todo suicídio pode ser um produto da escolha individual, mas todos os suicídios em um ano ficam dentro de padrões reconhecíveis. Colocar as estatísticas do Estado nas distribuições normais ajudou a tornar aparentes as propriedades que caracterizam o todo. Com muitos outros pensadores contemporâneos, Quetelet tornou possível o pensamento da *sociedade* como sendo algo mais do que uma mera coleção de indivíduos. Em defesa da ação individual e da responsabilidade, a primeira-ministra Margaret Thatcher ironizou em 1987: "Existem indivíduos, homens e mulheres... Não existe essa coisa de sociedade"[32]; contudo Quetelet e seus descendentes mostraram repetidamente as leis numéricas caracterizando a sociedade. Ele chamava isso de *física social.*

Focando os atributos do homem médio, do social, Quetelet inspirou outras ciências a se concentrarem no todo complexo que pode ser entendido para ter qualidades inteligíveis, mesmo entendendo pouco de suas partes constituintes. O historiador Theodore Porter defende que Quetelet mostrou como "as leis estatísticas podem prevalecer para uma massa, mesmo quando os indivíduos constituintes são numerosos demais ou indecifráveis demais em suas ações para serem entendidos com detalhes".[33] Na metade de 1800, a fonte de grande parte da matemática inicial para confrontar os dados observacionais, a física, acompanhou as ciências sociais, adotando a lei estatística como adequada para compreender o mundo natural. Por sua vez, modelos e procedimentos estatísticos da física regressaram para as ciências sociais.

Evitando a Revolução

A física social, à moda Quetelet, não *descrevia* simplesmente. Ela *prescrevia*, dizia o que fazer, em uma potente linguagem moral da melhoria necessária requerida para as sociedades modernas engajarem na industrialização e na colonização. Os "amigos da humanidade" devem estudar as transformações estatísticas lentas na sociedade para buscar as modificações graduais desejadas.[34] As revoluções e as disrupções necessárias não se aplicam. Theodore Porter observa que a física social deve "ser reconhecida como um hino à ordem social no espírito do liberalismo gradualista".[35] Se a região central da curva em sino fosse normal, as periferias seriam, claro, o reino do patológico. Entender as populações era o pré-requisito para tentar cuidar, e melhorar, dos indivíduos diferentes ou patológicos causados de modo legítimo por seus contextos sociais. Nessa visão, o diferente assumiu um novo papel. Porter explica: "A implicação das idealizações da média de Quetelet era que todos os desvios devem ser vistos como falhas, um produto do erro".[36] E esse erro pode ser conhecido por meio da ciência.

Em seu livro *The Taming of Chance* [sem publicação no Brasil], Ian Hacking afirma que "o homem médio levou a um novo tipo de informação sobre a população e uma nova concepção de como controlá-la".[37] Os descendentes de Quetelet aproveitaram seus esforços para caracterizar pessoas e raças, e foram além. Com a estatística, Quetelet buscou melhorar a raça humana. Seus esforços sugeriram o poder da caracterização do homem como novas medidas "objetivas" e a necessidade de melhorar as "qualidades médias sociais da raça". Os sucessores de seu pensamento aprofundaram e concordaram com isso para criar um novo racismo científico distinto do aperfeiçoamento liberal de Quetelet, ainda que profundamente em dívida com ele. A figura principal era um primo de Charles Darwin, Sir Francis Galton, que tornou o trabalho de Quetelet uma nova "ciência das diferenças individuais".[38]

Rumo às Novas Ciências do Aperfeiçoamento Humano

Em fevereiro de 1891, a defensora britânica de Quetelet, Florence Nightingale, escreveu uma longa lista de questões políticas urgentes em uma carta para Galton. Há tempos, reformistas e seus oponentes debatiam sobre política sem uma sólida evidência. Ela pediu estatísticas para fundamentar o poder, para responder questões urgentes como:

> Os resultados das punições legais, isto é, o impedimento ou os efeitos encorajadores para o crime, quando se está na prisão.
>
> ...
>
> Qual efeito a educação formal tem sobre o crime?

Por falar em Índia, ela perguntou:

> As pessoas lá estão enriquecendo ou empobrecendo, se alimentam e se vestem melhor ou pior? Sua força física está deteriorando ou não?[39]

Hoje, a ideia de que devemos usar dados e análise estatística para responder tais perguntas parece banal. Temos que entender como essas formas de conhecimento se tornaram ferramentas óbvias de governança, de poder. Não era óbvio para os contemporâneos. Ela pediu que Galton "anotasse outras grandes ramificações sobre as quais gostaria de ter estatísticas e algumas para ensinar como usar essas estatísticas para legislar e administrar a vida da nação com mais precisão e experiência".[40] Galton mirou, como veremos, ainda mais alto, para administrar nada menos que as qualidades intelectuais e físicas das diversas raças do planeta.

03.

A Estatística do Divergente

Em 1915, um jovem aluno de Cambridge embarcou em um navio para voltar para sua casa na Índia. Com ele estava uma tiragem completa do periódico mais dinâmico e interessante do dia, focado na ciência para entender o presente e criar futuros melhores com dados. A revista, *Biometrika*, incorporava uma nova abordagem baseada em dados para problemas biológicos e sociais, inclusive com questões de raça e hereditariedade, um grande aprofundamento dos sonhos de Quetelet. O graduado, Prasanta C. Mahalanobis, via neles as tecnologias coloniais e um futuro independente que a Índia poderia adaptar, para se conhecer melhor com estatísticas, para guiar seu desenvolvimento econômico e social. Como um grande institucionalista da estatística na Índia, Mahalanobis transformou esses métodos, por vezes, atenuando sua arrogância. As novas ciências que Mahalanobis trouxe consigo surgiram da interseção dos dados, do darwinismo e de uma crise de confiança no império britânico. Essas ciências produziram estatísticas matemáticas, nascidas em meio ao poder britânico, e muito medo de decadência e declínio.

O pânico moral pode criar novas ciências. No final do século XIX, os bretões da elite eram consumidos por preocupações sobre a decadência do império. "Parece ter chegado a hora", escreveu Florence Nightingale em 1858, "em que somente a raça britânica deve defender a integridade desse império".[1] Declínio das taxas de natalidade da elite, "população limitada", alcoolismo e fracassos no exterior exprimiam um império em crise. Um novo campo, a eugenia, e a estatística para fundamentá-lo forneceram um modo não só de diagnosticar a sociedade, mas tentar curá-la, um modo de tornar os britânicos grandiosos de novo.

Uma Crise da Era Moderna

Quando o nobre acadêmico Francis Galton examinou seus companheiros da Grã-Bretanha vitoriana, achou-os carentes: "Queremos comandantes, estadistas, pensadores, inventores e artistas mais capazes", escreveu em um artigo chamado "Talento Hereditário e Caráter" [em tradução livre]. "As qualificações naturais da nossa raça não são maiores do que costumavam ser nos tempos quase bárbaros", mesmo que "as condições nas quais nascemos sejam muito mais complexas do que as antigas". A civilização moderna era demais. "As principais mentes dos dias atuais parecem cambalear e parar sob uma carga intelectual pesada demais para seus poderes."[2] Era necessária uma genialidade, mas era escassa. A educação formal nunca seria suficiente, pois simplesmente não havia homens e mulheres dotados o suficiente, não nasciam gênios suficientes, para confrontar a complexidade dos tempos. A Inglaterra precisava de mais gênios, mais pessoas de talento extraordinário. Eles precisavam ser criados, decidiu Galton.

Os escritos do primo ilustre e famoso de Galton, Charles Darwin, mostraram um caminho.[3] Em *A Origem das Espécies*, Darwin usou o exemplo do homem criando animais domésticos, mostrando pombos e cães de raça, para motivar seu relato da seleção natural. Assim como os criadores humanos selecionam as características que desejam, certas características dos animais são selecionadas, por assim dizer, ao longo do tempo em determinados nichos ambientais. O ser humano, na estimativa de Galton, subestimou o próprio poder de afetar sua espécie. "O poder do homem sobre a vida animal", Galton explicou, "é enorme. Seria como se a estrutura física das futuras gerações fosse quase tão plástica quanto a argila, sob controle da vontade do criador". Não apenas os traços físicos, mas a mente poderia ser alterada igualmente: "É meu desejo mostrar mais incisivamente do que — tanto quanto sei — já foi tentado antes, que as qualidades mentais estão igualmente sob controle."[4]

Logo Galton inventou o termo "eugenia" para descrever o esforço consciente de melhorar a qualidade do ser humano, e das raças nacionais do homem em particular. A eugenia rapidamente se tornou essencial em muitos programas políticos de esquerda e direita na Europa, nos EUA e no mundo. Essencialmente racista, sem dúvidas, contudo o foco principal de Galton era a classe. Suas sugestões muitas vezes eram extravagantes, em especial comparando com as esterilizações forçadas e os genocídios associados a programas eugênicos fora da Grã-Bretanha:

> Vamos, então, dar asas à nossa fantasia e imaginar uma utopia — ou uma laputa,* se preferir — na qual um sistema de exame competitivo para meninas, e para jovens, foi desenvolvido para incluir cada qualidade importante da mente e do corpo, e onde uma soma considerável foi alocada anualmente para a adoção de tais casamentos como uma promessa para gerar crianças que se tornariam servos notáveis do Estado.[5]

Diferente de muitos filósofos e economistas de seu tempo, Galton era fundamentalmente anti-igualitário.[6] "Eu me oponho às pré-tensões da igualdade natural", escreveu. "Não tenho paciência com a hipótese por vezes expressada... de que os bebês nascem muito parecidos e que as únicas ações ao criar diferenças entre meninos, e homens, são a aplicação constante e o esforço moral."[7] Galton insistia que nem todas as pessoas foram criadas igualmente e que nem todos os agentes do mercado tinham capacidades mentais comparáveis. O pensamento político liberal e a economia liberal erraram em sua estimativa.

Associamos eugenia e racismo científico com a extrema-direita, com o nazismo. As coisas eram diferentes por volta de 1900. Muitos

* Laputa é uma terra imaginada por Jonathan Swift [As Viagens de Gulliver] onde projetos impraticáveis eram perseguidos e projetos práticos negligenciados. Um lugar que existe apenas na imaginação. [N. da R.]

progressistas e conservadores até a Segunda Guerra Mundial viam a ciência sendo capaz de melhorar a condição humana aperfeiçoando a raça; na verdade, um defensor observou que a crença na eugenia oferecia "um índice perfeito da visão ampla de uma pessoa e preocupação altruísta do futuro da nossa raça".[8] As ciências estatísticas deveriam substituir preconceitos antigos por novas ciências de aperfeiçoamento do homem baseadas em evidências: relatos de hierarquias humanas naturais que iam facilmente da descrição para a prescrição.[9]

Para melhorar a espécie, Galton precisou explorar as fontes de talento e excelência do homem. A criação não era uma explicação. Usando dicionários biográficos de grandes homens e mulheres, Galton começou a investigar a densidade do talento e da genialidade nas famílias. Em seu estudo *Hereditary Genius* [sem publicação no Brasil] de 1869, Galton estudou famílias importantes e comparou os estados históricos com pessoas em todo o planeta. Apesar do grande número de casos, sua abordagem era intuitiva e informal. Em geral, ela afirmava que as pessoas modernas eram inferiores aos gregos antigos e que os não europeus, ele os chamava de "raças", eram inferiores aos europeus.

Embora a abordagem em seu livro fosse na maioria informal, Galton desenhou a curva normal de Quetelet para fundamentar suas novas ideias de classificação de pessoas e raças. Quetelet usou a curva normal para entender as qualidades de um grupo inteiro. Galton usou a mesma curva para entender a variação dentro de um grupo. Quetelet buscou uma estatura média dos ingleses. Galton tentou entender os extremos da estatura. A meta dele era o talento, não a altura, mas ele aplicou as mesmas ferramentas em um caso e no outro. O sociólogo francês Alain Desrosières explica que Galton usou a curva normal como "uma lei do desvio permitindo que indivíduos fossem classificados e não como uma lei de erros".[10] O que os astrônomos viam como erros a ser eliminados, Galton via como indivíduos a ser ordenados e classificados. Toda criança com os resultados dos testes listando o desempenho percentil vive no mundo que Galton ajudou a criar.

Porém, havia um grande ponto de discórdia em toda essa investigação de excelência nas ilustres famílias. Pessoas muitíssimo altas tinham filhos altos, mas na média, essas crianças não eram tão altas quanto seus pais, tendendo em direção à altura média da população. Observações parecidas descrevem muitos traços humanos e animais. Para os criadores de animais, humanos ou não, era um quebra-cabeça, limitando as tentativas de gerar seres humanos supostamente superiores. Como entender? A resposta viria da reformulação de Galton quanto às aplicações empolgantes da curva normal de Quetelet.

Por que os filhos de pais altos tendem a não ser tão altos quanto seus pais e, de forma mais geral, por que os atributos de um grupo de pessoas ficam praticamente constantes ao longo do tempo? Galton chegou a explicar os dois fenômenos com o que ele chamou de "regressão", capturando matematicamente a "tendência do tipo filial médio e ideal se afastando do tipo dos pais, 'revertendo' para o que pode ser mais ou menos, e talvez bem descrito, como o tipo ancestral médio".[11] Com sua investigação estatística, ele descobriu uma relação matemática poderosa entre a quantidade de reversão do filho e a extensão do desvio dos pais em relação à média. Ele não só mostrou a relação como linear, como também realizou o que chamaríamos hoje, graças a Galton, de regressão linear aplicada aos dados, descobrindo os coeficientes de uma equação linear simples como $y = mx+b$.

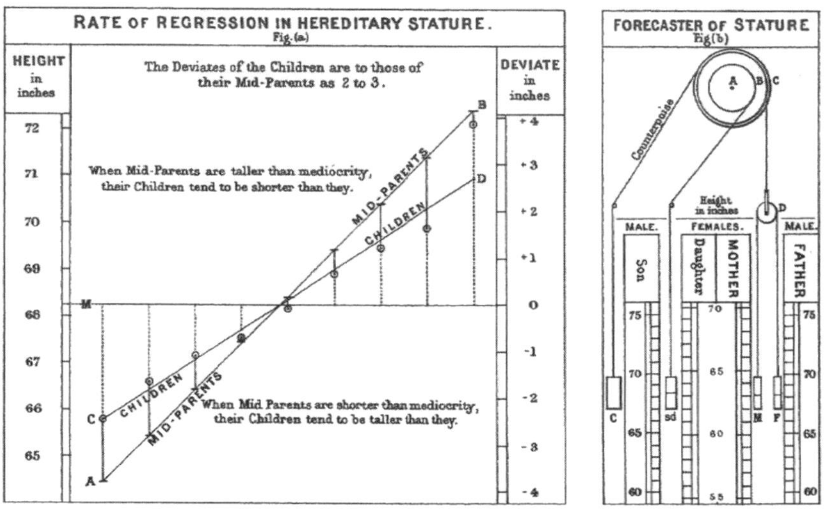

Francis Galton. "Regressão à Mediocridade na Estatura Hereditária". *The Journal of the Anthropological Institute of Great Britain and Ireland* 15 (1886): 246–63. Folha IX.

Galton modelava os aspectos do processo de geração, portanto seu trabalho inicial com a reversão envolvia apenas tratar as alturas dos pais como *x*s e apenas as alturas dos filhos como *y*s, pois ele via um processo biológico unidirecional. Mas logo percebeu que seu processo de regressão poderia ser dissociado de sua ancoragem biológica e usado em um grande conjunto de dados. Ao investigar o processo de "reversão", Galton acessara sem saber um conceito muito mais amplo, a saber, a regressão estatística.

Correlação e Dados

Galton fez muito mais do que introduzir uma nova abordagem poderosa para modelar dados e fazer previsões com eles. Quetelet estudou a sociedade. Galton estudou os indivíduos em uma distribuição. Ele queria técnicas melhores para conhecer e classificar os indivíduos, para saber e ordenar as raças. Ao estudar as relações entre os pares de atributos, como a altura dos pais e dos filhos, Galton também introduziu a "co-relação" ou como agora denominaríamos: a correlação.

Embora os governos produzissem um número sempre crescente de estatísticas, eles falhavam em acumular os dados suficientes que mais interessavam a Galton, ou seja, investigações detalhadas das "principais características físicas" de uma grande seleção da população, de qualidades como "Acuidade visual; Sensação de Cor; Olhar Crítico; Audição; Nota mais Alta Audível; Capacidade Respiratória; Força para Puxar e Apertar; Rapidez para Golpear; Extensão dos Braços; Altura sentado e de pé; e Peso".[12] Portanto, o desafio era coletar os dados e Galton montou um Laboratório Antropométrico na Feira Internacional de Saúde de 1884 em South Kensington. O laboratório mediu 9.337 pessoas de 17 modos. Ele explicou que as "medidas periódicas" seriam úteis para as famílias rastrearem seu desenvolvimento individual e "descobrirem a eficiência de toda a nação e em suas várias partes". Tais registros "nos permitem comparar escolas, ocupações, residências, raças etc."[13] Os dados produzidos continuariam a ser estudados no século XX. A antropometria de Galton, explica o historiador de psicologia Kurt Danziger, "definiu as performances individuais como uma expressão de fatores *biológicos* inatos, eliminando assim qualquer possibilidade de influência social".[14]

O estilo de Galton permitiu uma nova abordagem radical para entender as diferenças do ser humano. Seguindo Quetelet, a análise dos dados poderia revelar as semelhanças e uma série de comportamentos e atributos humanos quantificáveis. E seguindo Galton, cada indivíduo poderia ser colocado e classificando dentro dessas faixas: os primeiros 5%, os últimos 10%. Inspirado pelo trabalho de Galton ao observar grandes quantidades de seres humanos, os testes mentais, por exemplo, surgiram do esforço de colocar cada pessoa em uma faixa de capacidades humanas medidas. E ciências completas de exame de grandes quantidades de "sujeitos" com estatística surgiram no seu rastro. "Um novo método para justificar o conhecimento psicológico ficou viável" com o trabalho de Galton e seu sucessor intelectual Karl Pearson, explica o historiador Danziger. "Para fazer afirmações interessantes e úteis sobre indivíduos não era necessário sujeitá-los a uma intensa exploração experimental ou clínica. Era necessário apenas comparar sua performance com a de outros, atribuí-los a um lugar em algum agregado de performances individuais".[15] E não levou muito tempo para uma abordagem se tornar um grande negócio. Conforme pioneiros como Galton tentavam obter dados em uma escala adequada, logo se abriu um grande desejo para tais investigações, em especial nos EUA após a Primeira Guerra Mundial.[16]

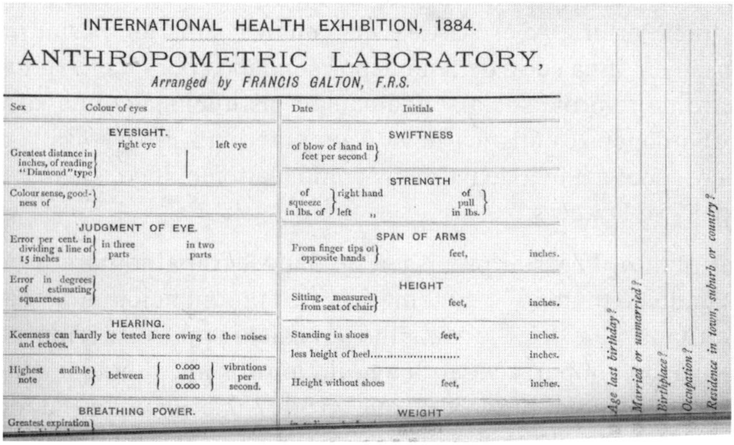

INTERNATIONAL HEALTH EXHIBITION, 1884.

ANTHROPOMETRIC LABORATORY,

Arranged by FRANCIS GALTON, F.R.S.

Sex Colour of eyes

EYESIGHT.

Greatest distance in inches, of reading "Diamond" type — right eye — left eye

Colour sense, goodness of

JUDGMENT OF EYE.

Error per cent. in dividing a line of 15 inches — in three parts — in two parts

Error in degrees of estimating squareness

HEARING.

Keenness can hardly be tested here owing to the noises and echoes.

Highest audible note — between 0.000 and 0.000 vibrations per second.

BREATHING POWER.

Greatest expiration

Date Initials

SWIFTNESS

of blow of hand in feet per second

STRENGTH

of squeeze in lbs. of right hand — left ,, — of pull in lbs.

SPAN OF ARMS

From finger tips of opposite hands — feet, inches.

HEIGHT

Sitting, measured from seat of chair — feet, inches.

Standing in shoes — feet, inches.

less height of heel........................ inches.

Height without shoes — feet, inches.

WEIGHT

Age last birthday?

Married or unmarried?

Birthplace?

Occupation?

Residence in town, suburb or country?

Francis Galton, *Laboratório Antropométrico; montado por Francis Galton, FRS, para Determinar Altura, Peso, Extensão, Capacidade Respiratória, Força para Puxar e Apertar, Rapidez para Golpear, Audição, Visão, Sensação de Cor e Outros Dados Pessoais* (Londres: William Clowes, 1884), 13.

Sobretudo, Galton mostrou que examinar uma população possibilita reconhecer — e perseguir — o indivíduo. Muitos dados sobre muitas pessoas permitem que cientistas, profissionais de marketing, militares, espiões conheçam melhor você e o persigam. Vivemos em tal mundo, onde nossa individualidade é quantificada em referência a todos os outros usuários da internet e onde veicular algoritmos explora essa quantificação da diferença para competir por nossa atenção.

Institucionalizando a Biometria

O incansável Galton não institucionalizou sua nova abordagem estatística. Ele também não tinha as habilidades matemáticas para torná-la exata. Com base nas ideias de Galton e com apoio financeiro, seu sucessor intelectual, Karl Pearson trabalhou em ambas. Descendente de quakers, livre-pensador, matemático, socialista, feminista e eugenista, Pearson tinha uma "grande visão, a criação de uma biologia estatística como base da eugenia efetiva e, paralelamente, o desenvolvimento de uma matemática estatística que pudesse ser aplicada em realmente todas as áreas do conhecimento humano", nas palavras do biógrafo Theodore Porter.[17] A estatística matemática superior permitiria sua expansão em uma série de fenômenos sonhados por Quetelet, todo um espectro da reforma social.[18] Seu campo institucionalizou a eugenia e uma abordagem estatística nova e urgente para programas sociais e políticos, com a ajuda de patronos como Galton e, logo, da Worshipful Company of Drapers.

Para tanto, Pearson precisava de dados, trabalho para processar esses dados e uma nova matemática.[19] Como mencionou ao dar uma conceituada palestra, "o trabalho é basicamente resultado de uma investigação cooperativa ao longo de muitos anos, e dependente de um corpo de colaboradores" que produziu e analisou "dados extensos dos quais meus resultados dependem totalmente".[20] Pearson trabalhou durante décadas com um quadro de trabalhadores para concretizar seus projetos; uma geração de grandes estatísticos trabalhou com ele e mudou como todos nós usamos os dados. Pearson chefiou diversos laboratórios, inclusive laboratórios separados de biometria e eugenia, com projetos, métodos, equipe e financiamento distintos.[21] Com a ajuda de duas assistentes em particular, Alice Lee e Ethel Elderton, reuniu inúmeros dados para uma grande variedade de investigações estatísticas e publicou os resultados com base neles, em grande parte nos periódicos que fundou e administrou.

A obtenção de dados era um trabalho complicado. Em 1903, uma epidemia assolou Londres. Menos de uma semana depois, "um dos meus trabalhadores, o Sr. S. M. Jacob, 'implorou' com uma energia inabalável todo crânio e esqueleto" para o trabalho de Pearson.[22] Grande parte da aquisição de dados era mais prosaica. Visando estender os estudos de Galton em relação à herança das capacidades físicas e mentais, Pearson e sua equipe fizeram solicitações nas revistas lidas por reitores e professores, pedindo para registrar inúmeras observações de irmãos e classificá-las intelectualmente. Eles enviaram 6 mil formulários e foram retornados 4 mil de inúmeras escolas (veja a ilustração). "A classificação absoluta e a apresentação foram trabalhosas", Pearson explicou, agradecendo à equipe de mulheres excepcionais: "Srta. Alice Lee, doutora; Srta. Marie Lewenz, mestre; Srta. E. Perrin; Srta. Mary Beeton; e Srta. Margaret Notcutt", sem mencionar que "o trabalho principal da computação era da Dra. Alice Lee."[23]

K. PEARSON 163

APPENDIX IB.

DATA PAPER FOR COLLATERAL HEREDITY INVESTIGATIONS.

B. SISTER-SISTER SERIES.
(Whole, not half sisters.)

No. in whole series.
(Not to be filled in.)

Please return this Paper to Professor KARL PEARSON, F.R.S., University College, London.

School:

Observer:

No. in School Series

Date:

Place a cross against the class of each sister under as many headings as possible, except under III and VIII. Please read first the General Directions.

	ELDER SISTER.	YOUNGER SISTER.
Name		
Age		
District of Home		

I. PHYSIQUE:

	Very Strong.	Strong.	Normally Healthy.	Rather Delicate.	Very Delicate.	Athletic.	Non-Athletic.
ELDER SISTER ...							
YOUNGER SISTER ...							

II. ABILITY: (*a*) *General Scale.*

	Quick Intelligent.	Intelligent.	Slow Intelligent.	Slow.	Slow Dull.	Very Dull.	Inaccurate-Erratic.
ELDER SISTER ...							
YOUNGER SISTER ...							

(*b*) HANDWRITING:
(*See Back.*)

	Very Good.	Good.	Moderate.	Poor.	Bad.	Very Bad.
ELDER SISTER ...						
YOUNGER SISTER ...						

(*c*) WORK:

		Classics.	Modern Languages.	History.	Mathematics.	Descriptive Science.	Drawing.	Singing, Music.
ELDER SISTER ...	Good at ...							
	Best at ...							
	Likes best							
YOUNGER SISTER	Good at ...							
	Best at ...							
	Likes best							

(*d*) GAMES OR PASTIMES:

	ELDER SISTER.	YOUNGER SISTER.
Likes ...		
Good at ...		

III. HEAD MEASUREMENTS:

	Length.	Breadth.	Height.	*a.*	*b.*	*c.*
ELDER SISTER ...						
YOUNGER SISTER ...						

(*a*), (*b*), (*c*), Indices (not to be filled in).

IV. HAIR:

	Red.	Fair.	Brown.	Dark.	Jet Black.	Smooth.	Wavy.	Curly.
ELDER SISTER ...								
YOUNGER SISTER ...								

V. EYES:

	Light.	Medium.	Dark.
ELDER SISTER ...			
YOUNGER SISTER ...			

VI. RELATIVE CAPABILITIES: This is *only* to be filled in in those cases wherein the two sisters fall into the *same* class.

	Physique, stronger in	More Athletic.	Ability, greater in	Handwriting, better in	Hair, darker in	Eyes, darker in
ELDER SISTER ...						
YOUNGER SISTER ...						

VII. CHARACTER, ETC.:

	Noisy.	Quiet.	Self-conscious.	Unself-conscious.	Self-assertive.	Shy.	Conscientiousness. Keen.	Conscientiousness. Dull.	Popular.	Unpopular.	Temper. Quick.	Temper. Good-natured.	Temper. Sullen.
ELDER SISTER ...													
YOUNGER SISTER ...													

VIII. GENERAL REMARKS. Add here any striking features of resemblance or dissimilarity in the sisters.

ELDER SISTER ...	
YOUNGER SISTER ...	

[On the back of the Schedule spaces were arranged for samples of the handwriting.]

21—2

Documento de Dados para Investigações de Hereditariedade, em Karl Pearson, "On the Laws of Inheritance in Man: II. On the Inheritance of the Mental and Moral Characters in Man, and Its Comparison with the Inheritance of the Physical Characters". *Biometrika* 3, nº 2/3 (1904): 131–90, na p. 163.

O processamento dos dados era cansativo e caro, mesmo com a ajuda de máquinas novas. Galton dava suporte ao Laboratório de Eugenia e, em 1903, a Worshipful Company of Drapers deu a Pearson £500 para seu Laboratório Biométrico, que lhe permitiu começar a pagar Alice Lee, que anteriormente tinha realizado extensos cálculos voluntariamente, além de colaborar com ele. "Suas obrigações incluíam reduzir os dados, calcular os coeficientes de correlação, criar gráficos de barras... e calcular um novo tipo de estatística" — qui-quadrada — além de supervisionar os calculistas (homens e mulheres).[24] O cálculo com máquinas ficou tão essencial ao trabalho no laboratório de Pearson que um visitante observou uma "preocupação com o domínio dos detalhes do cálculo" que poderia obscurecer a nova estatística matemática.[25] Grande parte do seu trabalho resultou em coleções maiores de tabelas impressas. É difícil avaliar hoje como tais tabelas foram essenciais como infraestrutura computacional para o crescimento da estatística matemática.

Embora suas colegas de trabalho estivessem frequentemente ocupadas com o tédio do cálculo, Pearson também encorajava seu trabalho de alto nível e costumava publicar com elas. Por exemplo, ele alegou "que a Srta. Elderton não era mais referida como uma funcionária, mas uma estudiosa de Francis Galton. Ela é capaz de fazer o trabalho original". Além de suas contribuições para a estatística, elas se tornaram líderes no trabalho social local. "É preferível que as pessoas treinadas no Laboratório de Eugenia passem a trabalhar em algum tipo de serviço público ou municipal, por exemplo, lidando com deficientes mentais ou crianças inválidas etc. Assim, devemos desenvolver uma escola de treinamento para o trabalho prático de eugenia."[26] A mulher mais famosa, F. N. (Florence Nightingale) David, em homenagem ao famoso reformador da saúde, iniciou uma carreira impressionante em estatística, inclusive como professora na Califórnia.

Herança e Política Social

O que prova todo esse trabalho com dados? A inteligência era herdada e a Grã-Bretanha estava perdendo o jogo da inteligência: "estamos deixando de ser uma nação que gera inteligência como era 50, 100 anos atrás. A linhagem mentalmente melhor da nação não está se reproduzindo com a mesma taxa de antes; o menos capaz e com menos energia é mais fértil do que as melhores linhagens". Isso teve implicações maiores na reforma social, pois o problema não estava nas escolas, mas no material genético. "Nenhum esquema de educação mais amplo ou mais completo subirá na escala da fraqueza hereditária da inteligência até o nível da força hereditária." O único "remédio" é "alterar a fertilidade relativa das linhagens boas e ruins na comunidade."[27]

Para Pearson, a estatística seria fundamental para um novo socialismo eugênico necessário para a modernidade industrial e um conflito de raças. Se os objetivos eram o planejamento eugênico para uma raça superior, eles não eram imposições insignificantes de um sistema de crenças racista e classista para os dados. Analisar crânios levou Pearson e sua colaboradora Alice Lee a negarem qualquer correlação confiável entre o tamanho craniano e a inteligência, negando que os crânios demonstram a inteligência inferior inata atribuída às mulheres.[28]

A estatística eugênica mostrou duras verdades: "falhamos em perceber que as características físicas, que são, na disputa moderna das nações, a espinha dorsal de um Estado, não são fabricadas em casa, na escola ou na faculdade; são produzidas no osso; e nos últimos 40 anos, as classes intelectuais da nação... deixaram de nos dar a devida proporção de homens que queremos para continuar o trabalho cada vez maior do nosso império, na vanguarda da luta das nações sempre intensa."[29] As questões políticas urgentes da época exigiam um conhecimento eugênico superior:

> O grande problema da imigração é fundamental para o ensino racional da eugenia nacional. Qual propósito haveria no esforço de legislar para uma raça superior de homens, se a qualquer momento ela poderia ser inundada com o influxo de imigrantes de uma raça inferior, apressando-se para lucrar com uma civilização superior de uma humanidade melhorada? Até a permissão eugenista para uma imigração indiscriminada é e deve ser destrutiva de todo progresso genuíno.[30]

Como Galton, Pearson argumentava que a "luta das nações" era simplesmente demais para se basear na falsa ciência eugênica: essa luta exigia uma ciência melhor.

Uma Ciência Superior de Big Data

As ciências sociais e biológicas precisavam de uma reformulação baseada na matemática e na produção de dados: "o raciocínio qualitativo ou descritivo vago dos biólogos mais antigos deve dar lugar a uma lógica matemático-estatística precisa. O biólogo treinado pode descobrir e organizar os fatos em tabelas, muito similar ao que o físico faz hoje, mas precisará do matemático treinado para raciocinar sobre eles. O ótimo biólogo do futuro será como o ótimo físico de hoje, um matemático treinado e criado."[31] Nem é preciso dizer que muitos biólogos contemporâneos discordaram. Pearson elogiava a coleta de dados e a análise em grande escala, não o laboratório e o trabalho experimental em pequena escala.

O que era verdadeiro na biologia era ainda mais verdadeiro na política. Pearson notou com irritação a facilidade com a qual as pessoas opinam sobre questões sociais: "todo político, todo orador de plataforma, que hesitaria em expressar sua opinião em relação a uma questão de astrofísica ou citologia está pronto com uma resposta decisiva para cada problema social que surgir." Mas os problemas sociais eram bem mais difíceis do que os astronômicos. "Os problemas sociais precisavam de respostas científicas. Todo problema social pertence a uma classe que engloba o mais difícil de todos os problemas, ou seja, é vital, não físico, é biológico, é médico, é estatístico. Não precisa de menos, mas de muito mais investigação para sua solução do que qualquer problema físico ou biológico acadêmico."[32] Os laboratórios de Pearson ofereciam modelos para organizar as ordens política e social, nessas novas linhas científicas.[33]

Correlação, Não Causalidade

Somos ensinados que correlação não é igual a causalidade. E para o sucessor intelectual de Galton, por isso era tão empolgante. Karl Pearson explicou que ele percebeu que havia uma "categoria mais ampla do que a causalidade, a saber, a correlação, da qual a causalidade era apenas o limite". Agora, mais ciências podem se tornar matemáticas: "essa nova concepção de correlação levou a psicologia, a antropologia, a medicina e a sociologia, em grande parte, [*sic*] para os campos do tratamento matemático."[34] As correlações eram particularmente atraentes ao ver os conjuntos de dados sem uma relação causal clara. Ao estudar a evolução, a correlação ajudou a entender os processos da evolução sem fornecer o conhecimento de suas causas. Pearson acreditava que a fertilidade estava fortemente correlacionada a uma inteligência inferior, a uma moral inferior. Por exemplo, a correlação era essencial para entender a política reprodutiva que uma nação deveria seguir se não quisesse declinar. A correlação, declarou mais tarde, "não só ampliou muitíssimo o campo para quais métodos quantitativos e, portanto, matemáticos podem ser aplicados, mas ao mesmo tempo modificou nossa filosofia de ciência e até da própria vida".[35]

Grande parte da estatística no século XX focou, em essência, a causalidade, como veremos nos próximos capítulos. Mas muita de nossa atual revolução dos dados envolve o reaparecimento da correlação como a ferramenta mais importante no comércio, na espionagem e na ciência. Ao encontrar correlações ou alegar expertise sobre o mundo social, um espírito pearsoniano permeia as ciências de dados.

Novos Racismos Baseados em Dados

Do nosso ponto de vista, todas essas figuras parecem em grande parte racistas, classistas e retrógradas. E eram. Todavia, não eram tradicionalistas nem conservadores intolerantes. Pelo contrário: a ciência deles era essencial para parte de seu progressivismo, para como se propunham estudar a diferença social e promover uma unidade nacional que acreditavam ser amparada pelo melhor conhecimento de sua época. Essas novas ciências fariam uma disrupção nas bases conceituais da ordem social, mesmo que não mudassem muito essa ordem no final das contas. Mostrar como *disrupções* técnicas radicais servem para reforçar as desigualdades existentes será um tema ao longo deste livro.

Os eugenistas viram poucas de suas políticas preferidas adotadas com a rapidez de que gostariam, portanto alguns historiadores descartaram a significância do movimento. O historiador Robert Nye explica: "a importância a longo prazo de um discurso eugênico na Inglaterra foi como ela transformou uma visão de classe estreita em uma matriz de conceitos biomédicos afirmando representar os interesses de toda a sociedade, e que se tornou uma perspectiva irresistível para gerações de britânicos cultos."[36] As ideias eugênicas se tornaram o padrão para muitos entre os instruídos; na Grã-Bretanha preocupações com a classe predominavam; nos EUA, a raça figurava com destaque. As ideias eugênicas também moldaram a política na Alemanha nazista, com resultados genocidas.

Biometria, Raça e os Problemas da Sociedade Moderna

"Se a civilização moderna se diferencia de todas as outras por sua base científica", explicou Brajendranath Seal, "os problemas que essa civilização apresenta devem ser resolvidos por métodos científicos." No discurso de abertura no Primeiro Congresso Universal de Raças de 1911, com W. E. B. Du Bois na plateia, Seal afirmou que as soluções para os problemas atuais da raça no mundo moderno exigiam novas ciências da humanidade, não os métodos antigos humanistas ou filosóficos de Aristóteles ou Maquiavel, mas novas ciências biométricas. "Um estudo científico dos elementos constituintes e da composição de raças e pessoas, de sua origem e desenvolvimento, e das forças que as governam, apontará sozinho o caminho para a resolução de afirmações inter-raciais e conflitos de forma progressiva e sólida" nos EUA divididos, no Império britânico inquieto e no resto do mundo.[37]

Adotando um programa eugênico, observou Seal, o "estudo das condições genéticas e das causas, das forças biológicas, psicológicas e sociais no trabalho, que moldaram e governaram o aumento, o crescimento e a decadência das Raças do Homem, pode sozinho nos permitir guiar e controlar a futura evolução da Humanidade pela seleção consciente na adaptação inteligente ao sistema e ao procedimento da Natureza".[38] Contudo Seal desconfiou da separação usual do ser humano em raças e recorreu à biometria para delinear corretamente as divisões da humanidade, com base em dados. Seal ficou inspirado com as abordagens de Galton e Pearson: devemos "adotar métodos biométricos ao estudar o caráter e as variações", desconfiar das médias, pois "as inúmeras variações em um caráter são tão importantes como índice quanto o caráter em si".[39]

Alguns anos depois, Seal disse para Prasanta Mahalanobis: "Você tem que fazer um trabalho na Índia parecido com o de Karl Pearson na Inglaterra." Ao criar instituições e buscar investigações biométricas, Mahalanobis fez isso. Ele levou para a Índia o programa biométrico, desenvolveu e desafiou os métodos de Pearson, fundando a estatística matemática na Índia.[40]

Comprometido com a aquisição de dados biométricos e o desenvolvimento de uma investigação ainda mais rigorosa deles, Mahalanobis em última análise acabou transformando dados coloniais altamente problemáticos produzidos pela Inglaterra em formas potentes de conhecimento nacionalista quando a Índia assegurou sua independência. Na época, ele fez os dados coloniais servirem ao novo Estado indiano pós-colonial.[41]

Seguindo as aspirações de Seal, Mahalanobis procurou técnicas para discernir a mistura racial e de casta de várias populações. Hoje, é mais conhecido por uma medida de distância usada em estatística desenvolvida primeiro por ele, a "diferença de casta", como uma alternativa à abordagem de Pearson para o estudo científico da diferença racial. Diferente de muitos teóricos raciais de seu tempo, Seal e Mahalanobis enfatizavam as transformações lentas, mais reais, ao longo do tempo. Em seu estudo de 1925 dos anglo-bengaleses, Mahalanobis identificou uma mudança drástica, mas clara. A casta tinha uma realidade transitória, ele afirmou, mas uma "síntese da casta" estava a caminho. "A mistura inter-racial na província ocorreu de modo lento e constante, mesmo que imperceptivelmente, e uma sociedade Hindu Samaj se desenvolveu, não sendo apenas idêntica à sociedade tradicional dos tempos védicos ou clássicos, mas em muitos aspectos é até antagônica."[42] A análise dos dados revelou a criação biológica lenta de uma nova nação indiana com uma unidade biológica real fora da casta e da divisão sectária.

Auxiliando sua abordagem para quantificar castas havia poderosas ferramentas novas para examinar as correlações entre os grupos sociais em grande escala. Suas novas técnicas empíricas, ele afirmava, relevaram essa unificação lenta, mas igualmente a diversidade das castas e das tribos na Índia. Em uma análise de dados massiva, Mahalanobis e colaboradores agruparam com dados castas e tribos em Uttar Pradesh.

Produzir essas análises envolvia não só uma equipe de calculistas humanos, mas também o uso da "Máquina de Mallock" que ficava em Cambridge, no Reino Unido.[43] As duas em sua abordagem empírica focavam calcular as correlações em escolas enormes e o uso de novos dispositivos de cálculo. Mahalanobis e sua equipe faziam data science bem antes de sua existência. Eles descobriram distinções claras entre brâmanes, artesãos e grupos tribais. Porém, com todo o poder de sua técnica, Mahalanobis reconheceu os limites das implicações dessas diferenças numéricas. "Para avançar mais, é necessário levar em consideração as histórias social e cultural das tribos e das castas, ou seja, a evidência etnológica conhecida."[44] A falha em recorrer a tal conhecimento especializado contaminaria, e de fato contamina até hoje, grande parte da ciência baseada em dados. Não importa a capacidade do algoritmo nem a extensão dos dados, se a pessoa falha em incorporar essa análise de dados nas formas mais amplas de conhecimento, científico e humanista, o chamado conhecimento deve ser visto como incompleto, no mínimo, e perigoso na pior das hipóteses.

Ansiando pelas Causas – das Diferenças Racial e de Classe, por Exemplo

Examinando o Primeiro Congresso Universal de Raças de 1911, em que o indiano intelectual Brajendranath Seal vislumbrou o encontro das nações, o sociólogo e ativista americano W. E. B. Du Bois extraiu as conclusões mais significativas. "A História ilustra essas verdades", escreveu ele em suas anotações, antes de citar um ilustre palestrante. "Se encontramos uma grande diferença entre a mente de alguma raça", na África, "e da raça Europeia, devemos buscar a causa não em qualquer diferença das qualidades nacionais", mas nas condições externas. "Não é uma diferença de mentalidade na raça, mas de instrução, a mesma diferença que encontramos em maior ou menor grau entre as várias classes de uma mesma raça ou períodos diferentes de sua história."[45] As diferenças de raça e classe não devem ser uma garantia, e as diferenças na inteligência atual não devem ser atribuídas com base nas diferenças existentes.

04.

Dados, Inteligência e Política

DÉCADAS ANTES DE os nazistas terem criado um Estado em torno de sua ciência racial, um funcionário de uma seguradora nos EUA afirmava ter dados demonstrando a superioridade inerente da "raça ariana". Em 1896, um imigrante alemão nos EUA, Frederick Hoffman, publicou uma imagem brutal dos negros americanos na segunda metade do século XIX, sob os auspícios da Associação Econômica Americana. Aos olhos de Hoffman, os dados aniquilavam o igualitarismo presunçoso de figuras liberais como John Stuart Mill. Mill enfatizava a igualdade dos sexos e das raças. Os dados, segundo Hoffman, provavam o contrário sem dúvidas. E o governo e as políticas corporativas deviam observar atentamente a ciência da desigualdade, ele insistia, nas colônicas europeias ou na América do Sul.

"Somente por meio de uma análise completa de todos os dados que compõem a história da raça não branca neste país", escreveu Hoffman, "a verdadeira natureza da chamada 'questão do negro' pode ser entendida e os resultados da experiência passada ser aplicados com segurança na solução das dificuldades que agora confrontam este país."[1] Trezentas páginas depois, o autor recorreu ao que os dados mostravam, "Não é nas condições da vida, mas na raça e na hereditariedade que encontramos a explicação do fato a ser observado em todas as partes do planeta, em todos os tempos e entre todas as pessoas, a saber, a superioridade de uma raça sobre outra, e da raça ariana no geral."[2] Hoffman não se limitou aos negros nos EUA. Os dados, ele continuou repetidas vezes, mostravam conclusivamente que as pessoas colonizadas no mundo inteiro, como os negros nos EUA, tinham maior mortalidade e padrões inferiores de vida, não devido a qualquer ambiente ou condição social, mas, dizia Hoffman, à sua inferioridade inata.

Na segunda metade do século XIX, os antigos racismos do passado buscaram uma nova legitimação nas ciências fundamentadas nos novos campos da antropologia, sociologia e estatística. Essas ciências raciais deram cobertura para a criação de uma série de leis e práticas privando de direitos os negros nos EUA conhecidas como leis de Jim Crow. Os chamados "bárbaros" de hoje continuam essa herança de vestir o preconceito e a desigualdade sistêmica em trajes científicos.

Hoffman era um mercenário.[3] A Prudential Insurance Company o tinha contratado para combater as leis antidiscriminação proibindo as seguradoras de cobrar mais de clientes negros, honrando a promessa da proteção igual da Décima Quarta Emenda da Constituição dos EUA. Seu famoso trabalho alegava mostrar aos empregadores que os negros simplesmente não tinham cobertura. Os dados demonstravam, afirmava ele, que eles falhavam na luta darwiniana pela existência. Usando inúmeras fontes de dados, Hoffman transformou a tarefa de ilustrar as diferentes taxas de mortalidade de negros e brancos em uma afirmação supostamente científica da hierarquia racial, advertindo sobre os perigos que a miscigenação racial trazia por precaução.

Os críticos, principalmente os estudiosos afro-americanos, acabaram com o raciocínio de Hoffman. Em uma revisão devastadora deste trabalho, o sociólogo — e mais tarde cofundador da NAACP (Associação Nacional para o Progresso de Pessoas de Cor) — W. E. B. Du Bois destroçou a escolha de dados de Hoffman, enfatizou as limitações dos dados para chegar a conclusões gerais e, acima de tudo, mostrou quantas afirmações feitas sobre raça aplicavam-se às classes trabalhadoras e aos recentes imigrantes de todas as raças. Longe de comprovar as diferenças essenciais entre pretos e brancos, os dados forneciam um índice de diferenças socioeconômicas entre eles. Du Bois observou que o autor "evitou, sem dúvida nenhuma, muitas falácias do método estatístico. Esse método é, afinal, nada mais que a aplicação da lógica para contar e nenhuma contagem justificará um afastamento das regras severas do raciocínio correto". Quanto aos "traços raciais" e às "condições da vida", Du Bois observou que "parecia competir a ele... provar esses traços raciais após ficarem suspensos pelo menos por um século, com a primeira ação decisiva tomada nas décadas de 1880 a 1890".[4]

Porém, mesmo ele tendo negado a inferioridade dos negros no geral, Du Bois adotou as visões eugenistas de que todas as raças tinham sua parcela de "degenerados" naturais.[5]

A ANÁLISE ESTATÍSTICA DE DU BOIS estava correta, mas ela foi ignorada em grande parte; na verdade, Hoffman era ridículo, mas seus poderosos interesses tinham grandes incentivos para acreditar no contrário. Métodos de auditoria e análise da tomada de decisão algorítmica são muitíssimo esclarecedores, em 1900 ou em 2022, mas também costumam não ter efeito sem algumas configurações do poder e da publicidade para torná-los poderosos. Não basta estar certo, como estava Du Bois.

A análise estatística de Hoffman se tornou, nas palavras do historiador George Frederickson, "a discussão mais influente quanto à questão de raça no final do século XIX". Como seu chefe queria, o trabalho de Hoffman justificou a recusa do seguro de afro-americanos no início do século XX; o trabalho, e outros afins, davam uma aparência científica à criação do aparato inteiro de discriminação e privação de direitos.[6]

E longe de acabar com a desigualdade socioeconômica, a documentação de Hoffman ajudou a reforçá-la. Negar categoricamente seguro de vida a uma classe inteira de pessoas teve efeitos sistêmicos ao intensificar o empobrecimento das gerações. Em vez de eliminar suas causas, a desigualdade era fundamentada, tratada como natural. Novas abordagens estatísticas mudaram radicalmente como a negritude era concebida. O historiador Khalil Gibran Muhammad explica que, no início do século XX, "a negritude foi reformulada com estatísticas criminais". Com a "criminalização racial", ele afirma, a negritude se tornou "uma categoria racial mais estável em oposição aos brancos" — sobretudo quando os grupos de imigrantes antes marginalizados (italianos e poloneses) perderam sua terrível reputação.[7]

A estatística não representa apenas o mundo. Ela transforma como o classificamos e o vemos. Transforma como classificamos os outros e a nós mesmos. Ela muda o mundo. E como veremos, o data science contemporâneo faz isso, em alta velocidade.

Hoffman tentou fazer a biologia explicar a desigualdade, naturalizar sua qualidade, torná-la uma coisa. Ele não era um ótimo estatístico. Perto da virada do século XX, estatísticos melhores forneceram novos meios de entender, e justificar, a diferença humana. Eles também eram propensos aos erros que Du Bois tinha detectado em Hoffman.

Yule: Sobre as Causas (... Correlações) da Pobreza

Apesar da grande influência, Hoffman tinha pouco poder estatístico. Ao argumentar na política, ele não recorreu às novas ferramentas avançadas de Galton e Pearson para prever e prescrever. Um ótimo matemático e antigo funcionário e colega de Karl Pearson chamado Udny Yule levou essas novas ferramentas além do estudo da diferença humana e as aplicou nas questões sociais essenciais da época. Ao acompanhar as ansiedades da sociedade de seu tempo, Yule mudou o desenvolvimento tecnológico mais recente, a regressão com múltiplas variáveis, para as causas dos altos e dos baixos da pobreza.

O que motiva a pobreza? Um debate animado na Grã-Bretanha no final do século XIX em relação a quais políticas aumentavam ou diminuíam a pobreza. O apoio direto encorajava mais pobreza? Em 1834, o Parlamento promulgou as Leis dos Pobres, para desencorajar a população de "querer" ser pobre, forçando qualquer pessoa considerada capaz a trabalhar em asilos com condições deliberadamente adversas. O "auxílio", a concessão direta de fundos para a sobrevivência, seria proibido para todos os adultos saudáveis e suas famílias, em favor do "auxílio" para aqueles que trabalham nos asilos. Mas como essas formas de auxílio afetam a pobreza? A abordagem do amor exigente reduz a pobreza, como defensores da época e de agora muitas vezes afirmavam? Havia dados e ciência para fundamentar o que há tempos era visto em grande parte como um argumento moral?

No final do século XIX, estatísticos ingleses usavam os dados para responder a essas perguntas. Não devemos perder de vista como isso era *estranho* na época. Hoje, esperamos que os legisladores se orientem por dados ou, pelo menos, finjam. Embora alguns críticos atuais contestem os dados que sustentam o consenso científico sobre vacinas e a mudança climática global, em geral, esperamos entregar as facetas técnicas concretas de nossos processos democráticos de tomada de decisão a especialistas armados com dados e meios para analisá-los. Coletivamente damos a eles esse poder.

Delegar a expertise científica nas questões políticas não foi um movimento óbvio. Tal deferência transforma a questão política em uma científica, um pensamento fora do rancor partidário ou do debate filosófico. Nas palavras do historiador Alain Desrosières, "um problema político" foi traduzido "em um instrumento de medição que permitiu arbitrar uma controvérsia".[8] Como vimos antes, Hoffman buscou fornecer uma base científica para a discriminação racial, e a eliminação.

Nos anos 1890, os dois lados no debate sobre pobreza na Inglaterra começaram a usar a estatística. Reformadores como Charles Booth se viam como defensores de uma abordagem científica para as grandes questões da política, uma abordagem não contaminada pelas divisões políticas tradicionais e visões morais. "A ciência deve estabelecer novamente as leis da vida", ele escreveu. Uma abordagem científica, não religiosa, "nos levará a encontrar a verdadeira solução do problema do governo".[9] Booth articulou pela primeira vez uma visão da linha de pobreza, distinguindo aqueles que poderiam cuidar minimamente de uma família e aqueles que não podiam. Em 1894, Booth lançou o livro *The Aged Poor in England and Wales* [sem publicação no Brasil], um trabalho histórico de descrição social, repleto de dados e tabelas. A abordagem de Booth dependia de trabalho árduo. Sua visão tinha como objetivo examinar toda Londres, mas fazê-lo com um "conhecimento local" minuciosamente detalhado, coletado com a ajuda de uma equipe.

Baseado em dados, ele terminou o livro com uma série de afirmações politicamente significativas. Em particular, ele negou a crença do amor exigente de que ser generoso demais com o "auxílio" pactuava com uma maior pobreza: "A proporção de auxílio dado não tem relação geral com a porcentagem total do pauperismo."[10] Os procedimentos estatísticos de Booth logo sofreram ataques de Udny Yule.

Yule aplicou as técnicas que Galton e Pearson tinham desenvolvido para a biologia nas questões da política. Ele transformou a regressão de uma ferramenta de estudo de herança para uma de ajustes de linhas aos dados na investigação da causalidade.[11] Todo psicólogo, cientista político, economista que faz uma regressão trabalha nos moldes de Yule, que aplicou as novas tecnologias da análise de dados para fazer afirmações políticas relevantes sobre o mundo social. Os novos especialistas precisavam de mais do que dados: precisavam de tecnologias analíticas avançadas para representar, prever e prescrever.

Em 1899 Yule publicou o texto "An Investigation into the Causes of Changes in Pauperism in England", em que explorava a relação entre assistência pública e pobreza. A resposta de Yule? Oposta a de Booth. Yule afirmava que os dados mostravam que a assistência financeira faz a pobreza aumentar. Yule mostrou as *causas* das mudanças na pobreza. Essa abordagem permitia ir da interpretação de uma regressão como *predição* para ser uma *prescrição*; interpretada como conhecimento de causa, poderíamos estabelecer prescrições políticas.

Mas como descobrir o que causa algo? A causalidade era arcaica, estava morta aos olhos do mentor de Yule, Karl Pearson. Pearson acreditava que o conhecimento das causas era *impossível*, ele comemorou o poder da correlação ao substituir nossa ânsia por conhecimento causal:

> É essa concepção de correlação entre duas ocorrências englobando todas as relações, desde a absoluta independência até a completa dependência, que é a categoria mais ampla pela qual temos de substituir a antiga ideia de causalidade. Tudo no Universo ocorre apenas uma vez, não há a mesmice da repetição. O fenômeno individual só pode ser classificado e nosso problema passa a ser a distância com a qual um grupo ou uma classe de coisas parecidas, mas não absolutamente iguais, que denominamos "causas", será acompanhado ou seguido por outro grupo ou classe de coisas parecidas, mas não absolutamente iguais que denominamos "efeitos".[12]

Seguindo inicialmente Pearson, Yule, em última análise, procurou sobrepor-se a essa forma de limitar o conhecimento humano. A tentação da causalidade levou Yule a se esforçar mais: criar uma nova matemática e novas tecnologias para pensar em dados relevantes para a política.

Yule reconhecia os grandes perigos filosóficos envolvidos: "A investigação das relações causais nos fenômenos econômicos… oferece muitas oportunidades para conclusões equivocadas." A complexidade dos domínios sociais e econômicos não permitia simplificações abrangentes da física. Um estatístico não poderia, ele explicou, "fazer experimentos para si mesmo", então "ele tem que aceitar os dados da experiência cotidiana e discutir da melhor forma possível as relações de um grupo inteiro de mudanças." Diferente do físico, ele não pode "restringir a questão ao efeito de uma variação por vez. Os problemas da estatística são, nesse sentido, bem mais complexos do que os problemas da física".[13]

A estatística precisava de novas ferramentas para investigar a complexidade da sociedade e revelar as causas dos males sociais, como o aumento da pobreza. Como a medimos em lugares e momentos diferentes?

Para começar a responder essas perguntas, Yule usou as ferramentas de Galton e Pearson. Eles focaram suas ferramentas em grande parte em dados biológicos: as relações entre gerações de animais e entre as partes do corpo de certo animal, inclusive, notoriamente, os seres humanos. Recorrendo às ferramentas de regressão em particular, Yule as transformou em um fenômeno econômico. Por fim, ele afirmou que os dados observacionais poderiam ser usados para inferir da causalidade e estruturar as escolhas políticas, quando combinados com conhecimento básico.

A boa ciência precisaria enfrentar a complexidade da mudança econômica, nesse caso, as "várias causas que se podem conceber para fazer mudanças na taxa do pauperismo".[14] Segundo Yule, as possíveis causas incluíam:

1. Mudanças no método, ou rigor, de administração da lei.
2. Mudanças nas condições econômicas, por exemplo, flutuações no comércio, nos salários, nos preços e no emprego.
3. Mudanças de natureza social geral, por exemplo, densidade da população, excesso populacional ou natureza da indústria em certa região.
4. Mudanças de natureza mais moral, ilustradas, por exemplo, pela estatística de crime, ilegitimidade, educação formal ou possivelmente taxas de mortalidade a partir de certas causas.
5. Mudanças na distribuição etária da população.[15]

A primeira categoria é particularmente interessante, disse Yule, porque a mudança "pode ser afetada comparativamente rápido pela ação direta das autoridades responsáveis."

Mas como investigar?

Da Correlação à Causa

Com base nas ferramentas de Pearson e Galton, Yule identificou que o auxílio e o pauperismo estavam, de fato, fortemente *correlacionados*: "a taxa de pauperismo total está *positivamente* correlacionada à proporção de auxílio dada, ou seja, os valores médios elevados do primeiro correspondem aos valores médios elevados do último. O método usado parece não deixar dúvidas."[16]

Booth tinha afirmado o oposto com base na análise de vários exemplos. Yule critica a confusão de exemplos de Booth no conjunto: "é muitíssimo lamentável que um estadista da posição do Sr. Booth tenha dado tantos exemplos do erro fundamental de basear conclusões gerais em casos particulares."[17]

Contudo Yule insistiu inicialmente em ter cuidado com a compreensão deste argumento: sua afirmação "não diz que a proporção média baixa do auxílio é a causa do menor pauperismo médio ou vice-versa." Ele explicou: "Para ser bem claro, não quer dizer simplesmente que o auxílio determina o pauperismo em uma união e o auxílio ao pauperismo em outra, de modo que não é possível dizer qual é qual na média: mas digo que o auxílio e o pauperismo reagem mutuamente em uma mesma união."[18]

Yule achou a correlação em si inadequada. Como ela poderia orientar a política? Mas como superar os perigos inerentes ao raciocínio deficiente a partir das correlações?

Uma regressão padrão teria este formato:

Mudança no pauperismo =

A + B × *(mudança na proporção do auxílio)*

Onde A e B são constantes.

Onde está o problema? "A associação das mudanças do pauperismo com as mudanças na proporção do auxílio pode ser atribuída a uma ação direta da última sobre a primeira ou a uma associação comum de ambas com as mudanças econômicas e sociais."[19] Em outras palavras, elas podem se correlacionar só porque uma causa comum as fazem se mover juntas.

Yule buscou domar o dragão incorporando nessa regressão uma seleção de outros recursos:

Mudança no pauperismo =

a + b ×	(mudança na proporção do auxílio)
+ c ×	(mudança na distribuição etária)
+ d × + e × + f ×	(mudanças em outros fatores econômicos, sociais e morais)

Com isso, Yule procurou isolar as causas, mostrando, por exemplo, que as mudanças na distribuição etária não são a causa comum.[20] O historiador Stephen Stigler escreve que ele "usou a equação de regressão como um dispositivo para revelar a relação buscada e permitir mudanças potencialmente influentes nas outras variáveis que ele tinha em mãos."[21] Ele prosseguiu de forma metódica, até acreditar que tinha esgotado as possíveis causas alternativas ocultas. "A menos, e até lá, que possa ser mostrado que outra quantidade, cujas mudanças estão muito correlacionadas com as mudanças na proporção de auxílio, pode explicar essa associação observada, não há alternativas ao considerar o resultado como indicativo de uma influência direta da mudança da política sobre a mudança do pauperismo."[22]

Realizar essa tarefa exigiu muitos cálculos e Yule se valeu de uma calculadora mecânica Brunsviga. "Sem uma ajuda mecânica para calcular", observou, "eu mal poderia ter realizado o presente trabalho."[23]

Yule concluiu seu artigo: "As mudanças nas taxas do pauperismo total sempre mostram uma correlação clara com as mudanças na proporção de auxílio, mas muito pouca correlação com as mudanças na população ou na proporção de idosos em diferentes sindicatos." Conectando à política, ele observou: "Parece impossível atribuir a parte maior, em todos os casos, da correlação observada entre as mudanças no pauperismo e na proporção do auxílio a qualquer coisa, exceto uma influência direta da mudança da política sobre a mudança do pauperismo."[24] No entanto... Yule nunca superou realmente as preocupações em torno dos perigos de combinar correlação e causalidade. Nem tem muitas disciplinas em seu rastro. "A investigação das relações causais entre os fenômenos econômicos", observou, "oferece muitas oportunidades para conclusões equivocadas."[25] É fato, como notou o primeiro crítico mais feroz de Yule, o economista Arthur Pigou:

> Observou-se que, nos vários sindicatos deste país, diversas linhas de política foram e estão sendo seguidas, e propostas pelo raciocínio estatístico para demonstrar *a posteriori* que uma linha política tem melhor efeito econômico que outra.[26]

"A objeção fundamental a" essa forma de raciocínio estatístico, afirmou Pigou, "é que algumas das influências mais importantes em ação são do tipo que não podem ser medidas quantitativamente e não podem, portanto, ser colocadas sob a jurisdição de máquinas estatísticas, por mais elaboradas que sejam."[27]

Não é difícil postular uma causa inerente que explicaria a correlação entre auxílio e pauperismo. E o conhecimento real sobre o assunto forneceria uma com facilidade. Com base nesse conhecimento, em 1909 o oponente de Yule, Pigou, sugeriu que uma "administração melhor" sustenta o aumento do pauperismo e do auxílio. "Em vista dessa circunstância, o que é mais natural do que sugerir que a correlação observada entre a proporção de auxílio e a porcentagem do pauperismo é devida não a qualquer conexão causal direta, mas ao fato de que ambas foram causadas pela natureza da administração geral?"[28]

Contudo, esse crítico não era ludita, mas um pensador criterioso sobre os perigos de raciocinar a partir de correlações. A diferença pode ser vista no diagrama. Yule afirma que a primeira é verdade, já seu oponente propõe uma causa alternativa.

Um crítico que escreveu quase um século depois, o estatístico David Freedman, comemorou o conhecimento obtido com o "trabalho árduo" diante da modelagem estatística: "a técnica estatística raramente pode ser um substituto adequado de um bom design, de dados relevantes e de testes de previsões da realidade em vários cenários."[29]

Por todas as suas proezas técnicas, a abordagem de Yule não tinha respostas de como usar a matemática apenas para acabar com a ambiguidade entre correlação e causalidade. Diferente de muitos seguidores tempos depois, Yule entendia isso. Apesar de adicionar a palavra "Causas" ao título de seu artigo, uma nota de rodapé escondida fornece sua fuga epistêmica: "estritamente falando, para 'devida', leia-se 'associada a'."[30]

Embora o trabalho de Yule tenha tido pouco efeito prático imediato nos debates sobre as Leis dos Pobres, suas técnicas se tornariam centrais como uma disciplina após outra buscando status científico: primeiro a economia, depois a psicologia, então as ciências políticas viriam a ter regressão múltipla como uma técnica fundamental essencial para suas afirmações de expertise. Embora a análise de Yule não tenha afetado a política de sua época, seu tipo de análise estruturou nossa realidade por gerações. Apesar dos problemas lógicos e probatórios, as regressões permanecem sendo uma ferramenta dominante em ciências sociais e ciências da política, e muitas vezes servem como um sinal necessário de algo sendo uma análise científica.

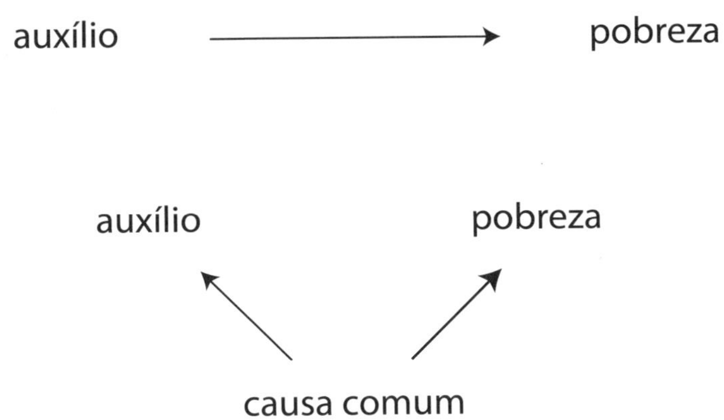

Possíveis causas alternativas para o aumento no auxílio e no pauperismo. Nosso diagrama, inspirado por David Freedman, "From Association to Causation: Some Remarks on the History of Statistics", *Statistical Science* 14, nº 3 (1º de agosto de 1999), 248–89.

Design e Substitutos

O debate do século XIX é fundamentalmente sobre *pobreza.* Como a prosperidade, a pobreza não pode ser medida diretamente. Assim, alguém que deseja quantificá-la precisa escolher algo medido com mais facilidade, um substituto, para ficar no lugar da pobreza. Os cientistas devem fazer tais escolhas sempre. Embora necessárias, essas escolhas não são neutras nem descomplicadas. São escolhas de design que possibilitam o conhecimento, mas também estão sujeitas a uma interpretação muito errada.

No debate inglês, o principal substituo para pobreza era *pauperismo.* Diferente da pobreza, pauperismo é uma categoria *administrativa.* Não é uma qualidade das pessoas tanto quanto o modo como um governo as classifica. As categorias administrativas fornecem meios de classificar as pessoas usando definições estabelecidas que as burocracias podem administrar em grande escala. E elas produzem conjuntos de dados abertos à análise. As categorias administrativas são convenções poderosas, necessárias para analisar a sociedade, mas não são verdades da natureza, que existem para ser descobertas. O historiador francês Desrosières explica que um objeto, como o pauperismo, "existe em virtude de sua codificação social, pela coisificação dos resultados de um processo administrativo com modalidades flutuantes". Coisificação é uma palavra elegante para pensar que as ideias são coisas, literalmente significa retirar algo de uma abstração sobre coisas reais. É um erro perigoso, mas um perigo constante ao usar o trabalho estatístico ao pensar os problemas sociais, políticos e comerciais. "É o desvio do processo para a coisa", escreve Desrosières, "que tornou a conclusão de Yule tão delicada de interpretar."[31]

A coisificação envolve o vício fundamental de reivindicar existência para o que é uma convenção útil para nós. E talvez em nenhum lugar os perigos da coisificação tenham tido efeitos tão nefastos quanto no estudo da inteligência e sua relação com a raça.

O Nascimento do Teste de Inteligência

Entre as muitas obrigações do estatístico Prasanta Mahalanobis estava a análise da administração de escolas e faculdades. Como os administradores do mundo inteiro, antes e agora, ele recorreu ao teste de inteligência como parte do processo de admissão nas instituições educacionais. Como outros medidores de inteligência, ele correlacionou o sucesso acadêmico com um teste baseado originalmente nesse sucesso (QI) e descobriu que se correlacionavam bem. Criador dos primeiros testes de inteligência na língua bengali, Mahalanobis teve o cuidado de não fazer o que muitos de seus contemporâneos fizeram com naturalidade. Apesar de décadas de trabalho investigando castas e tribos na Índia, ele não fez grandes declarações das diferenças de QI entre as castas, em particular afirma que as variações na inteligência inata explicavam, e justificavam, as diferenças no status social e político. Ele não transformou o teste em uma afirmação sobre a natureza da inteligência. Não o utilizou para justificar uma hierarquia natural. O estudioso Shivrang Setler mostrou como ele tratava os testes como instrumentos práticos.[32]

Muitos de seus contemporâneos eram bem menos limitados. Eles pegaram as correlações entre testes e medidas de sucesso, e imputaram uma causa. Eles coisificaram os substitutos em algo para o qual não tinham nenhum mecanismo aceitável. E pior, em grande escala, eles exigiram e deram uma justificativa científica para programas de eugenia, variando desde medidas de anti-imigração até a esterilização forçada.

Em 1904, um psicólogo inglês revelou um resultado surpreendente: o estudo do latim e do grego era uma boa credencial para os líderes, mesmo na era moderna das máquinas a vapor, dos telégrafos e das ferrovias. A competência em latim e grego correlacionava mais com o que o autor apelidou de "Inteligência Geral".

> Em vez de continuar a protestar sem eficiência que notas altas na sintaxe da língua grega não são um teste quanto à capacidade dos homens de comandar tropas ou administrar províncias, devemos pelo menos realmente determinar a precisão exata dos vários meios de medição da Inteligência Geral, então devemos, de uma *maneira objetiva igualmente positiva*, verificar a exata importância relativa dessa Inteligência Geral em comparação com outras características.[33]

Atividade	*Correlação com Intel. Geral*	*Proporção do fator comum e do fator específico*		
Línguas Clássicas,	0,99	99	a	1
Bom Senso,	0,98	9		4
Dis[criminação] do Tom,	0,94	89		11
Francês,	0,92	84		16
Inteligência,	0,9	81		19
Inglês,	0,9	81		19
Matemática,	0,86	74		19
Dis. do Tom entre pessoas sem cultura	0,72	52		48
Música,	0,7	49		51
Dis. da Luz,	0,57	32		68
Dis. do Peso,	0,44	19		81

Em uma parte marcante da psicologia experimental, o autor, Charles Spearman, mostrou que inúmeras habilidades cognitivas e sensoriais diferentes estavam fortemente correlacionadas entre si. Então, concluiu que poderiam ser entendidas em termos de uma forma inerente de inteligência geral, chamada *g*.

No relato de Spearman, alguém que se destaca em línguas clássicas era inteligente, não pelo estudo delas, mas porque a excelência no estudo de línguas clássicas era *mais* correlacionada a outras formas de excelência. A excelência em línguas clássicas indicava mais um alto nível de inteligência inata, ou *g*.

Ao criar *g*, Spearman reduziu inúmeras aptidões medidas a um único valor que podia ser classificado. Esse trabalho se baseou na nova matemática: ele mostrou como pegar muitas variáveis e identificar os fatores subjacentes ou "latentes" que fundamentam suas mudanças e correlação, um processo conhecido como análise fatorial, central na estatística moderna. Essa técnica era poderosa se alguém estava interessado em classificar o ser humano, uma vez que pegava uma representação significativa de muitas facetas de cada pessoa e as reduzia a algo medido por um único fator subjacente. Tais técnicas são essenciais em nosso mundo algorítmico.

Spearman, e muitos que o seguiram, deram um passo adiante essencial. Transformaram esse fator latente — uma abstração a partir de uma correlação entre as habilidades — em uma coisa. Eles o "coisificaram": essa correlação foi transfigurada em algo real que o ser humano possui, uma inteligência geral. Essa inteligência era, em geral, herdada, como ele acreditava.

Em seu programa de eugenia, Galton pressupôs que as melhores pessoas tinham uma maior habilidade natural, mas ele não tinha meios de medir essa habilidade diretamente.* Ao contrário, ele declarou que a reputação fornecia um bom substituto para medir a habilidade natural. Era necessário claramente um procedimento superior. Spearman forneceu as técnicas que faltavam para medir a inteligência de qualquer pessoa e, basicamente, colocá-las em uma hierarquia do mais inteligente (ou melhor) para o menos. Como explica um historiador, "A ciência das diferenças individuais foi inventada por Francis Galton, sistematizada por Karl Pearson e aplicada na psicologia por Charles Spearman."[34]

E com essas técnicas para identificar a inteligência, Spearman finalmente permitiu que a psicologia desse um salto para se tornar uma ciência de verdade. Em 1923, explicou ele, "devemos nos aventurar e esperar que o fundamento genuinamente científico que há tanto falta na psicologia tenha sido fornecido enfim, de modo que possa daqui em diante tomar seu devido lugar junto das outras ciências solidamente fundadas, até da própria física".[35]

---

* "Com habilidade natural, eu me refiro às qualidades do intelecto e da disposição, que instigam e qualificam um homem para realizar ações que levam à reputação. Não me refiro à capacidade sem entusiasmo, nem entusiasmo sem capacidade, nem mesmo uma combinação dos dois, sem o poder adequado de fazer muito trabalho pesado... uma natureza que, por si só, será instigada por um estímulo inerente, seguirá o caminho que levará à eminência, tendo o poder de chegar ao topo, uma que, se impedida ou frustrada, se preocupará e se esforçará até que o obstáculo seja superado, e fica novamente livre para seguir seu instinto de amor ao trabalho." Francis Galton, *Hereditary Genius: An Inquiry into Its Laws and Consequences* (London: Macmillan, 1869), 37, 38.

Debatendo sobre a Lei de Imigração dos EUA de 1924 (lei Johnson-Reed), uma restrição notória da imigração, Spearman explicou,

> A conclusão geral enfatizada por quase todo investidor é que, quanto à "inteligência", a raça germânica tem, na média, uma vantagem clara sobre os europeus do sul. E esse resultado parecia ter tido consequências práticas com vital importância ao modelar as recentes leis norte-americanas muito rígidas para a admissão de imigrantes.[36]

Apesar disso, Spearman foi cuidadoso, observando as diferenças nas condições sociais em torno da educação formal:

> Foi encontrado um grande corpo de evidências de que as raças diferem entre si, em qualquer taxa relacionada a *g*... Todavia, tais diferenças raciais, mesmo que existissem de fato, sem dúvidas são *muito* pequenas quando comparadas com as que existem entre os indivíduos que pertencem a uma mesma raça.[37]

As pessoas inspiradas por Spearman mostraram bem menos restrições em suas conclusões, tanto que não deixaram uma pequena fraude acadêmica atrapalhar uma ciência racista, como muitos outros autores, como Stephen Jay Gould, demonstraram há tempos. Os seguidores de Galton, muito mais radicais quanto à eugenia do que Spearman, adotaram ansiosamente suas técnicas.[38]

Karl Pearson se preocupou com o fato de que seus companheiros eugenistas pudessem deixar seu desejo por provas da herança dos traços atrapalhar uma investigação mais cuidadosa. Ele estava certo. Pearson atacou Spearman, um colega na Universidade College London, por não provar sua hipótese da inteligência geral:

> A natureza das habilidades mentais não sobrepostas deve ser selecionada pelo consenso psicológico antes dos testes serem feitos, ... devem ser utilizados computadores programados e, se possível, uma teoria matemática mais adequada de todo o tema envolvido. Então, podemos ter uma chance melhor de descartar toda a teoria ou mostrar que vale a pena gastar mais energia desenvolvendo-a. No

> momento, só podemos devolver, definitivamente, um veredicto de não aprovado.[39]

Contar a triste história da inteligência nos levaria longe demais. Junto com a expansão do teste de QI, a primeira década do século XX viu uma mudança radical em como a "inteligência" era entendida. Inteligência, explica o historiador John Carson, de repente passou a ser "entendida como uma entidade diferencial, quantificável, unilinear que determinava o poder mental geral de um indivíduo ou um grupo".[40] Pessoas e raças poderiam ser ordenadas em uma escala linear, e testes convenientes poderiam identificar e localizar pessoas nessa escala, tornando a atribuição de pessoas para escolas ou trabalhos uma tarefa simples. Ela ainda engana.

Até hoje, racistas científicos se baseiam na abordagem de Spearman para classificar o ser humano, e sem muitas variantes. Curiosamente eles ainda fazem isso, em uma eterna recorrência que demanda uma vigilância estatística sempre presente. Cada geração obtém outra *Curva em Sino* que mascara as desigualdades atuais na ilusão do rigor científico.[41]

Da Aspiração por Dados à Realização de Dados

Nightingale, Galton e Quetelet sonharam com uma coleção sistemática de dados sobre pessoas para orientar legisladores; Pearson organizou equipes basicamente de mulheres para o trabalho de coleta e análise. Os sonhos desses reformadores de apresentar pessoas como entidades burocráticas estáveis se realizaram do início do século XX em diante.[42] Na primeira metade do século XX, a coleção de dados sobre populações expandiu drasticamente nos EUA, na Europa e em suas colônias. Formulários de registro que agora consideramos naturais, como certidão de nascimento, transformaram pessoas em dados de uma forma até então sem precedentes. E foi feito apenas com um tremendo trabalho, sequencial e concorrido, o que o historiador Wangui Muigai descreve como "interações, confrontos e disputas sobre como os indivíduos devem ser contados e o trabalho envolvido ao criar e documentar essas identidades".[43] Como o crítico alemão da "estatística vulgar" reconheceu 150 anos antes, colocar as coisas em categorias numéricas ou simples achata a realidade e a diversidade.

E fazer isso com todos os residentes de um país não só os classifica, como também estrutura a compreensão que eles têm de si mesmos e suas relações com as autoridades legais, médicas e educacionais. Nos EUA, as autoridades devem localizar com cuidado cada criança usando uma categoria racial e sexual precisa, assegurando a ordem social. Um formulário revisado de certidão de nascimento, explica Muigai, "se tornou a principal ferramenta para monitorar, desde o nascimento, quem é considerado branco ou não branco na Virgínia".[44] Na Índia colonial predominavam preocupações com a localização de pessoas em categorias administrativas e de castas igualmente. Junto com os certificados de nascimento e o censo, testes de inteligência e personalidade explodiram a partir da Primeira Guerra Mundial. Tudo isso era um processo desigual, com muita resistência e normalmente ignorado, sempre feito menos com uma estatística matemática bonita e mais com trabalhos burocráticos convencionais de documentação e padronização. Esforçando-se para fazer uma pesquisa estatística da fome tardia e mortal na colônia em Bengala, Mahalanobis observou que uma coleção de dados séria requer "montar uma organização humana eficiente com uma equipe selecionada e treinada com cuidado. Isso demora. E a menos que o tempo permita, os resultados costumam ser não apenas úteis, mas também perigosos."[45] O historiador Sandeep Mertia mostra como os esforços de Mahalanobis focaram "a escala e a padronização do trabalho computacional com condições de recursos e equipe limitados... na enorme geografia da Índia e em sua diversidade linguística e sociocultural".[46]

A partir de 1930 nos EUA, os estatísticos do governo introduziram técnicas de amostragem representativa para fazer novas afirmações sobre a nação inteira sem registrar exaustivamente cada pessoa ou fazenda. Emmanuel Didier afirma que "o surgimento de pesquisas representativas acompanhava, informava e confirmava o nascimento de um novo intervencionismo governamental", uma característica do Estado de bem-estar da metade do século como consequência do New Deal [um programa de recuperação econômica].[47] Regimes autoritários na Alemanha e ao mesmo tempo em outros lugares entravam cada vez mais nos assuntos privados de cidadãos e corporações rumo a sistemas de vigilância cada vez maiores.[48] Sob Mao, a República Popular da China, por sua vez, rejeitou a amostragem como um sofismo matemático burguês em favor de "métodos exaustivos de relatórios e censos periódicos" devidamente comunistas.[49] Em todos esses casos diferentes, muito trabalho de coleta de dados e análise tornou possíveis — e viáveis — compreensões totalmente novas do Estado, da população e da economia.

Junto com os esforços da coleta de dados em massa veio a criação de infraestruturas que permitiam o processamento automático dos dados, bem antes dos computadores digitais, sendo mais conhecidas as máquinas de cartão perfurado Hollerith. "No mundo", afirma o historiador Adam Tooze, "os burocratas se inspiraram com os sonhos da onisciência" graças às máquinas de cartão: "Pela primeira vez foi possível imaginar uma nação inteira registrada em um único banco de dados acessível instantaneamente por meios de um equipamento de manuseio mecânico."[50] Uma história inicial de estatística em todo o mundo observou que: "O valor sociológico da apresentação estatística minuciosa dos dados demográficos alcançados dessa forma, ainda não é totalmente compreendido." Sem máquinas de cartão perfurado, explicaram os autores, "nunca poderíamos esperar revelar toda a verdade que devemos ter, caso lidemos com sucesso com os problemas decorrentes da mistura heterogênea de raças que nossas leis de imigração deficientes nos forçam a ter".[51] Contudo, por mais que tenham achatado a textura da existência humana, tal representação da vida humana na estatística processada em máquinas poderia tornar visível a estratificação, mas para justificar e estender essa estratificação, ou contestá-la.

A Presunção do Racismo Científico

> De todos os modos vulgares de escapar da consideração do efeito das influências sociais e morais na mente do homem, o mais vulgar é atribuir as diversidades da conduta e do caráter às diferenças naturais inerentes.
>
> — *John Stuart Mill*[52]

Grande parte da história da estatística se entrelaça com a longa e triste história de tentativas de provar que as hierarquias sociais estão nas diferenças inatas entre as pessoas, diferenciadas por sexo, raça ou classe. Fomos enganados repetidamente por tais afirmações, que persistiram em nossa era genômica.[53] Poucas afirmações científicas devem ser vistas com mais suspeita do que as afirmações sobre a diferença inata que só reflete nossas organizações sociais atuais. A história ensina que tais afirmações demandam um maior nível de vigilância, sobre os dados usados, como são manipulados e as inferências tiradas deles. A lição costuma ser simples: com certeza sabemos bem menos do que muitas pessoas que oferecem estatísticas e do que as inferências estatísticas afirmam, e precisamos de nosso próprio Du Boises para nos lembrar.

Em sua análise do tratamento estatístico da raça de Hoffman, o matemático Kelly Miller na Universidade Howard atacou as inferências fracas e os dados errados, além da falha em considerar explicações alternativas: "Não considera os fatos dispostos tão satisfatoriamente quanto pode ser feito com uma hipótese diferente. O autor falha em considerar que os fatos desanimadores da observação podem ser devido à revolta violenta da emancipação e da reconstrução, e são, portanto, apenas temporários em sua duração."[54]

Apesar da explosão de dados e de novas técnicas, na virada do século XX ninguém sabia como testar melhor tais hipóteses diferentes e concorrentes. Uma nova forma de ciência precisava ser criada, para responder a questões urgentes: Qual fertilizante estimulava o crescimento da cevada? Qual remédio funcionava com mais eficiência? E que a ciência foi criada pela primeira vez na cervejaria Guinness Brewery, nas mãos de alguém conhecido na história como "Student".

05.

O Batismo Matemático dos Dados

A EMPOLGAÇÃO COM a oferta pública inicial da Guinness, em 1886, foi tão grande que os ambiciosos investidores entraram com tudo no lendário banco Barings. Vendendo 65% de suas ações na empresa, Edward Guinness ganhou 6 milhões de libras, dando à empresa uma avaliação de cerca de 9 milhões de libras — muito acima dos US$300 bilhões em valores atuais. Loucura especulativa ou não, de repente a Guinness tinha muitos recursos para transformar seu negócio usando a tecnologia mais recente da época: a estatística. Cem anos antes do data science ter prometido revolucionar as práticas comerciais, a equipe da Guinness tentou criar uma ciência industrial na fabricação de cerveja. Cheia de dinheiro como as empresas ricas no Vale do Silício ou Shenzhen de hoje, a Guinness contratou jovens cientistas e engenheiros talentosos, nomeou-os para a respeitável posição de "cervejeiros", e construiu para eles novas instalações experimentais. Antes e também hoje, novas habilidades científicas ameaçaram tornar obsoletas as formas mais antigas de expertise, e muitas vezes conseguiram. As formas mais antigas de conhecimento agrícola e especialização desapareceram diante das novas ferramentas químicas e matemáticas.

Examinando o lúpulo, a cevada ou os efeitos de diferentes fertilizantes, os pesquisadores da Guinness encontraram duas grandes dificuldades: eles tinham apenas um pequeno número de observações e essas observações variavam muito entre si.[1] Precisavam de uma forma para medir quais diferenças importavam, saber quais diferenças eram significativas. Um teste de significância, se você preferir. Um desses pesquisadores, William Gosset, era mais inclinado para a matemática, e com ele surgiu o teste de significância. Tudo no interesse de uma cerveja melhor e mais rentável.

NESTE CAPÍTULO, veremos os três cientistas mais associados à criação dos testes de significância e hipótese: Gosset, Ronald Fisher e Jerzy Neyman. Cada um com problemas e preocupações muito diferentes. Gosset queria identificar o processo de fabricação para produzir a melhor cerveja. A tarefa de engenharia era dele. Fisher queria o conhecimento científico. A tarefa científica era dele. E Neyman queria fazer as melhores escolhas. Cada um com métodos avançados para decidir entre hipóteses usando dados e o recém-batizado campo da "estatística matemática". Eles diferiam totalmente sobre o que significava *decidir* — em que resultava decidir.

Gosset era um estatístico industrial; Fisher, um nobre cientista; e Neyman, um planejador racional de meia-idade. Gosset desenvolvia estatística com o objetivo de maximizar os lucros maximizando o sabor, a consistência e a durabilidade. Fisher desenvolvia a estatística para produzir conhecimento científico do modo como o mundo realmente é. Neyman buscava ajudar a fazer escolhas do modo mais racional segundo a evidência em mãos. Juntos, eles criaram uma nova compreensão do que significa ser científico, testando hipóteses com a estatística.

Gosset: Teste para a Fabricação de Cerveja

Em 1923, um funcionário importante da Guinness explicou o motivo para fazer a experimentação científica: "O objetivo de testar as variedades de cereais é descobrir qual pagará mais ao agricultor."[2] O experimento foi ótimo, mas caro. Hoje, ficamos preocupados com os grandes problemas de lidar com dados demais. Em oposição, o problema aqui era ter poucos dados e os custos reais de fazer experimentos adicionais para obter mais. O autor, William Gosset, era engenheiro e matemático prático que virou cervejeiro, e a resposta para a pergunta transformou a ciência da estatística, e da experimentação, de forma decisiva. As técnicas de Galton e Pearson eram boas para grandes conjuntos de dados. Era preciso ter algo diferente, afirmava o cervejeiro Gosset:

> às vezes, é necessário julgar a certeza dos resultados a partir de uma amostra muito pequena, que por si só indica a variabilidade. Alguns experimentos químicos, muitos biológicos, e a maioria agrícola e em grande escala pertencem a essa classe, que até agora esteve quase fora do alcance da investigação estatística.[3]

Ao passo que Karl Pearson focava grandes quantidades de dados biológicos, Gosset se preocupava com as aplicações industriais em que a quantidade de dados observados era pequena.[4] Coletar muitos dados sobre pessoas era mais fácil e barato do que a realização de conjuntos de experimentos industriais e agrícolas dispendiosos. Isso levou Gosset a inventar técnicas para avaliar a confiança nas inferências com base em pequenos conjuntos de dados e minimizar o custo ao fazer isso. Os métodos do experimento precisavam maximizar o lucro minimizando o custo. "Em trabalhos como o nosso", escreveu para Karl Pearson, "o grau de certeza visado deve depender da vantagem pecuniária a ser obtida seguindo o resultado do experimento, em comparação com o custo aumentado do novo método, se houver, e o custo de cada experimento".[5] Nenhum julgamento universal sobre significância poderia ser feito na ausência de custos. Nas férias, Gosset pedalou para conhecer Pearson e aprender "quase todos os métodos em uso."[6]

O TESTE DE GOSSET

Suponha que goste de cerveja. E mais, goste de ganhar dinheiro fabricando cerveja. Você quer melhorar o rendimento da cevada porque fabrica a cerveja Guinness. É possível fazer experimentos diferentes com fertilizante, irrigação, variedades etc., mas como saber com certeza que algo funcionou? Gosset elaborou um teste para ajudá-lo a avaliar os experimentos, agora conhecido como teste t de Student. Imagine que você tenha dez campos lado a lado, e plante um dos dois tipos de cevada em cada um deles. Você mede o tamanho da safra subsequente em cada campo, e compara o tamanho de cada campo de cevada tipo 1 com o tamanho de cada do tipo 2. Quase sempre haverá uma diferença. Mas qual diferença é devido a variações casuais e qual é devido às variedades diferentes? Precisamos determinar a probabilidade de a diferença ser apenas devido à flutuação normal e não a uma causa em particular, nesse caso a variedade diferente. No teste de Gosset, calculamos a estatística dividindo a média das diferenças pelo desvio-padrão sobre a raiz quadrada do número de pontos de dados. Então, podemos consultar uma tabela para saber a probabilidade de observarmos essas qualidades a partir de variações aleatórias. Se for extremamente improvável que as variações aleatórias tenham produzido as plantas descritas por esses dados, então temos bons motivos para pensar que uma variedade de cevada cresce melhor. Mais tarde, saberemos isso testando uma hipótese (que um tipo de cevada cresce mais) com uma hipótese "nula" (que ambos os tipos de cevada crescem iguais.

Provavelmente você está imaginando o que é "extremamente improvável". A chance 1/10 é uma boa evidência de que algo é só uma variação aleatória? 1/20? 1/100? 1/1.000.000? A decisão é do pesquisador. É uma escolha. Não é dada pela ciência. É uma decisão sobre o que nos deixaria confortáveis ao termos segurança que uma coisa é o caso e outra não.

Para Gosset, significava ganhar dinheiro com sua empresa. Ele estava interessado em ajudar a Guinness a maximizar o lucro, e o nível de certeza que podemos ter precisava atender essa preocupação. Portanto, Gosset não forneceu uma regra de significância estatística.

Com seus estudos, ele forneceu um modo novo e radical de pensar sobre tomar decisões em condições de incerteza. Ofereceu novas técnicas matemáticas para escolher um curso de ação e não outro com base na evidência inconclusiva. Sua nova matemática nos ajuda a decidir se uma evidência era conclusiva o suficiente para a aplicação em questão. Gosset chamou essa abordagem de "pecuniária" para questionar o que constitui o conhecimento adequado para a ação, para fazer escolhas comerciais.

Empregando e enaltecendo cientistas de aplicação como Gosset, a Guinness foi pioneira na aplicação do raciocínio científico na produção de cerveja e em todas as facetas industriais e agrícolas do processo. A variação das safras deu cada vez mais lugar à padronização das variedades. As qualidades locais das cervejas deram lugar a cervejas padronizadas e geralmente mais estáveis. Os desafios da variação nos experimentos com pequenas amostras motivaram Gosset a explorar técnicas matemáticas. Os objetivos não eram o conhecimento científico em si. Gosset e sua equipe buscavam otimizar todo o processo de fabricação de cerveja usando ferramentas matemáticas, para aumentar a qualidade, a durabilidade e, finalmente, os lucros.[7]

Como funcionário da Guinness, Gosset precisou publicar seus resultados com um pseudônimo, com todas as referências à cerveja substituídas por outros temas. Seu trabalho agora é conhecido pelo nome "Student". Como veremos, a história da estatística e do data science está repleta de autores encobrindo dados e motivos que provocavam suas indagações e inovações.

Publicado no principal periódico de estatística e eugenia de Pearson, *Biometrika*, o trabalho de Gosset inicialmente recebeu pouco interesse da comunidade estatística mais ampla. Essa comunidade estava mais focada em descrever numericamente os mundos social e natural do que classificar hipóteses sobre eles. Na época, as ideias de Gosset chegaram a reorientar a ciência em geral e a ciência social em grande parte por meio do trabalho de Fisher, depois de Neyman, cada um reformulando radicalmente o trabalho de Gosset.

Como Gosset, Fisher trabalhou extensivamente na aplicação da estatística nos problemas do mundo real, acima de todas as questões de produtividade agrícola. Diferente de Gosset, Fisher buscava o conhecimento científico em si. Ele se baseou no trabalho de Gosset sobre pequenos conjuntos de dados para oferecer um conceito revolucionário do próprio experimento científico.

Discutindo grandes números no desenvolvimento da estatística matemática, a estatística Florence Nightingale David explicou, Gosset "fez perguntas e [Egon] Pearson ou Fisher as colocou em linguagem estatística, então Neyman começou a trabalhar com a matemática."[8]

Fisher: Testando para Elaborar a Verdade

Em 1925, Ronald Fisher não poupou palavras ao condenar a utilidade das estatísticas de sua época: "o maquinário tradicional dos processos estatísticos é totalmente inadequado às necessidades da pesquisa prática. Não só usa um canhão para atirar em um pardal, mas também erra o pardal!" O canhão não era bom para conjuntos de dados pequenos: "O mecanismo elaborado baseado na teoria das amostras infinitamente grandes não é preciso o bastante para os dados simples de laboratório." Tais casos precisavam de novas técnicas, como as de Gosset, fundamentadas em uma melhor matemática e uma melhor compreensão do próprio experimento científico. "Só com uma abordagem sistemática de pequenos problemas de amostragem com base em seus próprios méritos é que parece possível aplicar testes precisos a dados práticos."[9]

Com o teste de hipóteses que Fisher desenvolveu vieram bilhões de "valores p" que dominaram grande parte da produção científica da metade do século XX até hoje, e são legalmente requeridos para aceitar a eficácia de diversos tipos de tratamentos médicos e farmacêuticos. Fisher estabeleceu uma nova base matemática para a estatística como um substituto para as compreensões anteriores do que constitui a ciência.

Como Gosset, Fisher desenvolveu suas ferramentas em um contexto agrícola prático, em seu caso, a Estação Experimental de Rothamsted.[10] Gosset encontrou Fisher na estação em 1922. Como Gosset, ele trouxe um novo nível de sofisticação matemática para um programa experimental mais antigo.

Em Rothamsted, Fisher foi apresentado a dados acumulados por gerações de experimentação agrícola. E ele tinha a liberdade de ajudar a orientar o design dos experimentos na estação. "A atividade em Rothamsted", escreveu sua filha e biógrafa, "os interesses e os problemas da equipe, as discussões com uma xícara de chá, tudo era um grande estímulo para o talento e a criatividade de Fisher."[11] Logo surgiu uma série de artigos com novas abordagens matemáticas ligadas a problemas agrícolas aplicados. Seus artigos focaram a "significância" das variações observadas pela primeira vez.[12] Muitas vezes os problemas podiam ser difíceis de resolver. "Não é raro supor que", começava um artigo, "as variedades de plantas cultivadas diferem não apenas em sua adequação a diferentes condições climáticas e de solo, mas em sua resposta a adubos diferentes." A questão fundamental era como ir de uma evidência empírica para uma "evidência mais conclusiva quanto ao valor relativo dos diferentes adubos".[13]

A resposta veio do teste estatístico, o tipo de teste que Gosset tinha desbravado. Aproveitando igualmente sua habilidade em matemática e a experiência de testes agrícolas na estação Rothamsted, Fisher reformula a abordagem de Gosset em um novo relato da própria experimentação científica.

Em 1925, ele colocou suas abordagens em um livro didático, *Statistical Methods for Research Workers* [sem publicação no Brasil]. O livro divulgou amplamente sua abordagem da experimentação. "O contato diário com os problemas estatísticos que se apresentam ao trabalhador de laboratório tem estimulado as pesquisas puramente matemáticas sobre as quais se baseiam os métodos aqui apresentados."[14] O livro vai das antigas estatísticas interessadas nos "valores agregados ou médios" para o "estudo das causas da variação de qualquer fenômeno variável, desde o rendimento do trigo ao intelecto do homem", o que requer "o exame e a medição da variação que se apresenta."[15]

Criar um experimento envolvia a afirmação da hipótese a ser testada com uma hipótese nula. Um resultado significativo em favor da hipótese revela que acreditamos que só obteríamos os dados de um experimento a partir de uma hipótese nula em uma porcentagem muito pequena das vezes, digamos 1 em 20 ou 5%. Embora negando qualquer limite universal, Fisher argumentou que "é comum e conveniente que os pesquisadores obtenham 5%. Como um nível padrão de significância, no sentido que estão preparados para ignorar todos os resultados que falham em atingir esse padrão."[16]

A doutrina austera de Fisher foi planejada para afastar os muitos preconceitos, esperanças e sonhos que anuviavam o julgamento ao pensar em dados. Como eliminar todas as possíveis causas, vistas ou não, que podem prejudicar nossos esforços de isolar uma provável causa para a investigação? Para evitar as formas muitas vezes inconscientes pelas quais os cientistas podem inclinar a balança selecionando comparações e descartando inúmeras outras causas que podem estragar uma pesquisa, Fisher insistiu na necessidade da randomização das coisas testadas para que "o teste de significância possa ter garantias contra a corrupção pelas causas de perturbação que não foram eliminadas". A randomização, explicou Fisher, "diminui a ansiedade do pesquisador ao considerar e estimar a magnitude das inúmeras causas pelas quais seus dados podem ser perturbados".[17] Para evitar os perigos inerentes à manipulação dos dados após um experimento, Fisher exigia que o plano da análise dos dados e a hipótese a ser testada fossem bloqueados antes da coleta de dados iniciar. Ao fazer um ensaio de medicamento, por exemplo, devemos usar, e em geral registrar previamente, algum procedimento para escolher aleatoriamente quais pacientes receberão a droga testada e quais receberão um placebo.

Embora muitas demandas de Fisher ecoem como essenciais para a boa prática científica até hoje, outras ainda causam consternação. Os críticos de seu tempo em diante questionaram a randomização como um desperdício na melhor das hipóteses, e antiética e mortal na pior. Nos fármacos, o padrão ouro dos estudos clínicos randomizados controlados (RCTs, sigla em inglês) protegeu sem dúvidas os clientes dos efeitos colaterais negativos e de drogas ineficientes, mas às custas de retardar a aprovação de medicamentos e reduzir os motivos para considerar as terapias eficazes. O atraso nos tratamentos experimentais que chegam ao mercado, há tempos lamentado pelo setor, se tornou um ponto de união no movimento para reconhecer e tratar infecções de AIDS nos anos 1980 e 1990.[18] Muito antes disso, Gosset tentou em vão fazer Fisher reconhecer as ineficiências necessárias dos ensaios randomizados.[19]

LIBERDADE, EUGENIA E A MELHORIA DAS RAÇAS

Gosset queria um procedimento melhor para testar os ingredientes para fabricar cerveja. Fisher buscava nada menos do que melhorar a liberdade do homem com conhecimento baseado em experimento. "A liberação do intelecto do homem deve, contudo, permanecer incompleta, contanto que seja livre apenas para elaborar as consequências de um conjunto prescrito de dados dogmáticos, e é negado o acesso a verdades insuspeitas, que apenas a observação direta pode dar."[20] Só o conhecimento experimental poderia superar o dogma. Justificar o procedimento experimental atormenta os filósofos há tempos: como podemos chegar a generalizações a partir de experiências individuais? Percebendo como o fascismo se espalhava pela Europa, Fisher argumentou que a liberdade do homem requeria experimento: "as artes do design experimental e da interpretação válida dos resultados experimentais, na medida em que possam ser tecnicamente aperfeiçoadas, devem constituir o cerne dessa pretensão ao exercício da plena liberdade intelectual."[21]

Para Fisher, a ciência não era um negócio mecânico para melhorar os lucros. Para ele, o processo humano envolvia "não a mera questão de produzir uma máquina industrial altamente eficiente nem um modelo das virtudes negativas, mas de acelerar todas as características distintamente humanas, tudo o que há de melhor no homem, todas as diferentes qualidades, algumas óbvias, outras infinitamente sutis, que reconhecemos como humanamente excelentes".[22] Sua visão era menos de elevação universal e mais um conflito entre as diferentes raças da humanidade. Com uma opinião juvenil, explicou Fisher, "as raças difundidas, frutíferas e bem-sucedidas do futuro pertencem às nações dominantes de hoje; e as nações são consideradas dominantes principalmente pela lealdade, pelo empreendimento e pela capacidade cooperativa das pessoas que as constituem".[23] Fisher viu um aumento de conflito entre as raças nacionais, mas não lançou o progresso humano em termos industriais. A eugenia de Fisher era um prato inebriante, uma combinação improvável de Darwin, Nietzsche e anglicanismo. Uma guerra racial estava em andamento, mas não era, ele sustentou, uma guerra racial *industrial*.

Os fantasmas do declínio das grandes civilizações assombravam o trabalho biológico de Fisher. Como outros eugenistas, ele sentia uma inversão impressionante da reprodução humana. Nas civilizações economicamente avançadas e orientadas para o mercado, as mais bem-sucedidas financeira e culturalmente foram as menos exitosas na reprodução: o melhor da sociedade, argumentou, estava programado para não se reproduzir adequadamente e seria dominada por seres humanos inferiores. As relações econômicas das sociedades modernas, de Roma à Grã-Bretanha contemporânea, eram disgênicas. E a eliminação progressiva das melhores pessoas levava inexoravelmente a civilizações perdendo os acréscimos mais elevados da cultura humana e, por fim, ao declínio das civilizações e das raças que a criaram.

Em outras palavras, permitir uma lógica econômica para dominar era perder o melhor da humanidade, nas formas mais elevadas de cultura, inclusive nas ciências, e das pessoas mais superiores geneticamente. Dada sua estrutura eugênica, não é de admirar que Fisher tenha reagido com fúria aos rivais estatísticos que vislumbraram hipóteses de testes nas linhas da eficiência econômica. Eles estavam tornando o baluarte contra o dogmatismo uma forma cultural menor.

CONTRA AS FUNÇÕES DE CUSTO

Como vimos, Gosset avaliava a eficácia de um experimento nos termos ditados pelo potencial lucro. As versões posteriores dessa compreensão pragmática horrorizavam Fisher, que veio a entendê-la como violando a pureza da investigação científica com motivos industriais básicos. Fisher explicou que nenhum valor pecuniário poderia decidir os contornos do conhecimento:

> na inferência indutiva, não introduzimos nenhuma função de custo para julgamentos falhos, pois é reconhecido na pesquisa científica que a obtenção ou não de determinado avanço científico este ano tem consequências, tanto para o programa de pesquisa quanto para as aplicações vantajosas do conhecimento científico, que não podem ser previstas... Não tentamos avaliar essas consequências nem pressupomos que elas são capazes de avaliação em qualquer tipo de moeda.[24]

O maior rival de Fisher discordava. Em vez de buscar a verdade científica, as estatísticas precisavam se concentrar em fazer escolhas, nos negócios e na ciência.

Neyman: Testando a Tomada de Decisão

O problema na maioria dos testes de hipótese, argumentou o matemático polonês Jerzy Neyman por décadas, é que grande parte das pessoas pensava que era sobre a verdade. Neyman afirmava que era sobre escolhas. "Sem esperar saber se cada hipótese separada é verdadeira ou falsa, podemos buscar regras para orientar nosso comportamento em relação a elas, seguindo-as para garantir que, a longo prazo, não estaremos errados com muita frequência."[25] Precisamos de testes mais eficientes, não da verdade: "nenhum teste baseado na teoria da probabilidade pode fornecer sozinho qualquer evidência importante da verdade ou da inverdade dessa hipótese."

Neyman e seu colaborador Egon Pearson, filho de Karl, afirmavam que Fisher tinha deixado de perceber um segundo perigo no teste de hipótese. Fisher se preocupou em aceitar uma hipótese como se fosse falsa; Neyman e Pearson enfatizaram a necessidade de se preocupar em rejeitar uma hipótese que deveria ser aceita como verdadeira. Ao testar as hipóteses, precisamos equilibrar os dois tipos de erro, marcados rapidamente como tipo I e tipo II. Fisher aconselhava sempre testar uma hipótese com uma hipótese nula. Neyman e Pearson insistiam na necessidade de comparar hipóteses concorrentes.

Como essa abordagem radicalmente diferente surgiu para o teste estatístico? Neyman reuniu uma matemática extremamente abstrata, uma visão cética do conhecimento e um trabalho agrícola prático. Claramente, a estatística não era a vocação dele. Depois de falhar espetacularmente como aprendiz de física experimental, Neyman, um estudante polonês vivendo na Rússia em tempos de guerra, se envolveu na reformulação da matemática em bases teóricas altamente abstratas. Essa matemática parecia distante de toda aplicação prática, até da física teórica. Havia poucos trabalhos, como hoje, para os matemáticos puros subindo as encostas geladas da abstração e, em pouco tempo, Neyman fazia serviços de estatística altamente aplicada para pagar as contas e ter onde morar.

Seus pontos de vista surgiram em meio ao trabalho agrícola experimental na recém-independente — temporariamente — Polônia na década de 1920. Neyman trabalhava no que a historiadora de ciências Theodora Dryer chama de "movimento dinâmico para imaginar a Polônia soberana como um Estado-nação agrário moderno e próspero" por meio da experimentação e da matemática teórica mais sofisticada da época.[26] Como Fisher, Neyman e seus colegas descobriram ferramentas poderosas para analisar os experimentos agrícolas nos artigos de Student. A abordagem de Neyman deve ser entendida dentro do sonho da criação racional de uma economia próspera.

Como ele conectou sua amada matemática altamente abstrata e o trabalho agrícola concreto? Neyman recorreu a seu livro preferido, *Grammar of Science* [sem publicação no Brasil], do eugenista inglês e estatístico Karl Pearson.[27] Nele, absorveu a visão de Pearson da ciência atacando, disse Neyman, "de uma maneira intransigente todos os tipos de autoridades", jogando fora todo dogma existente, seja material religioso, social ou científico — coisas inebriantes para os jovens na Rússia à beira de derrubar czares e igrejas. Ele abraçou o profundo ceticismo de Pearson sobre o que realmente sabemos. Mais tarde, Neyman explicou:

> Uma das minhas ideias favoritas, aprendidas na "Grammar of Science" de Karl Pearson, é que as teorias científicas não são mais do que modelos do fenômeno natural, com frequência sendo modelos inadequados. Modelo é um conjunto de suposições inventadas a respeito de entidades inventadas de tal forma que, se tratarmos essas entidades inventadas como representações de elementos apropriados dos fenômenos estudados, as consequências das hipóteses que constituem o modelo devem concordar com as observações. Se, em todos os ensaios relevantes, o grau de conformidade nos parece satisfatório, então consideramos o modelo como sendo adequado.[28]

Para Pearson, o conhecimento sempre foi provisório. A "crença," explica, é "ser visto como um adjunto do conhecimento: como um guia para a ação onde a decisão é necessária, mas a probabilidade não é tão esmagadora a ponto de equivaler ao conhecimento."[29] O melhor que podemos fazer é afirmar a confiança em um modelo como o melhor em conformidade com os fenômenos que temos em mãos. Não temos nenhuma percepção real das verdadeiras causas e das coisas que funcionam ao nosso redor. A tarefa de Neyman era mostrar como a matemática altamente abstrata que ele adorava pode ajudar a avaliar e construir modelos.

O dinheiro sempre foi escasso para o jovem estudioso, então Neyman mantinha vários cargos em estatística aplicada, até que recebeu financiamento para viajar para a Inglaterra para trabalhar com Karl Pearson, seu velho herói. Para surpresa dele, Pearson sabia pouco sobre a nova matemática abstrata, mas ajudou-o a ganhar uma bolsa de estudos em Paris, onde Neyman retornou ao mundo da matemática abstrata.

Aqui Gosset volta para nossa história. De novo, ele inspirou os estatísticos com inclinações mais matemáticas. Em 1926, Gosset escreveu ao filho de Pearson, Egon, uma série de perguntas sobre o significado do teste de hipóteses.

> Se existir qualquer hipótese alternativa que explicará a ocorrência da amostra com uma probabilidade mais razoável, digamos 0,05..., você estará muito mais inclinado a considerar que a hipótese original não é verdadeira.[30]

E essa carta inspirou Egon Pearson a escrever para Neyman em Paris, trazendo-o de volta à comunidade estatística. Este parágrafo contém "a semente dessa ideia" da alternativa radical que Neyman e Pearson criaram para a concepção do teste e do conhecimento científico de Fisher.[31]

No lugar da verdade, Neyman defendia procurar motivos para buscar um conjunto de ações, e não outro. "Decidir afirmar" algo científico, escreveu Neyman, "não significa saber nem mesmo acreditar". Pelo contrário, "é um ato de vontade precedido por alguma experiência e raciocínio dedutivo, como alguém que faz seguro de vida, o que fazemos mesmo se esperamos viver por muito tempo."[32] O estatístico Erich L. Lehmann observou a importância radical desse novo ponto de vista. "Pela primeira vez, afirma que o objetivo da teoria estatística é a *busca sistemática de procedimentos ideais*. Grande parte da teoria desenvolvida durante as décadas seguintes foi dirigida para este fim."[33]

Os pontos de vista de Neyman foram detestáveis para Fisher.[34] Fisher tentou usar as novas ferramentas da estatística para explicar como era possível o conhecimento indutivo. Neyman as usou para negar a existência de tal conhecimento, em favor de tomar decisões com base na evidência: na melhor das hipóteses, não ganhamos conhecimento indutivo, disse ele, mas um "comportamento indutivo" com base em evidências.[35] Fisher e Neyman (e seu colega Pearson) lutariam pelos próximos 30 anos. Muitas vezes enigmáticos na aparência, seus argumentos giravam em torno da adequação da matemática para resolver questões do conhecimento e do comportamento humanos.

Fisher argumentava que Neyman entendeu mal o que tinha permitido os grandes desenvolvimentos da ciência durante os 200 anos anteriores: "o desenvolvimento contínuo do pensamento matemático na Europa Ocidental dos grandes matemáticos franceses do século XVII em diante, se concretizou em nosso tempo pela fertilização cruzada com as Ciências Naturais, ao fornecer tal modelo do uso correto do raciocínio indutivo, como foi fornecido por Euclides para a lógica *dedutiva*."[36] Mas os erros eram mais profundos. Entender mal a ciência significava que Neyman e sua legião de seguidores entenderam mal como o conhecimento pode libertá-lo e, assim, se tornaram aliados, nada menos, que do totalitarismo.

> Para alguém criado na atmosfera intelectual livre de uma época anterior, há algo muito horrível no movimento ide-

ológico representado pela doutrina de que o raciocínio, propriamente falando, não pode ser aplicado aos dados empíricos para levar a inferências válidas no mundo real. É inegável que a liberdade intelectual que nós, no Ocidente, tomamos como certa é agora negada com sucesso em grande parte do planeta. A validade das etapas lógicas pelas quais ainda podemos ousar tirar nossas próprias conclusões não pode, portanto, ser muito claramente explicada hoje, nem muito afirmada.[37]

O Algoritmo da Verdade: Livro de Receita e "valor-ologia p"

Na sequência da Segunda Guerra Mundial, dois legados distintos de todo esse esforço estatístico seguiram em direções divergentes. O primeiro levou à reviravolta dramática do que significava fazer ciência, de fato *ser* uma ciência, na segunda metade do século XX. O segundo levou estatísticos profissionais a buscarem o rigor da matemática confusa no estilo Neyman, muitas vezes distante dos usos cotidianos de dados problemáticos do mundo real.

Os esforços para entender os resultados experimentais estatisticamente, e usar dados para julgar hipóteses concorrentes, tiveram um impacto duradouro que ainda molda nosso mundo e nossa percepção hoje. O impacto mais visível é a onipresença da significância estatística em nosso pensamento sobre eventos "inesperados", com a compreensão algorítmica de um resultado sendo verdadeiro se podemos estabelecer uma probabilidade, conhecida coloquialmente como "valor p", abaixo do número mágico 0,05.

Para ser claro, tal abordagem algorítmica para definir a verdade teria sido detestável para Fisher, assim como para Neyman e Pearson.[38] No entanto, a força de seus argumentos não foi capaz de sobreviver em face da crescente demanda por uma certeza objetiva e pela tomada de decisão racional. Ao longo da segunda metade do século XX, a busca por efeitos improváveis sob um modelo nulo tornou-se o critério para a publicação, a aprovação de medicamentos e, em discussão mais popular, para separar o acaso da causalidade. Quando Fisher publicou seu relato novo e radical do design experimental, as críticas foram inúmeras. Com o tempo, com livros didáticos mais fáceis de ler, o teste de hipóteses tornou-se essencial para inúmeras ciências.[39] O historiador de ciências Christopher Phillips explicou: "cientistas de alimentos, psicólogos, sociólogos e médicos... viam os métodos estatísticos fornecendo uma técnica pronta para fazer julgamentos causais confiáveis em cenários inevitavelmente subjetivos."[40] Embora o próprio Fisher investisse contra uma abordagem do tipo livro de receitas para experimentar, a sugestão de que 0,05 era um bom limite para determinar a significância se tornou basicamente a linha entre um resultado publicável e o lixo científico na segunda metade do século XX, fornecendo um falso senso de objetividade.

Campo após campo, essas novas abordagens quantitativas alteraram as visões mais antigas de quem era especialista e o que significava expertise em um campo. Em nenhum lugar a mudança foi tão drástica e significativa quanto na investigação da eficácia dos produtos farmacêuticos. O ensaio randomizado derrubou a autoridade dos médicos em julgar essa eficácia.

Em 1961, a Associação Médica Americana negou que qualquer pessoa que não fosse médico praticante deveria opinar sobre a utilidade de um tratamento: "a única determinação final possível quanto à eficácia e ao uso final de um medicamento é o uso clínico extensivo desse medicamento por muitos médicos em um longo período."[41] Médicos e farmacêuticos resistiram à perda de seu controle das questões sobre a eficácia dos medicamentos até meados do século XX, antes de perderem um considerável terreno em 1962, quando a FDA (Food and Drug Administration) adquiriu novas e relevantes competências. Os reguladores, explica Theodore Porter, consideravam que a experiência dos médicos fornecia um controle inadequado sobre as alegações ousadas dos fabricantes de medicamentos. A alternativa era um processo de decisão mais centralizado, baseado principalmente em informações escritas."[42] Com a lei de 1962, chamada Emenda Kefauver-Harris dos EUA, o ensaio randomizado controlado tornou-se referência para a aferição da eficácia de medicamentos, tornando-se o padrão ouro para a autorização de fármacos e a documentação de seus efeitos colaterais. A legislação permitiu que a FDA revisse os medicamentos já no mercado, retirasse de circulação remédios perigosos ou inúteis previamente aprovados entre 1938 e 1962 e avaliasse fármacos em desenvolvimento.

E quanto aos debates de Fisher e Neyman/Pearson? Poucos se preocupavam com as sutilezas filosóficas na aplicação dos testes de hipótese. Debates filosóficos confusos tendem a desaparecer quando as coisas são amplamente aplicadas. E assim foi com o teste de hipóteses. "A teoria do teste de significância de Fisher... foi mesclada com conceitos da teoria de Neyman-Pearson e ensinada como 'estatística' *per se*... nem é preciso dizer que Fisher, Neyman e Pearson não teriam visto com bons olhos essa prole do seu casamento forçado."[43]

Matemática, Não Dados: O Lugar da Estatística após a Segunda Guerra Mundial

Com a entrada dos EUA na Segunda Guerra Mundial ocorreu uma explosão de estatística aplicada no trabalho de guerra, centrado nas Universidades Columbia em Nova York, Princeton em Nova Jersey e Berkley na Califórnia. "A única função útil de um estatístico", escreveu W. Edwards Deming do Departamento do Censo dos Estados Unidos, "é fazer previsões e fornecer uma base para ação."[44] Variando desde como definir melhor os detonadores, controle de qualidade em fábricas até os melhores ângulos para torpedos, os sucessos em tempo de guerra desses grupos estatísticos foram muitos. A estatística altamente aplicada estimulou a criação de novas abordagens para a análise de experimentos, sobretudo uma forma de teste chamada análise sequencial. A análise sequencial unificou os procedimentos de controle de qualidade do Bell Telephone Laboratories e a abordagem econômica para testes como aquele que Gosset comemorou.[45]

Antes da guerra, alguns estatísticos tentaram reformular suas abordagens nos termos e procedimentos da matemática pura, e se agitaram com o impedimento das estatísticas matemáticas de seus primos aplicados mais orientados a dados. Ironicamente, os sucessos na guerra com a estatística aplicada vieram para justificar esse movimento em direção à abstração. As "necessidades da guerra", explicou um documento do Escritório de Pesquisa Naval de 1946, "deu impulso à pesquisa básica que resultou na formação, na Universidade Columbia, da nova teoria da Análise Sequencial".[46] Figuras importantes, como o estatístico da Columbia, Harold Hotelling, utilizavam esses sucessos para justificar o apoio a estatísticas altamente teóricas e matemáticas; uma notável matemática e administradora de programas Mina Rees os apoiou de dentro do governo. As histórias dos sucessos de guerra explicaram que a teoria possibilitou seus sucessos. Imediatamente após a guerra, em um momento em que parecia que a ciência poderia não receber mais grandes fundos do governo, o Escritório de Pesquisa Naval aceitou essa história. "Em geral, reconhecemos que o progresso na matemática é básico para o progresso na ciência, como foi demonstrado com força durante a Segunda Guerra Mundial."[47] Ao fazer isso, liberou grandes fundos militares para estatísticas extremamente teóricas.

Como resultado, o trabalho altamente focado em dados da guerra mudou de ênfase. "Durante a Segunda Guerra Mundial", escreveu Neyman no final de 1940, "a maioria dos estatísticos trabalhava em problemas de defesa, que frequentemente dava a impressão de importância prática imediata." Ele realizou um grande simpósio "para estimular o retorno à pesquisa teórica."[48] Hotelling explicou como as aplicações acenavam para os estatísticos, mas também corrompiam: "a chamada da aplicação é atraente, e levou muitos jovens estudiosos a abandonar o cultivo da teoria estatística."[49] A abstração estava na moda na matemática, e apelou igualmente aos estatísticos que trabalhavam no modo de Neyman.

A carreira de Neyman em Berkeley mostrava enormes avanços na estatística matemática, mas também na definição da estatística matemática como disciplina. Para ser claro, não foi inteiramente uma busca acadêmica: Neyman também queria que Berkeley reconhecesse que seu grupo deveria ser um departamento completo, não apenas um "laboratório" dentro do departamento de matemática. Isso exigiu que ele estabelecesse uma boa-fé matemática da estatística matemática, para mostrar que o campo tinha rigor suficiente — intelectual e matematicamente — para assegurar um departamento.

Pensando bem, não está claro se a relação entre os dados e nossas vidas cotidianas depende de quão matemática é a análise subjacente. Na época, porém, a estatística matemática como profissão alinhava-se cada vez mais com o rigor e a abordagem axiomática ligada à matemática pura. Como o Escritório de Pesquisa Naval, a nova Fundação Nacional de Ciência (NSF) aceitou a visão de que a estatística teórica e matemática tornou possíveis os sucessos aplicados na guerra e financiou as estatísticas de acordo. Desde a criação da NSF em 1951, a estatística tem se posicionado como matemática: não como um aspecto da engenharia, como se pode concluir das atividades do pós-guerra ou do impacto econômico no século XXI; nem nas "ciências naturais" como Fisher provavelmente teria preferido. O financiamento, portanto, a vida acadêmica de um campo intelectual, se apoiou em grande parte no estabelecimento de matemática suficiente, levando o campo para o que o probabilista matemático Leo Breiman criticou como "excesso de matematização" em 2004. Por volta de 1962, o topologista de Princeton que virou estatístico, John Tukey, argumentou que os "analistas de dados" deveriam "usar argumentos matemáticos e resultados matemáticos como bases para julgamento em vez de bases para prova ou selos de validade" — um forte sinal de até que ponto a matemática permeou, ou distorceu, a estatística.[50] Como veremos nos próximos capítulos, é uma história contrafactual divertida de imaginar: A descoberta de padrões teria nascido na engenharia elétrica, no aprendizado de máquina em ciência da computação ou no data science do setor, caso a estatística acadêmica norte-americana não tivesse se tornado tão matemática da Segunda Guerra Mundial até o final do século?

PARTE II

06.

Dados em Tempos de Guerra

NO COMEÇO DOS anos 1960, a criptógrafa Juanita Moody lamentou que seu empregador, a hipersecreta Agência de Segurança Nacional (NSA), não conseguiu colocar sua enorme capacidade de análise de dados em bom uso no mundo não confidencial: "sempre me preocupou o fato de que tínhamos uma grande capacidade de computação avançando mais rápido do que se poderia imaginar e um grande mundo da medicina lá fora precisando dela." Assim que pôde, ela saiu da NSA e disse: "Vou me voluntariar para ajudar o mundo médico com o processamento de dados computadorizado. Sabíamos que era um problema, e tudo o que estávamos fazendo era confidencial." Pior ainda, não tinha que ser assim: "E eu sabia que não precisava ser confidencial, mas era."[1] Décadas antes do surgimento do big data nos anos 1990 e 2000, a Agência de Segurança Nacional tinha institucionalizado a coleta de dados, os algoritmos e as formas de análise.

Como isso aconteceu?

Precisamos viajar 100km para o nordeste de East Ilsley, onde Gosset e Karl Pearson se encontraram em 1905. Lá fica a calma cidade inglesa de Bletchley Park, um dos locais mais secretos e significativos na Segunda Guerra Mundial.

Bletchley Park

Enquanto os estatísticos Fisher e Neyman lutavam com verdades e erros, um grupo de forasteiros criava um futuro radicalmente diferente, combinando computação, trabalho e dados no contexto da guerra. Os externos à estatística eram os engenheiros, os linguistas e os matemáticos de Bletchley Park, abrigados secretamente entre Oxford e Cambridge, na Inglaterra, decifrando códigos alemães. Protegidos com a desculpa da "Festa de Tiro do Capitão Ridley", esses cientistas e humanistas, muitos recrutados por redes de contato, foram os pioneiros na construção do hardware de computação especializado para entender os fluxos de dados em grande escala.[2]

O trabalho envolvia uma cacofonia barulhenta de máquinas, fita de papel, homens e mulheres, com apenas alguns trabalhando em mesas, escrevendo mais letras do que fórmulas. A maioria dos homens rabiscando vinha de várias atividades acadêmicas e habilidades em jogos, como xadrez ou palavras cruzadas, não da estatística acadêmica. O mais famoso, Alan Turing, que pegou um trem para Bletchley no dia seguinte ao Reino Unido declarar guerra em setembro de 1939, era um matemático conhecido principalmente por trabalhar em lógica, já tendo trabalhado com estatística.

Em vez de se concentrar em quantificar as qualidades das pessoas de um Estado ou investigar hipóteses científicas, Turing e seus colegas trabalharam em uma tarefa militar aplicada, envolvendo dados e a maior computação do mundo (na época).

Essa era a *prática* da estatística e dos dados na forma mais agressiva de sua época, e marca um divisor de águas em nossa história maior: quando os dados deram um salto para uma nova existência pragmática definida pela engenharia e pela solução de problemas.

Sem se interessar pelos debates furiosos sobre o rigor na estatística matemática, os pesquisadores de Bletchley Park desenvolveram um hardware com propósito especial, juntamente com seus próprios métodos estatísticos para decodificar as cifras alemãs "inquebráveis" (a mais famosa sendo a máquina Enigma) utilizada na Segunda Guerra Mundial. Na verdade, "os alemães sabiam bem como o Enigma poderia ser decodificado. Mas concluíram que seria preciso um prédio inteiro cheio de equipamentos para fazê-lo", de acordo com o matemático, capitão naval dos EUA e mais tarde pesquisador da NSA, Howard

Campaigne. "E era isso que tínhamos. Um prédio cheio de equipamentos."[3] A decodificação dos códigos alemães exigia a enumeração computacional de uma quantidade astronômica de hipóteses, cada uma correspondendo às possíveis configurações secretas da época das máquinas de criptografia dos alemães. Todo dia, dados adicionais aprimoravam a probabilidade de cada hipótese, com configurações iniciais baseadas em suposições e heurísticas sobre a linguagem típica empregada pelos militares alemães. O rigor matemático, o alicerce da nova estatística acadêmica, estava fora de questão. Diante de um trabalho de vida ou morte a ser feito, Turing e colegas usaram o que agora seria chamado de métodos "bayesianos". Eles implantaram diversos métodos usando dispositivos de computação eletromecânica de propósito especial, chamados de "bombas eletromecânicas" (bombes), girando ruidosamente até "parar", quando as máquinas revelavam uma solução em potencial.

Para todo o trabalho de gênios como Turing, Bletchley fazia a diferença porque tornava a análise de dados *industrial*. "Bletchley Park, em 1944, não era a organização informal do mito popular", escreve o historiador David Kenyon. Depois de 1943, a "tarefa não era fornecer um habitat fértil para o gênio individual, mas sim aumentar e industrializar as técnicas desenvolvidas pelos mestres decodificadores, e criar sistemas que permitissem que seus métodos fossem aplicados a milhares de itens de dados, com velocidade, por pessoas sem formação em Oxbridge (Universidades de Oxford e Cambridge)."[4]

O esforço de Bletchley culminou na criação do que alguns historiadores consideram os primeiros "computadores" do mundo no sentido contemporâneo da palavra: máquinas digitais, eletrônicas e programáveis, chamadas Colossus. Um membro da equipe deu uma noção do volume de dados e da natureza das máquinas: "os furos da roda dentada passavam por um olho eletrônico, na velocidade de cinco mil por segundo, de modo que cinco mil letras eram registradas por segundo."[5] Gerenciar esses dados, basicamente registrados em fitas adesivas, exigia trabalho, essencialmente o trabalho de mulheres. Sem dúvidas, o trabalho em Bletchley tinha uma hierarquia de gênero: "todos os criptógrafos que trabalhavam com o Colossus eram homens, e todas as operadoras eram mulheres", mesmo que muitas tivessem formação universitária.[6] No início, os militares submetiam as mulheres operadoras, mas não os matemáticos, a exercícios e marchas. As "exigências impostas às operadoras do Colossus revelam a presunção tácita de seus superiores de que o trabalho das mulheres é, por natureza, corriqueiro e não requer total energia", explica a historiadora da ciência Janet Abbate.[7] Obter dados dentro e fora das máquinas era um trabalho árduo. A fita passava pelo Colossus a 12m por segundo. Uma operadora, Eleanor Ireland, explicou que "era uma operação complicada, colocar a fita na tensão certa... [nós] ficávamos aterrorizadas com o rompimento dela."[8]

O tempo era importante na guerra. E as mulheres, como Ireland, que trabalhavam nas máquinas, juraram silêncio, que mantiveram até quase o fim de suas vidas, quando o governo britânico finalmente divulgou os aspectos do esforço de Bletchley. "Minha grande tristeza", lembrou a operadora do Colossus, Catherine Caughey, "é que meu amado marido morreu em 1975 sem saber o que eu fiz na guerra."[9] Esse sigilo foi tão grande que a história das tecnologias da informação negligenciou os dispositivos e as equipes de mulheres, explica o historiador Mar Hicks, "paradoxalmente garantindo que as realizações britânicas entrassem para a história como coadjuvantes em um relato da computação eletrônica inicial centrado nos EUA".[10]

Enquanto Isso, nos Estados Unidos

Do outro lado do Atlântico, a Marinha e o Exército dos EUA construíram instalações cada vez maiores para processar as comunicações capturadas do Eixo usando máquinas novas e antigas, variando de microfilmes a máquinas de processamento de cartões da IBM, chamadas tabuladores. Apesar do segredo de longa data, Estados Unidos e Reino Unido desenvolveram lentamente uma estreita relação criptológica. Quando criptólogos americanos visitaram Bletchley no início de 1941, inicialmente eles não foram informados sobre as máquinas para decifrar o Enigma, apenas generalidades sobre a abordagem.[11] As relações esquentaram rápido: em 1942, o criptógrafo americano Solomon Kullback viajou por meses, dizendo que, durante sua visita a Bletchley, os britânicos "me mostraram tudo, os detalhes de suas operações nos sistemas alemães... Eles me mostraram as bombas eletromecânicas e como elas operavam."[12] O próprio Turing viajou para os EUA, visitando a fábrica que produzia bombas de quebra de código, além de fazer uma parada no Bell Labs em Nova York. As abordagens de Turing e da empresa logo foram integradas ao fluxo de trabalho criptológico e máquinas modificadas para incorporar a nova análise estatística em escala industrial.

"A criptografia reorganiza o poder", escreve Phillip Rogaway. Ela "configura quem pode fazer o quê, a partir do quê."[13] A Segunda Guerra Mundial demonstrou isso: quebrar códigos alterou decisivamente as relações de poder em todo o mundo, ajudando as forças aliadas a garantir vitórias decisivas com uma melhor inteligência na Europa e no Pacífico. Em 1942, criptógrafos da Marinha dos EUA decodificaram comunicações navais japonesas criptografadas que lhes permitiram prever o momento e a natureza de um ataque ao Atol Midway no Pacífico. Embora ainda enfraquecida pelo ataque a Pearl Harbor, a Marinha norte-americana conseguiu surpreender a frota japonesa e garantir uma vitória que ajudou a dar tempo aos EUA para reconstruírem sua Marinha exaurida. Em abril seguinte, a criptoanálise da Marinha revelou detalhes de uma próxima viagem do almirante marechal japonês Isoroku Yamamoto, tornando possível a "Operação Vingança", na qual ele foi morto, aumentando a moral das forças dos EUA e custando à Marinha japonesa um líder considerado "o oficial naval destacado".[14] Quando os Aliados desembarcaram na Normandia em 1944, os analistas de Bletchley Park e seus colegas americanos forneceram um nível sem precedentes de compreensão das posições alemãs na França e nos Países Baixos.[15] O processamento de dados industriais alterou drasticamente as relações de poder. Logo após a guerra, e anos antes da OTAN surgir, EUA e Reino Unido consolidaram sua aliança criptográfica e compartilhamento de inteligência jamais visto da Segunda Guerra Mundial, em uma estreita relação de decodificação que dura até hoje — uma aliança formal de longa data entre as nações anglófonas que logo abrangeu Canadá, Austrália e Nova Zelândia, constituindo os "Cinco Olhos."

Quebra de código em Bletchley Park, 1943. Bletchley Park Trust. Getty Images. Identificado como Colossus operado por Dorothy Du Boisson (à esquerda) e uma Wren (Serviço Naval Real das Mulheres Britânicas) não identificada. Identificação de Janet Abbate, *Recoding Gender: Women's Changing Participation in Computing* (MIT Press, 2012), p. 15.

Não eram dados em busca de verdades latentes sobre a humanidade ou a natureza. Não eram dados de pequenas experiências, registrados em bloquinhos de anotação. Esses dados foram motivados por uma necessidade urgente de fornecer respostas em um curto espaço de tempo que pudessem motivar ações e salvar vidas. Respostas que podem vir apenas da análise de dados em escala industrial.

Fisher e Neyman detestariam a heurística perspicaz acelerando a busca computacional com uma quantidade astronômica de diferentes hipóteses e a atualização dinâmica de probabilidades inicializadas por uma convicção prévia, mas deram início ao nascimento da estatística computacional aplicada, hoje no centro da mineração de dados corporativos e da inteligência artificial. Para a análise em Bletchley era essencial a estatística desprezada pelos matemáticos, mas abraçada e industrializada durante a guerra: o tipo bayesiano.

Bayes: Da Divindade à Decodificação

Fisher reclamou que Neyman e Pearson eram meros matemáticos e não cientistas; eles responderam que Fisher era um mero cientista e não matemático. Porém, o maior insulto de todos em sua batalha matemática foi a acusação de ser "bayesiano". No entanto, as estatísticas bayesianas revelaram-se uma abordagem excelente e direta para tomar decisões diárias em Bletchley Park na avaliação de possíveis decodificações das mensagens inimigas.

Para ilustrar a ideia por trás dos métodos bayesianos: considere uma faculdade em meio a um surto de COVID. Primeiro imagine que cada aluno foi testado com um teste "perfeito" e todos os casos positivos e negativos são conhecidos. No entanto, um erro claro do sistema resulta na perda dos registros antes que os alunos possam ser informados. A única estatística sobrevivente é que 1% dos alunos tem a doença. A faculdade imediatamente dá a todos um teste rápido, mas menos confiável, em que há uma probabilidade de 99% de que a pontuação seja "positiva" para pessoas doentes e 99% de chance de que a pontuação seja "negativa" para pessoas saudáveis. Todos os alunos positivos ficam em quarentena em um dormitório. Imagine que você encontra um aluno no dormitório e deve decidir: Qual é a probabilidade do aluno estar realmente doente? A resposta é simples quando você é bayesiano.

Na prática, ser "bayesiano" significa simplesmente usar a regra de Bayes, uma equação matemática determinada que conecta coisas que sabemos a algo que queremos saber. O que poderia ser controverso em tal regra matemática? Por que "Bayes" é detestado? A *estatística* bayesiana refere-se não apenas ao uso da equação, mas a uma interpretação da probabilidade muitas vezes ridicularizada como "a escola subjetiva". Na interpretação bayesiana, a probabilidade de algo ocorrer é um grau da crença de que algo ocorrerá. É "subjetivo" porque é sobre o ser humano, um "sujeito" que tem a crença. Em oposição, até recentemente a grande maioria dos estatísticos matemáticos preferia trabalhar com probabilidades interpretadas como uma declaração da frequência objetiva de que algo acontecerá em um número infinito hipotético de repetições do mesmo experimento: por exemplo, um dado justo mostrará 5 em ⅙ das vezes. Matemática e ciência sintetizam a objetividade — de fato, a subjetividade era apenas a qualidade de pensamento que Fisher e Neyman lamentavam em suas diferentes maneiras. Tudo isso é essencial, pois parte do maior impacto dos dados é como uma ferramenta retórica que evoca uma verdade objetiva. Mas ser filosófico sobre Bayes (uma questão de interpretação) é muito diferente de usar a fórmula conhecida como "regra de Bayes" (uma questão de aritmética).

Voltemos ao exemplo de diagnóstico da COVID: começamos com "Qual é a probabilidade de se obter um teste positivo para COVID, *dado* que uma pessoa realmente está *infectada*?" O que realmente queremos nos obriga a mudar isso: "Qual é a probabilidade de que a pessoa esteja infectada, *dado* que ela obteve um *teste positivo*?"[16] Escrito em português, parece um pequeno jogo de palavras, mas na verdade, a pequena mudança envolve uma explicação diferente de como decidimos o que é verdade e como tomamos decisões.

O interessante em Bayes é que podemos imaginar como tomar decisões sobre a crença simplesmente contando as várias probabilidades. Isso significa apenas colocar com cuidado em tabela cada uma das probabilidades separadas. Qual o problema? O problema está nesta afirmação, "Sabe-se que uma em cada cem pessoas tem a doença." Raramente a vida mostra uma quantidade conhecida (lembre-se de que no exemplo inventado foi apenas a combinação de um teste perfeito com um erro claro do sistema que nos permitiu fazer isso). Essa probabilidade só poderá ser calculada se soubermos ou pudermos estimar a probabilidade geral de que alguém tem a doença, independentemente do resultado do teste!

Esse problema surgiu na articulação inicial da regra, em um ensaio publicado postumamente por um clérigo e estudioso de Thomas Bayes no século XVIII. Esse ensaio continha a percepção fundamental de que a probabilidade de dados e a hipótese devem ser o produto de dois termos: a probabilidade dos dados dada a hipótese e a probabilidade da hipótese em si. A segunda é a quantidade desafiadora mencionada. Muitas vezes é chamada de "prévia" bayesiana: é uma criatura engraçada, pois é "anterior" e independente dos dados experimentais — e, em princípio, pode ser computada mesmo antes de realizar um experimento. O que significa saber se uma hipótese é provável na ausência de todos os dados experimentais e observacionais?

Embora Bayes não mencione Deus no ensaio original, o historiador Stephen Stigler argumenta que Bayes o escreveu para refutar um argumento do filósofo escocês David Hume sobre a probabilidade da ressurreição de Cristo, um uso da regra de Bayes que continuou até o presente século.[17] O famoso cético Hume desejava calcular a probabilidade da ressurreição dada a existência de relatos de milagres. Matematicamente, a regra de Bayes afirma que a probabilidade de os milagres serem verdadeiros, dado que foram relatados, é a probabilidade de que eles seriam relatados, dado que eram verdadeiros, vezes a probabilidade prévia de que existem milagres, dividida pela probabilidade de que os milagres seriam relatados (sendo realmente verdadeiros ou não). Uma pergunta equivalente, mas um pouco mais interpretável, é: Quais são as chances? Isto é:

$$\frac{P(\text{milagres reais, dados os milagres relatados})}{P(\text{nenhum milagre, dados os milagres relatados})}$$

$$= \frac{P(\text{milagres relatados, dados os milagres reais}) \times P(\text{milagres reais})}{P(\text{milagres relatados, dado nenhum milagre}) \times P(\text{nenhum milagre})}$$

Aqui o problema fica muito claro. Mesmo que tenhamos consenso quanto à probabilidade de alguém relatar um milagre dado que realmente aconteceu, podemos ter opiniões muito diferentes quanto à probabilidade prévia de que milagres ocorrem, isto é, *P (há milagres reais)*.[18] E sem concordar com o valor numérico dessas probabilidades prévias, não podemos concordar com a probabilidade de que os milagres ocorreram, dado que eles foram assim relatados, mesmo que concordemos com a probabilidade de que seriam relatados se ocorreram ou não. A dependência de um número tão importante em outro número tão subjetivo continuou sendo o ponto crucial de uma posição antibayesiana de longa data entre os estatísticos matemáticos. Por exemplo, seria necessário ter essa probabilidade prévia da existência divina (no caso de Hume) ou de duas hipóteses científicas concorrentes (no caso considerado por Neyman).

Apesar de sérias objeções, a análise bayesiana, em escala industrial, era o centro dos esforços de Alan Turing e dos decodificadores de Bletchley Park. Em um tratado introdutório que ele escreveu em Bletchley Park, Turing explicou: "Quase todas as aplicações da probabilidade na criptografia dependem do princípio do fator (ou teorema de Bayes)."[19] Eles colocaram esse tipo de decisão, estruturada em termos da regra de

Bayes, em prática no início da computação digital durante a Segunda Guerra Mundial.[20] A equação análoga no caso dos alunos doentes seria:

$$\frac{P(\text{doente, dado positivo})}{P(\text{saudável, dado positivo})}$$

$$= \frac{P(\text{doente}) \times P(\text{positivo, dado doente})}{P(\text{saudável}) \times P(\text{positivo, dado saudável})}$$

$$= 0{,}01 \times 0{,}99/(0{,}99 \times 0{,}01)$$
$$= 1 \text{ (ou seja, chances iguais).}$$

Isso deve fundamentar sua decisão, por exemplo, se você deve ficar longe desse dormitório.

No lugar de certos antecedentes, os decodificadores em Bletchley tinham que confiar em heurísticas e suposições, como a frequência do uso de letras em alemão. Por que os decodificadores estavam dispostos a seguir as explicações listadas acima? Uma justificativa para seu uso é que, no limite de grandes conjuntos de dados, a probabilidade de uma hipótese supera a do concorrente de que a decisão depende apenas um pouco dos antecedentes desconhecidos. Um documento da NSA observou explicitamente que "pode não existir para o criptógrafo nenhuma atribuição de chances *a priori* (criativas ou não) que possam afetar negativamente a utilidade do nosso programa de computador".[21] O que era então uma inovação bem-sucedida para criptografia computacional é agora comum em aplicações baseadas em dados. Com grande popularidade, as abordagens bayesianas são agora um indicador de sofisticação estatística, não algo para se envergonhar![22]

Embora essas técnicas tenham permanecido secretas por décadas, novas abordagens e atitudes computacionais migraram lentamente para fora do mundo da inteligência. O trabalho de Turing foi compartilhado com apenas alguns colaboradores e aliados, mas a abordagem deixou um impacto profundo em ambos os lados do Atlântico. Em 1942, Turing fez uma longa e perigosa viagem, com submarinos alemães patrulhando o Atlântico, visitou o Bell Labs para discutir criptografia com Claude Shannon, John Tukey e outras futuras celebridades da estatística computacional aplicada norte-americana. Os colaboradores próximos de Turing, I. J. Good e Donald Michie, se tornaram líderes nos novos campos da estatística computacional e da "inteligência de máquina" nos 50 anos seguintes. Décadas após a guerra, Good foi um dos proselitistas mais persistentes e convincentes do uso de Bayes em estatística mais geral. Passando grande parte de sua carreira na Virginia Tech, Good continuou a colaborar estreitamente com a Agência de Segurança Nacional dos EUA e sua equivalente britânica GCHQ (Government Communications Headquarters) em competências ainda confidenciais enquanto divulgava a verdade bayesiana. Em inúmeros artigos e livros bem escritos, Good explicitou problemas estatísticos interessantes mais bem estruturados usando a inferência bayesiana, muitas vezes com comentários enigmáticos de que o método primeiro foi proposto por Alan Turing.[23] Durante a Guerra Fria, a NSA e a GCHQ buscaram um programa avançado em estatística computacional seguindo esses desenvolvimentos, de maneiras que permanecem em grande parte confidenciais.

Após a Segunda Guerra Mundial

Elementos dessa prática próspera existiram como uma subcultura fora do mundo da inteligência até os anos 1980, quando a disponibilidade de recursos computacionais, mesmo em microcomputadores, possibilitou uma vasta expansão acadêmica e comercial da estatística computacional. Como nos serviços de inteligência, os debates filosóficos em torno do rigor matemático ou a interpretação adequada das probabilidades assumiram um caráter bastante diferente nos círculos acadêmicos.

A matemática fazia a diferença. Mas a engenharia de dados também. A análise de dados precisava de seus Turings, com certeza. Mas também precisava de seus engenheiros e seus operadores.

Tão importante quanto a nova matemática para analisar dados era a engenharia para armazená-los e processá-los. Em um dia triste em 1948, chamado de "Black Friday", a criptografia soviética tornou-se abruptamente inacessível à decodificação dos Estados Unidos e de seus aliados. Esses códigos mudaram as necessidades computacionais da Agência de Segurança Nacional, fundada em 1952, para o processamento de armazenamentos de dados cada vez maiores. Em 1955, mais de 2 mil escutas produziram 37 toneladas de comunicação interceptada que precisavam de processamento, juntamente com 30 milhões de palavras de comunicações de teletipo. Só a China produziu cerca de 250 mil mensagens interceptadas.[24] A NSA precisava da capacidade de processar grandes quantidades de dados muito mais do que a capacidade de realizar aritmética com rapidez. As necessidades de processamento de dados eram extraordinárias e superavam a tecnologia da época. O historiador Colin Burke explica que em meados dos anos 1950, "a NSA se envolveu em uma das grandes apostas tecnológicas da história norte-americana: transferiu dezenas de milhões de dólares para empresas de computação" para ajudar a derrotar o sistema de criptografia soviético.[25]

A cientista da IBM Frances Allen, primeira mulher a ganhar o Prêmio Turing, descreveu o que a NSA precisava em uma máquina: "uma máquina de streaming, que poderia levar informações coletadas das estações de escuta que a NSA tinha em todo o mundo — principalmente ouvindo a Rússia na época, União Soviética — e depois pegar essa grande quantidade de dados, alguns codificados, outros abertos, e decifrar o código".[26] Grandes quantidade de dados significavam máquinas grandes: "anexado a essa máquina havia um sistema de fita [tração] contendo grandes quantidades de informações, e as informações fluíam do sistema de fita através da memória Stretch Harvest e da unidade de decodificação (a unidade Harvest), em seguida, voltavam — as respostas, quaisquer que fossem os resultados, voltavam sem parar."[27] Mais tarde ela explicou: "Era um sistema de cartuchos gigante, onde as fitas tinham endereços e eram automaticamente programadas para puxar uma fita, trazê-la para um leitor, depois tirá-la e, em seguida, lê-la."[28] A máquina era um dispositivo gigante de reconhecimento de padrões trabalhando em tempo real nesse fluxo de dados e precisava de uma linguagem de programação otimizada para esse fim.[29]

Ao focar "a manipulação de grandes volumes de dados e alta flexibilidade e variedade em processos lógicos não numéricos", a NSA tinha necessidades mais semelhantes às de grandes empresas, não às dos físicos.[30] Assim como grandes financiamentos federais promoveram a criação de máquinas aritméticas cada vez mais rápidas, grandes financiamentos federais para a criptografia patrocinaram um trabalho intenso em mecanismos de armazenamento maiores. Os dois se uniram, com muito atrito, ao financiarem as tentativas da IBM de dar um salto na capacidade em meados dos anos 1950.

Se os criptólogos tivessem criado os primeiros computadores, um pioneiro da NSA pensou, seu nome poderia ter sido "analisadores", "manipuladores de informações" ou, até mesmo, "datalisadores".[31] Com o patrocínio dos laboratórios nacionais dos EUA preocupados com armas nucleares, os desenvolvimentos de computadores se concentraram em grande parte na melhoria da velocidade de processamento necessária para simular explosões. Eles precisavam de muita multiplicação, não de análise de dados em grande escala.*

A NSA financiou a IBM e a Remington, assim como mais tarde financiariam pesadamente a Control Data Corporation (CDC) e a Cray, para criar computadores que pudessem fazer cálculos mais rapidamente, mas — talvez ainda mais importante — lidar com mais dados, muitas vezes paralelamente e em tempo real.[32] A partir dos anos 1970, a NSA perderia muito de seu controle sobre o futuro projeto de supercomputadores, mas continua sendo um mercado primário, se não o principal, para tais máquinas.

Dados como Engenharia

As comunidades dentro da NSA abordavam os dados com uma estatística muito parecida com os números em Bletchley Park: mais como um problema de engenharia do que científico.**

---

* O "requisito de computador da Comissão de Energia Atômica enfatizava a multiplicação em alta velocidade, enquanto a ênfase da NSA estava na manipulação de grandes volumes de dados e na alta flexibilidade e variedade em processos lógicos não numéricos". Samuel S. Snyder, "Computer Advances Pioneered by Cryptologic Organizations", *Annals of the History of Computing* 2, nº 1 (1980): 66.

** "Hoje estamos começando a ser uma fábrica. Para alguns, não é tão divertido quando não se vê os dados. Eu acho que um dos maiores desenvolvimentos foi quando os países-alvo começaram a usar equipamentos de teletipo e enviar seus dados eletricamente. Em certo momento, pensamos que teríamos quilômetros de cartões e um prédio cheio de perfuradores de cartão para furar todos os dados; mas felizmente os países-alvo começaram a ser nossos perfuradores, o que nos levou a transmitir esses dados eletricamente. Atualmente, lidamos com circuitos elétricos alguns [editados] por dia que entram diretamente no prédio e são tratados automaticamente... Muitos desses dados nunca são vistos por nenhuma pessoa em particular. Em alguns casos, os resultados voltam em menos de um

Eles precisavam de computadores diferentes, assim como de uma matemática diferente, uma matemática na tradição do trabalho de Bletchley Park. Embora a matemática da NSA permaneça altamente sigilosa, um pequeno número de trabalhos divulgados mostra que a agência buscou não apenas estatísticas computacionais, mas estatísticas computacionais em larga escala sobre dados recebidos em tempo real. A NSA tinha pessoal com grande grau de sofisticação matemática combinada com fluxos cada vez maiores de dados e computadores personalizados para lidar com dados; ao contrário dos estatísticos acadêmicos, no entanto, eles não tinham que trabalhar para se justificar como matemáticos. A eficiência é o segredo: o custo da computação em larga escala é figura central nos documentos divulgados da NSA, mesmo com todos os bits interessantes editados. Em um artigo bayesiano sobre julgar muitas hipóteses sobre a decodificação adequada de uma mensagem, a análise produziu uma estimativa cara e necessária: "Isso custaria quase tanto quanto fazer o teste real das hipóteses. Assim, do ponto de vista da COMSEC [segurança das comunicações], a expressão acima" para ela "não tem uma utilidade prática."[33] Um ponto de vista da segurança das comunicações requer não a pureza exigida pelos acadêmicos, mas um equilíbrio entre rigor estatístico e requisitos de grandes dados. "Na criptoanálise", outro artigo observa, "realizamos um milhão ou mais de experimentos consecutivos, com um Fator Bayes calculado para cada experimento." De fato, artigos no periódico rejeitam explicitamente as preocupações de estatísticos e filósofos com o uso de Bayes na ausência de probabilidades *a priori*.[34] Dada a missão, valores diferentes dos filosóficos e dos estatísticos, como vimos em Fisher e Neyman, devem prevalecer. A análise bayesiana era muito poderosa em grande escala.[35]

Antes que modelos algorítmicos de grande escala, com base nos dados automaticamente acumulados das transações comerciais diárias, virassem mídia e publicidade a partir da década de 1990, a NSA havia desenvolvido internamente sua forma de aprendizado de máquina estatístico computacional pesado, com foco em altos volumes de dados desorganizados gerados em tempo real. Como um aprendizado de máquina do futuro, ele se baseou fortemente, mas

---

minuto, nunca tendo sido vistos por um indivíduo. Isso não significa que muito trabalho analítico não acontece na preparação dos dados." Joseph Eachus *et alii*, "Growing Up with Computers at NSA (Top Secret Umbra)", *NSA Technical Journal* Special Issue (1972): 14.

de modo seletivo, em estatísticas e, como uma análise de dados contemporânea, a agência lutou com as demandas de bancos de dados práticos, mas com fins diferentes.

Apesar de todo esse trabalho ser confidencial, as atitudes computacionais em relação aos dados e as transformações nas tecnologias de armazenamento lentamente encontraram seu caminho no mundo não confidencial, talvez com a mais famosa sendo uma distância estatística em homenagem a dois cientistas da NSA, a divergência de Kullback-Leibler.

As ciências seguiram o exemplo. Em 1950, Mina Rees do Escritório de Pesquisa Naval notou a "grande ênfase" nas primeiras máquinas "que aceitariam uma pequena quantidade de informações, fariam rapidamente extensas operações nesses dados e produziriam uma pequena quantidade de informações como resposta." Agora, ela escreveu, o interesse "parece estar em uma exploração maior do uso de máquinas para aceitar grandes quantidades de dados, executar operações muito simples com eles e imprimir, possivelmente, um grande número de resultados".[36] Os dados experimentais produzidos na física de alta energia rapidamente desafiaram as habilidades de armazenamento e processamento.[37] Na ciência, como na espionagem, os dados com o potencial de ser analisados e armazenados sempre superavam a capacidade de processamento, a memória e a capacidade de armazenamento. "Nos últimos 40 anos ou mais", um artigo na *Science* observou em 2009, a "Lei de Moore permitiu que os transístores nos chips de silício ficassem menores e os processadores, mais rápidos. Ao mesmo tempo, as melhorias tecnológicas dos discos para armazenamento não conseguem acompanhar o fluxo crescente de dados científicos gerados pelos computadores mais rápidos."[38]

Talvez em nenhum lugar esse tópico intelectual tenha florescido em resultado da Segunda Guerra Mundial como aconteceu no Bell Labs da AT&T, onde os dados não eram sobre códigos e cifras, mas sobre as comunicações em geral: telefonemas nos Estados Unidos e no exterior.

Dados nos Laboratórios

> Nós [NSA] tínhamos bons contatos no Bell Labs.
>
> Digamos que eles estavam muito dispostos a trabalhar conosco.
>
> — *Solomon Kullback (1907–1994), que trabalhou em 1942 em Bletchley antes de uma carreira distinta como cientista-chefe na NSA, entrevistado em 1982*

Como em Bletchley e na NSA, o Bell Labs foi um dos primeiros exemplos de computação com dados. E os dados do Bell se concentravam nas pessoas e em suas comunicações, décadas antes de se tornarem a força vital da internet.

A Pesquisa do Google de sua época, o Bell Labs da AT&T trabalhou diretamente com dados e informações sobre pessoas dentro de um monopólio tolerado pelo governo com todos os dados, todos os pesquisadores e toda a capacidade de computação. Mantendo laços estreitos com a academia, os pesquisadores do Bell enfatizavam a distinção de seu trabalho em relação às tradições acadêmicas e aos xiboletes (peculiaridade que identifica certo grupo linguístico).

Em um manifesto de 1962, o matemático de Princeton e do Bell Labs, John Tukey, apelou para uma nova abordagem que apelidou de "análise de dados", que seria mais dedicada à descoberta do que à confirmação com prova matemática. Como prática científica, Tukey argumentou que a análise de dados é uma arte, uma forma de julgamento, não uma disciplina logicamente fechada, e ele incentivava a criação de novas ferramentas, de papel gráfico à computação gráfica, para permitir a descoberta.

Os espiões foram pioneiros no armazenamento de dados em grande escala, uma vez que sua necessidade ficou aparente dentro da comunicação da inteligência norte-americana logo após a Segunda Guerra Mundial. O mundo dos negócios logo começou a se aproximar. Iniciando com os dados dos sistemas de reservas de companhias aéreas nos anos 1960, o setor passou a acumular dados sobre clientes em um ritmo acelerado. Nos 20 anos seguintes, as corporações coletaram dados das transações diárias: compras com cartão de crédito em locais específicos, viagens aéreas, aluguéis de carros e, posteriormente, controles de saída em bibliotecas. Ao longo de décadas de desenvolvimento de computadores para fins comerciais, eles foram adotados por várias outras empresas, como a IBM, que buscavam novas formas de transformar dados, principalmente dados sobre os consumidores, em lucro. Em meados dos anos 1970, um número crescente de libertários, funcionários do governo e porta-vozes da segurança do consumidor prestaram atenção. "Estamos percebendo", o chefe da Fundação Rockefeller observou, "que o conhecimento organizado coloca um imenso poder nas mãos das pessoas que se dão ao trabalho de dominá-lo."[39]

Apesar da experiência de guerra com dados e seus poderes, e o florescimento industrial da computação com dados desde então, as esperanças de novos computadores digitais entre acadêmicos e matemáticos nos anos 1940 se concentraram neles como máquinas lógicas, não processadores de dados. Assim como os estatísticos gravitavam em torno da matemática abstrata, a maioria dos primeiros proponentes das máquinas inteligentes que explodiram a partir de 1950 se concentrava na lógica e na matemática, não nos dados sobre pessoas e coisas.

07.

Inteligência sem Dados

Sonhando com Máquinas de Aprendizado

Claude Shannon, cientista do Bell Labs, escreveu a um ex-professor em 1952: "Meu maior sonho é um dia construir uma máquina que realmente pensa, aprende, se comunica com os seres humanos, e manipula seu ambiente de uma forma bastante sofisticada."[1] Como resultado da Segunda Guerra Mundial, engenheiros, matemáticos, sociólogos e neurologistas especulavam: as máquinas poderiam realizar tarefas antes vistas como exclusivamente dos domínios da inteligência humana? Uma questão principal era: inteligência de quem? Matemáticos? Linguistas? Profissionais de cálculo? Padeiros especialistas? De todas as formas de inteligência no mundo, a resposta normalmente dada nos anos após a Segunda Guerra Mundial era a inteligência daqueles que os pesquisadores priorizavam: provar teoremas, jogar xadrez, acessar sistemas burocráticos com eficiência.

Você pode achar que a análise de dados era fundamental para o projeto. Não era. Hoje, a inteligência artificial significa principalmente aprendizado de máquina em grandes conjuntos de dados. Não era assim.[2]

Turing

Em 1950, Alan Turing publicou um artigo histórico defendendo a possibilidade de máquinas realizarem uma série de atividades normalmente pensadas como exigindo inteligência. Ele refutou argumentos de que os computadores não poderiam ser originais, que só poderiam seguir regras sem se adaptar, que não poderiam aprender com a experiência no mundo. Famoso por seus resultados em lógica, Turing não celebrava indevidamente a lógica como o auge da inteligência humana. Seus pontos de vista eram muito mais ecumênicos, cobrindo inúmeras atividades criativas, inteligentes e até emocionais.

Antes de ir para Bletchley, Alan Turing tinha publicado um resultado crítico na história da matemática e da lógica, vários anos antes de qualquer computador digital. Ele introduziu a ideia de uma máquina universal abstrata (hoje conhecida como "máquina de Turing") que poderia executar praticamente qualquer operação lógica. Durante a guerra, ele e outros em Bletchley Park sabiam tanto quanto qualquer um sobre tirar conclusões preliminares de grandes volumes de dados. Eles passavam noites especulando sobre a possibilidade de máquinas agindo de forma inteligente. Após a guerra, Turing imaginou várias máquinas que poderiam ser capazes de atos aparentemente inteligentes, com base na lógica e nos dados.[3]

Em seu artigo "Computing Machinery and Intelligence", Turing converteu um jogo para adivinhar se a pessoa oculta era homem ou mulher em uma abordagem operacional para discernir se uma máquina exibia um comportamento inteligente, o jogo de imitação: "O objetivo do jogo para o interrogador é determinar qual" de duas pessoas escondidas chamadas A e B "é homem e qual é mulher". Turing sugere substituir o Homem A por uma máquina:

> Agora perguntamos: "O que acontecerá quando uma máquina assume a parte A no jogo?" O interrogador decidirá erroneamente com tanta frequência quando é jogado assim como faz quando o jogo é entre um homem e uma mulher? Estas perguntas substituem nossa pergunta original, "As máquinas podem pensar?"
>
> Em vez de avaliar se uma máquina pensa como o ser humano, Turing pede que examinemos seu comportamento. "Se... uma máquina pode ser construída para jogar o jogo da imitação satisfatoriamente, não precisamos ficar incomodados" com a objeção de que as máquinas não operam como os seres humanos, assim, não podem ser consideradas como pensantes de forma significativa.

Em seu artigo, Turing refletiu amplamente sobre a inteligência de máquina. Apesar de sua importância como especialista em lógica, ele deu um papel essencial à experiência e aos dados, e não considerou apenas o raciocínio formal como matemática ou jogos, como por exemplo, o xadrez. Ele até incluiu atividades normalmente não consideradas como sendo de máquinas:

> Ser gentil, habilidoso, bonito, amigável, ter iniciativa, senso de humor, diferenciar o certo do errado, cometer erros, se apaixonar, gostar de morango com creme, fazer alguém se apaixonar, aprender com a experiência, usar as palavras corretamente, ser o objeto de seu próprio pensamento, ter tanta diversidade de comportamento como um homem, fazer algo inédito.

Nossa incredulidade de que as máquinas podem fazer todas essas coisas está, argumentou, em nossa experiência de máquinas restritas e desagradáveis, todas feitas para um "propósito especial". A partir dessa experiência limitada, concluímos equivocadamente que as máquinas não poderiam fazer nada disso. A coisa real que limita os computadores existentes, defende, é a memória, que ele chama de armazenamento, ou seja, "a capacidade de armazenamento muito pequena da maioria das máquinas".[4] Uma grande memória permitiria que os computadores exibissem muitos comportamentos diferentes: "A crítica de que uma máquina não pode ter muita diversidade de comportamento é apenas uma maneira de dizer que ela não pode ter muita capacidade de armazenamento."[5] E essencial para produzir todos esses resultados seria a capacidade das máquinas se modificarem: "sem dúvidas, uma máquina pode ser seu próprio objeto em questão. Ela pode ser usada para criar seus próprios programas ou prever o efeito das alterações em sua própria estrutura. Observando os resultados de seu próprio comportamento, ela pode modificar seus próprios programas para alcançar algum propósito de forma mais eficaz. São possibilidades de um futuro próximo, não sonhos utópicos."[6] A morte prematura de Turing por suicídio em consequência da castração química feita pelo Estado britânico, impediu descobrir aonde sua visão ampla poderia ter levado.

Em sua visão de máquinas inteligentes, Turing uniu o aprendizado com dados em grandes armazenamentos de memória a computadores que se reprogramavam. Foi algo inebriante. A antropóloga Lucy

Suchman demonstra que os esforços em inteligência artificial funcionam "como um poderoso agente revelador de suposições sobre o homem".[7] Turing abriu uma visão ampla da inteligência, tirada do mundo humano e animal, cheia de lógica, amor, criatividade, habilidade, riso. Nos anos seguintes, muitas formas de busca de inteligência de máquina estreitaram consideravelmente sua visão. Dispositivos mecânicos imitando a inteligência humana tiveram sucesso pela primeira vez em campo quando os seres humanos se permitiram se comportar como máquinas, como nas regras algorítmicas de produção ou em jogos simples baseados em regras. Ao longo do caminho, a exata noção de inteligência em questão perdeu muito da capacidade que Turing sugeriu. Em paralelo, os dados e a experiência perderam sua centralidade para a criação de um comportamento inteligente. Como, e por quê?

Os novos computadores que surgiram como resultado da Segunda Guerra Mundial combinavam cálculo numérico, processamento de informações e manipulação de símbolos de acordo com regras lógicas. Os fabricantes de bombas atômicas celebraram o cálculo; a indústria e os criptógrafos celebraram o processamento de dados; e outros se concentraram mais na lógica. Uma ala importante na inteligência das máquinas do pós-guerra insistia que a inteligência humana era mais caracterizada pelo pensamento lógico e simbólico, não nas capacidades inferiores de trabalhar a partir da experiência dos sentidos (dados) ou em cálculos abundantes. Em meados dos anos 1950, o partidário mais ávido do lado lógico, um jovem matemático chamado John McCarthy, estava preocupado com o fato de que os pesquisadores focados em dados exerciam muita influência. Ele explicou que o uso de dados não criaria um comportamento inteligente: "a aplicação direta dos métodos de tentativa e erro na relação entre dados sensoriais e atividade motora não levará a nenhum comportamento muito complexo." Tal comportamento surgiria apenas abstraindo dos dados sensoriais.[8] Algo precisava ser feito para colocar a inteligência de máquina no caminho certo.

Espere um pouco, ouvimos você chorar. Por que um cientista seria contra os dados? Se um lado da atividade científica em tempo de guerra levou a um estado secreto de uso intenso dos dados, outro levou ao surgimento de ideias de que os computadores poderiam emular a inteligência humana, entendida mais limitadamente como raciocínio simbólico com regras programadas em computadores, não como inferências dos dados.

Contra os Dados: Matemática sem Padrão

A estatística aplicada com base em grandes quantidades de dados foi essencial para a luta na Segunda Guerra Mundial. Paradoxalmente, em resultado da guerra, os corações e as mentes de muitos cientistas foram conquistados por visões de tornar as ciências sociais mais como matemática pura abstrata do que por visões de entender a sociedade usando dados. A historiadora de ciências Alma Steingart explica: "Não foi a medição e a quantificação que caracterizaram a matemática das ciências sociais após a guerra, mas a axiomatização."[9] Refletindo sobre a vanguarda das ciências sociais, o grande antropólogo francês Claude Lévi-Strauss, por exemplo, argumentou em 1954 que aqueles que estudavam o ser humano precisavam evitar a quantificação; eles precisavam deixar de lado o acúmulo de dados em favor de um tratamento matemático e lógico abstrato. Da nova matemática dos seres humanos, ele escreveu que "[o] campo com o qual se preocupa não é o das variações infinitesimais reveladas pelo acúmulo de grandes volumes de dados". De fato, o estudo dos seres humanos deve ser "determinado decididamente a romper com a desesperança dos 'grandes números' — a jangada à qual as ciências sociais, perdidas em um oceano de números, têm se agarrado com impotência".[10] Lévi-Strauss reclamava que as ciências sociais "simplesmente pegaram emprestado métodos quantitativos que... são considerados tradicionais e amplamente ultrapassados". A nova "matemática qualitativa" mostra que "um tratamento rigoroso já não significa necessariamente recorrer à medição".[11]

Em um capítulo anterior, vimos como a estatística se afastou do foco na coleta de dados indo para a criação de modelos matemáticos; assim também, como resultado da Segunda Guerra Mundial, as empresas que buscavam ser ciências, como sociologia, economia e ciências políticas, afastaram-se do foco dominante de generalizar a partir de dados empíricos para buscar teorias mais gerais, simplificadoras e abstratas. Em consequência da Segunda Guerra Mundial, as teorias matemáticas e lógicas — da tomada de decisão humana, da economia, da inteligência — foram valorizadas e celebradas. O acúmulo de dados, por toda a sua importância, perdeu força ao lado das teorias generalizadas, particularmente as apresentadas em termos matemáticos abstratos.

O pensamento era importante demais para ser reduzido à quantificação. Em vários campos, pesquisadores defendiam a ideia de que o homem era formador de hipóteses racionais, programado pelas políticas, não orientado por dados. Esses debates também diziam respeito ao que mais caracterizava a ciência. E diziam respeito ao que era mais distinto no ser humano. Essas diferentes visões ofereciam ideias radicalmente diferentes do que *é* a ciência real e do que *é* o ser humano.

A inteligência artificial baseada em regras ou simbólica nadava apenas nesses mares antiestatísticos. Entender a linguagem ou o pensamento não exigia o acúmulo de grandes dados, na verdade, provavelmente eles atrapalhariam. Compreender, e emular, a inteligência humana exigia abstração e "esquemas". Precisava de axiomas e regras. Não eram necessários algoritmos orientados por dados.

Como veremos, a estatística computacional e os dados não desapareceram. Mas com certeza a inferência a partir de dados não era o objetivo do que passou a ser chamado de IA nas primeiras décadas. Essa curva antiestatística caracterizou a IA por quase meio século. Uma definição de IA de 1984 explicava que o campo lida "com métodos simbólicos e não algorítmicos na solução de problemas", pois "a maior parte do conhecimento de uma pessoa sobre um assunto, como a medicina, não é matemática nem quantitativa". Em vez de "procedimentos matemáticos ou processamento de dados", os métodos envolvem "técnicas de raciocínio qualitativo", "leis e definições teóricas".[12] Em outras palavras, regras, não dados.

Preparando a "Inteligência Artificial"

Um defensor apaixonado das abordagens simbólicas, o matemático John McCarthy é frequentemente creditado por inventar o termo "inteligência artificial", inclusive ele mesmo: "Eu inventei o termo inteligência artificial", explicou, "quando estávamos tentando conseguir dinheiro para um estudo de verão", visando "o objetivo de longo prazo de alcançar a inteligência no nível humano." O "estudo de verão" em questão foi intitulado "The Dartmouth Summer Research Project on Artificial Intelligence" [Projeto de Pesquisa de Verão de Dartmouth sobre Inteligência Artificial, em tradução livre] e o financiamento solicitado foi da Fundação Rockefeller. Na época, professor júnior de matemática em Dartmouth, McCarthy foi auxiliado em sua proposta para Rockefeller por seu antigo mentor Claude Shannon. Como McCarthy descreve o posicionamento do termo, "Shannon pensou que inteligência artificial era um termo muito chamativo e poderia atrair uma atenção desfavorável". Porém, McCarthy queria evitar a sobreposição com o campo existente de "estudos de autômatos" (incluindo "redes neurais" e máquinas de Turing) e se posicionou declarando um novo campo. "Então, decidi não usar mais bandeiras falsas."[13] A ambição era enorme; a proposta de 1955 afirmava que "todos os aspectos do aprendizado ou de qualquer outra característica da inteligência podem, a princípio, ser descritos com tanta precisão que uma máquina pode ser criada e simulá-la".[14] McCarthy acabou com mais modeladores cerebrais do que matemáticos axiomáticos do tipo que ele queria na reunião de 1956, o que veio a ser conhecido como Workshop de Dartmouth.[15] O evento presenciou o encontro de esforços variados e muitas vezes contraditórios ao fazer com que os computadores digitais realizassem tarefas consideradas inteligentes, mas como o historiador de inteligência artificial Jonnie Penn afirma, a ausência de experiência psicológica no workshop significou que a explicação da inteligência era "informada principalmente por especialistas que trabalham fora das ciências humanas".[16] Cada participante via as bases de sua iniciativa de forma diferente. McCarthy relembrou: "qualquer pessoa que estivesse lá era muito obstinada em buscar as ideias que ela tinha antes de ir, nem houve, até onde pude ver, qualquer troca real de ideias."[17]

Como o artigo de Turing de 1950, a proposta de 1955 para um workshop de verão em inteligência artificial parece, em retrospecto, incrivelmente previdente. Os sete problemas que McCarthy, Shannon e seus colaboradores propuseram estudar tornaram-se os principais pilares da ciência da computação e do campo da inteligência artificial:

1. "Computadores automáticos" (linguagens de programação)
2. "Como um computador pode ser programado para usar uma linguagem" (processamento da linguagem natural)
3. "Redes de neurônio" (redes neurais e aprendizado profundo)
4. "Teoria do tamanho de um cálculo" (complexidade computacional)
5. "Autoaperfeiçoamento" (aprendizado de máquina)
6. "Abstrações" (engenharia de recursos)

7. "Randomização e criatividade" (métodos de Monte Carlo incluindo o aprendizado estocástico).

O termo "inteligência artificial", em 1955, era uma aspiração, não um compromisso com um método. A IA, nesse sentido amplo, envolvia descobrir o que compreende a inteligência humana, tentando criar inteligência de máquina, bem como um esforço menos filosófico simplesmente para fazer com que os computadores realizassem atividades difíceis que um ser humano poderia tentar.

Apenas poucas dessas aspirações alimentaram os esforços que, no uso atual, se tornaram sinônimo de inteligência artificial: a ideia de que as máquinas podem aprender com os dados. Entre os cientistas da computação, aprender com os dados seria desconsiderado por gerações.

Grande parte da primeira metade do século da inteligência artificial se concentrou em combinar lógica e conhecimento codificado em máquinas. Os dados coletados das atividades cotidianas dificilmente eram o foco, perdendo prestígio ao lado da lógica. Nos últimos 5 anos ou mais, a inteligência artificial e o aprendizado de máquina começaram a ser utilizados como sinônimo; é um exercício poderoso lembrar que não tinha que ser assim. Durante as primeiras décadas na vida da inteligência artificial, aprender com dados parecia ser a abordagem errada, não científica, usada por aqueles que não estavam dispostos a "apenas programar" o conhecimento no computador. Antes dos dados reinarem, as regras dominavam.

Apesar do entusiasmo, a maioria dos participantes do workshop de Dartmouth trouxe poucos resultados concretos consigo. Um grupo era diferente. Uma equipe da RAND Corporation, chefiada por Herbert Simon, trouxe produtos, na forma de um testador de teoremas automatizado. Esse algoritmo produzia provas de teoremas aritméticos e lógicos básicos. Mas a matemática era apenas um teste para eles. Como destacou o historiador Hunter Heyck, esse grupo não começou pela computação ou pela matemática, mas pelo estudo de como entender as grandes organizações burocráticas e a psicologia das pessoas resolvendo problemas dentro delas.[18] Para Simon e Newell, o cérebro humano e os computadores eram solucionadores de problemas do mesmo gênero.

> Nossa posição é que a maneira apropriada de descrever um comportamento de solução de problemas é em termos de pro-

> grama: uma especificação do que o organismo fará em diferentes circunstâncias ambientais em termos de certos processos de informação elementares que é capaz de realizar... Os computadores digitais só entram em cena porque podem, com uma programação adequada, ser induzidos a executar as mesmas sequências de processos de informação que os humanos quando estão resolvendo problemas. Assim, como veremos, esses programas descrevem a solução de problemas humanos e de máquinas no nível dos processos de informação.[19]

Embora tenham proporcionado os primeiros grandes sucessos na inteligência artificial inicial, Simon e Newell se concentravam em uma investigação prática da organização do ser humano. Eles estavam interessados em resolver problemas do homem que misturavam o que Jonnie Penn chama de "combinação da lógica simbólica britânica do início do século XX e da lógica administrativa norte-americana de uma organização hiper-racionalizada".[20] Antes de adotar o apelido de IA, eles posicionaram seu trabalho como o estudo dos "sistemas de processamento de informações", incluindo humanos e máquinas, com base na melhor compreensão do raciocínio humano da época.

Simon e seus colaboradores estavam profundamente envolvidos nos debates sobre a natureza do ser humano como animal racional. Simon mais tarde recebeu o Prêmio Nobel de Economia por seu trabalho sobre as limitações da racionalidade humana. Ele estava preocupado, ao lado de muitos intelectuais do pós-guerra, com a refutação da noção de que a psicologia humana deveria ser entendida como reação animal a estímulos positivos e negativos. Como outras pessoas, ele rejeitou uma visão behaviorista do homem como impulsionado por reflexos, quase automaticamente, e que o aprendizado se referia sobretudo ao acúmulo de fatos adquiridos por meio de tal experiência. Grandes capacidades humanas, como falar uma linguagem natural ou fazer cálculos avançados, nunca poderiam surgir apenas da experiência, elas exigiam muito mais. Focar apenas os dados era entender mal a espontaneidade e a inteligência humanas. Essa geração de intelectuais, no centro do desenvolvimento da ciência cognitiva, colocou a abstração e a criatividade acima da análise de dados, sensoriais ou não. O historiador Jamie Cohen-Cole explica: "Aprender não era tanto um processo de aquisição de fatos sobre o mundo, mas desenvolver uma habilidade ou adquirir proficiência com uma ferramenta conceitual que poderia ser implantada com criatividade."[21] Essa ênfase no conceito foi essencial para o programa Logic Theorist de Simon e Newell, que não apenas trabalhou nos processos lógicos, mas implantou "heurísticas" semelhantes às humanas para acelerar a busca dos meios para alcançar os fins. Estudiosos como George Pólya, investigando como os matemáticos resolviam problemas, enfatizaram a criatividade envolvida no uso da heurística para resolver problemas matemáticos.[22] Portanto, matemática não era um trabalho árduo, não era fazer muitas divisões longas ou reduzir grandes quantidades de dados. Era uma atividade criativa e, aos olhos de seus criadores, um baluarte contra as visões totalitárias do ser humano, de esquerda ou de direita.[23] (E assim também era a vida em uma organização burocrática: não precisava ser maçante, podia ser um lugar de criatividade. Só não diga isso aos seus funcionários.)

McCarthy e O Bom Senso

A lógica organizacional não era o estilo de John McCarthy. A lógica e o bom senso sim, particularmente criando programas que poderiam combinar lógica e bom senso para alcançar objetivos cotidianos. O programa lógico de McCarthy recebeu críticas ferozes. Na conferência de 1958, "Mecanização dos Processos do Pensamento" em Teddington, Londres, Oliver Selfridge ridicularizou o foco na lógica dedutiva, chamando de "um monte de absurdos" a "noção da lógica dedutiva sendo algo sagrado que você pode pegar emprestado para usos particularmente sagrados e produzir resultados invioláveis." Para mostrar o abismo entre a lógica e o raciocínio cotidiano, ele iniciou uma demonstração misógina e chocante do trabalho das mulheres. "A maioria das mulheres nunca inferiu isso, mas elas estão perfeitamente bem, casando com maridos felizes, criando filhos felizes, sem nunca usar a lógica dedutiva." Outro crítico na reunião continuou com essa linha deplorável de raciocínio, ressaltando como uma mulher aprende com mecanismos de feedback, não com deduções lógicas: "Se ela deixa o bebê cair, não terá outra chance ou receberá um grito. Ela aprende muito rápido por técnicas cruéis como ter um controle preciso. Há um feedback direto! Se ela procura um parceiro e faz um movimento que não recebe a resposta certa, muda de rumo bem rápido."[24] A referência ao conhecimento das mulheres funcionou muito bem, ressoando com críticas feministas posteriores à IA.[25] Selfridge e outros estavam interessados no conhecimento e na inteligência das pessoas comuns, homens e mulheres, enquanto McCarthy, um herdeiro da tradição lógica, visava o conhecimento etéreo da matemática axiomática, implicitamente aqui o domínio de homens, como ele e seus colaboradores.

E os cálculos usando grandes conjuntos de dados? Eles não desapareceram, mas não eram realmente inteligência artificial como o termo estava sendo usado então. Após descrever alguns métodos estatísticos em uma revisão histórica da literatura em 1961, Marvin Minsky afirmou: "Não estou convencido de que tais esquemas de aprendizagem 'incrementais' ou 'estatísticos' devem desempenhar um papel central em nossos modelos." Ele admitiu que tais técnicas "certamente continuarão a aparecer como componentes de nossos programas", mas realmente apenas por "padrão." A verdadeira inteligência estava em outro lugar: "Quanto mais inteligente, mais frequentemente deve ser capaz de aprender com uma experiência bem definida; por exemplo, rejeitar ou aceitar uma hipótese, ou mudar um objetivo."[26]

Por tudo isso, McCarthy e outros cientistas afins privilegiaram os modos matemáticos e gerenciais de raciocínio e ação acima da variedade muito maior de conhecimento humano em potencial a ser emulado. Sua abordagem focava as "instruções programadas que operam nas representações simbólicas formais... De meados dos anos 1950 a meados dos anos 1980, foi a abordagem dominante (embora não a única) em IA".[27] Essa visão da IA ficava em uma hierarquia de conhecimento; muitas coisas podiam ser potencialmente consideradas parte da inteligência. Esses números fundamentais na IA reduziram drasticamente quais partes da atividade humana poderiam ser possivelmente emuladas por máquinas, e quais eles achavam tratáveis. O historiador Jon Agar argumentou que a "informatização" em meados do século XX "só ocorreu onde havia práticas materiais existentes de computação" para se basear — as formas já existentes de contagem, classificação e organização do negócio.[28]

Criar máquinas padronizadas o suficiente para programar e realizar tarefas lógicas não era fácil: essencial para a computação nos anos 1950 era a criação de linguagens de programação, compiladores e ferramentas para permitir que as pessoas escrevessem programas que não dependiam das idiossincrasias de máquinas específicas. O trabalho, mais famoso incorporado pela criação do primeiro compilador por Grace Hopper, tornou possível máquinas que cientistas ativos poderiam programar e executar operações lógicas e processamento de dados.[29] Como observa a historiadora de computação Stephanie Dick, usando o exemplo de Simon e Newell, ao implementar seu solucionador de problemas "os programadores tiveram que adotar as possibilidades de ação do computador e ao fazê-lo, abandonar, em certa medida, seu compromisso de simular a prática humana."[30] Nos próximos capítulos, veremos como os desafios da implementação em computadores reais com limitações verdadeiras são essenciais para o desenvolvimento e a particularidade do data science.

Financiando a Implantação da IA

Antes da revolução dos dados, financiadores privados e públicos levantaram dúvidas sobre subsidiar a famigerada IA, quando as endinheiradas empresas de tecnologia e capital de risco abriram e complementaram fortemente os financiamentos governamentais para projetos civis e militares. Quando McCarthy chegou pela primeira vez na Fundação Rockefeller, seus funcionários não ficaram entusiasmados até que Shannon se juntou, dando somente metade do dinheiro pedido. Nos Estados Unidos, a maior parte do financiamento nos anos 1970 veio de várias partes do Departamento de Defesa. Simon e Newell, trabalhando na RAND,* recorreram bastante aos fundos da Força Aérea e do Escritório de Pesquisa Naval. A DARPA, Agência de Projetos de Pesquisa Avançada, financiou McCarthy por décadas, assim como outros pesquisadores em estreita integração com as figuras de Dartmouth (e a DARPA continua a financiar a IA avançada até hoje, desempenhando um papel crucial por anos no desenvolvimento de carros autônomos, como um exemplo altamente visível). Nos EUA, a IA foi, de ponta a ponta, um produto do Estado de segurança nacional, parte de uma estratégia difusa de investimento em tecnologias de potencial uso militar e comercial, embora às vezes muito distante de qualquer uso. Com esse financiamento veio a criação de uma pequena comu-

---

* A RAND Corporation é um think tank norte-americano de política global sem fins lucrativos criado em 1948 pela Douglas Aircraft Company para oferecer pesquisa e análise às Forças Armadas dos Estados Unidos. É financiado pelo governo dos Estados Unidos e por fundos privados, corporações, universidades e particulares. [N. da R.]

nidade de pesquisadores em universidades e institutos de defesa que se uniram sobretudo em torno de uma IA simbólica com uma estreita esfera sobre quais formas de inteligência valem a pena buscar.

Esse financiamento aumentou e diminuiu, em face de grandes promessas e duras críticas. Em 1969, a Emenda Mansfield exigiu que o financiamento militar tivesse mais potencial militar que antes, colocando em xeque grande parte da generosidade do governo. Em 1973, o matemático britânico James Lighthill publicou um relatório crítico sobre o estado da pesquisa em IA. Descrevendo o sucesso da IA simbólica, Lighthill observou, com tolerância mal disfarçada, que "a solução de problemas nessas situações de jogo abstrato produziu muitos programas criativos e interessantes". Esses sucessos recaem na integração de "uma quantidade realmente substancial de conhecimento humano sobre o domínio do problema em particular". E apesar do interesse dos psicólogos, "o desempenho desses programas em problemas reais sempre foi uma decepção".[31] Embora a importância do relatório seja muitas vezes exagerada, ele capturou o declínio no entusiasmo pelas formas muito gerais de solução de problemas da inteligência artificial.

A BBC transmitiu um debate em consequência do relatório de Lighthill, no qual McCarthy e Michie, colaborador de Turing em Bletchley, participaram como defensores do sonho de Turing e do campo nascente. O financiamento no Reino Unido diminuiu e o ressentimento entre os pesquisadores menos financiados nos Estados Unidos aumentou à medida que expressavam frustração com as promessas fracassadas dos fundadores da IA.

Em seu lugar vieram as tentativas de replicar formas mais especializadas de inteligência humana.

Sistemas Especializados

Na metade dos anos 1970, a pesquisa de inteligência artificial passou por uma mudança, desde tentar replicar a inteligência humana de uma maneira geral até tentar replicar o conhecimento especializado.[32] Não só o código mudara. A própria ideia de *quem* tinha inteligência e *como* era essa inteligência tinha mudado, afastando-se das capacidades generalizadas e seguindo com uma experiência limitada, mas profunda. Em vez de tentar replicar os gênios generalistas, replicava os profissionais especializados. O foco permanecia na criação de regras; no entanto, em vez de regras gerais da inteligência, regras específicas dos grandes especialistas. Por exemplo, três importantes pesquisadores de Stanford concluíram que o comportamento dos solucionadores de problemas humanos é "fraco e superficial, exceto nas áreas em que o solucionador humano é um especialista."[33] Em 1971, Marvin Minsky e Seymour Papert afirmaram que "uma pessoa muito inteligente pode ser assim devido às características locais específicas da sua sabedoria de organização do conhecimento, não pelas qualidades globais do seu 'pensamento' que, exceto para efeitos de seu conhecimento autoaplicado, difere pouco do de uma criança."[34]

Com esse repensar radical sobre o ser humano veio um repensar radical sobre em que tentar usar as máquinas: "O problema fundamental da compreensão da inteligência não é a identificação de algumas técnicas poderosas, mas sim a questão de como representar *grandes quantidades de conhecimento de uma forma que permita seu uso e interação efetivos.*"[35] O desafio era como mover a expertise para um computador, na criação de "sistemas especializados".

Sucessos notáveis incluíram tentativas de formalizar o julgamento dos cientistas quanto às estruturas químicas orgânicas, como no caso do sistema especializado DENDRAL,** criado pela colaboração entre os cientistas da computação Edward Feigenbaum, Bruce Buchanan e o biólogo Joshua Lederberg.[36] A coroação desse esforço talvez tenha vindo com o sistema MYCIN, que automatizou o processo de identificação de bactérias, a fim de garantir que os médicos prescrevessem antibióticos apropriados.[37]

O Gargalo da Aquisição de Conhecimento

Infelizmente, esses sistemas especializados se mostraram muito elaborados para criar. O abismo entre o mundo contingente e complexo da medicina ou da produção industrial e as regras restritas exigidas pelos computadores é enorme. Acontece que os especialistas com conhecimento clínico para navegá-lo não operam com regras de decisão cons-

** O DENDRAL foi um dos primeiros programas chamados de inteligência artificial com uso específico para a saúde. [N. da R.]

cientes como os computadores. Descobrir as regras dos especialistas era difícil e muito caro, e as regras muitas vezes provavam ser tudo, menos simples ou concisas.

Assim, no início dos anos 1970, muitos profissionais de IA tentaram superar o desafio de converter a expertise humana em "bases de conhecimento" e regras de inferência formais. Pesquisadores de inteligência artificial apelidaram essa dificuldade fundamental de "gargalo da aquisição de conhecimento".[38] Por mais que bons especialistas possam realizar ações ou fazer julgamentos com base nas percepções dos sentidos, todos eles, de conhecedores de arte a físicos, tentam explicar sua expertise, não colocá-la em regras explicitamente declaradas exigidas pelos computadores. Pense em quantas informações básicas são necessárias para entender uma simples receita. Dourar a carne, por exemplo, em grande parte significa torná-la escura por meio do calor em uma panela. O pesquisador australiano J. Ross Quinlan observou que um especialista tentando explicar suas regras é "chamado para realizar tarefas que ele normalmente não faz, como estabelecer um roteiro abrangente de um assunto".[39] Donald Michie, descrito em uma entrevista de 1985 no periódico *Expert Systems* como "um dos porta-vozes mais proeminentes para sistemas especializados", vinha, no entanto, "expressando uma nota de cautela... recentemente", advertindo que para ter sucesso na compreensão da expertise, precisamos ter uma visão diferente de sua exata natureza: "O domínio não é adquirido lendo livros, mas com tentativa e erro, e exemplos fornecidos pelo professor. É assim que o homem adquire habilidade." Michie observou como isso exigia uma concepção totalmente diferente do que o ser humano é como conhecedor:

> As pessoas relutam muito em aceitar isso. Sua relutância nos diz algo sobre a autoimagem filosófica que nós, como seres pensantes, preferimos. Não nos diz nada sobre o que realmente acontece quando um professor ou um mestre prepara alguém. Esse alguém tem que gerar de novo as regras a partir do exemplo para torná-las uma parte íntima de sua habilidade intuitiva.[40]

A IA inicial aspirava emular a solução geral de problemas; os sistemas especializados buscavam emular o comportamento altamente especializado; os sistemas especialistas posteriores foram criados com base em uma visão diferente do conhecimento do ser humano: muitas vezes é uma prática incorporada, um grande desafio para colocar em regras. A criação de formas quantitativas de prever o julgamento qualificado de especialistas provou ser essencial para a criação da inteligência artificial centrada em dados. Mas fazer isso bem acabou sendo a morte das regras. Na tentativa de tornar algorítmica a produção de regras simbólicas a partir de dados sobre a atividade de especialistas, os pesquisadores na década de 1990 criaram formas de aprendizado de máquina que, embora tenham conseguido prever, não conseguiam produzir as regras concisas desejadas. Como veremos, regras simples acabaram não sendo o caminho para vencer na previsão.

Mesmo quando os sistemas especializados mostraram ter um sucesso real em aplicações acadêmicas e comerciais, eles se tornaram altamente especializados, carecendo da resiliência característica dos pensadores humanos diante do desconhecido.[41] Os críticos notaram. Um argumentou:

> No geral, podemos dizer que os sistemas especializados aprimoram sua aplicabilidade pragmática, estreitando muito os objetivos tradicionais da pesquisa de inteligência artificial e desfocando a distinção entre a programação especializada inteligente e o uso de princípios unificadores de auto-organização aplicável em inúmeros domínios. Isso torna sua importância para o desenvolvimento futuro de tecnologias mais profundas de inteligência artificial inteiramente discutível, apesar de sua utilidade pragmática esperada.[42]

Para grande consternação da comunidade de especialistas em sistemas, o autor dessas linhas, Jack Schwartz, foi nomeado diretor do Escritório de Tecnologia de Sistemas de Informação (ISTO) dentro da DARPA, a divisão que antes (com o nome IPTO) dera muito financiamento para os desenvolvedores de IA.

De Volta a Bletchley Park, De Volta aos Dados

Em 1959, estudiosos de ambos os lados da Cortina de Ferro chegaram ao Laboratório Nacional de Física no Reino Unido para definir a agenda para inteligência de máquina e "programação automática". Os jornais causaram um grande desacordo, como quando um comentarista brincou que o artigo de John McCarthy "pertence ao Periódico de Ideias Inconclusivas".[43] Em meio a esses sonhos de máquinas videntes e lógicas, o matemático inglês Max Newman, ex-professor e depois colega de Turing, falou sobre o assunto aparentemente ameno de mecanizar o que ele chamava de "processos clericais mais complicados", como determinar salários e organizar informações da biblioteca.

Embora não pudesse dizer nada sobre isso, Newman canalizava sutilmente as lições de Bletchley Park, onde criou uma operação conhecida como Newmanry.[44] Durante a guerra, Newman concebeu uma técnica para decifrar os códigos alemães com a análise estatística em larga escala de enormes quantidades de texto cifrado; mais do que isso, ajudou a estimular a criação dos pioneiros computadores especializados Colossus para realizar essa análise, ao lado de muitas futuras celebridades da inteligência artificial e da estatística britânica. Ele desenvolveu uma operação de computador em Manchester após a guerra, convencendo outros ex-colegas de Bletchley Park, como Turing e o estatístico Jack Good, a se juntarem a ele. Assim como os estatísticos passaram a limpo as lições matemáticas de Bletchley Park e da NSA com exemplos biológicos e médicos, Newman generalizou as lições de fazer criptografia em grandes conjuntos de dados. "É evidente", escreveu, "que uma grande quantidade de processamento de dados envolve o reconhecimento de padrão e o julgamento sobre se os padrões são iguais ou não."[45] Newman colocou a descoberta de padrões em grandes conjuntos de dados no centro do aprendizado, e observou a necessidade de grandes armazenamentos de dados para realizar a tarefa.

> Não parece haver uma boa razão para que um computador digital não possa ser programado para ser uma máquina de aprendizagem eficiente. Teria que ser alimentado inicialmente com uma grande quantidade de informações sobre as interconexões e as probabilidades entre os símbolos do homem, ou teria que pegar essas interconexões agindo como uma máquina aprendiz em, pelo menos, um contexto muito amplo e para muitos problemas, como o homem faz. Para tanto, teria que ter uma tremenda capacidade de armazenamento.[46]

A comunidade acadêmica de IA nos EUA e no Reino Unido ignorou em grande parte as ideias de aprender com dados, tão preciosas para os habitantes de Bletchley, como Turing e Newman. Mas muitos outros trabalhando na guerra, na produção e no comércio não ignoraram.

A pesquisa em dados continuou "longe dos olhos" na comunidade de inteligência onde o reconhecimento de padrões estava sendo desenvolvido como um campo estatístico computacional aplicado, financiado em grande parte pelos militares para identificar objetos em dados de imagem. Na mesma época em que o relatório Lighthill despedaçou a IA, o livro *Pattern Classification and Scene Analysis* [sem publicação no Brasil], dos engenheiros elétricos do SRI International, Richard Duda e Peter Hart, apresentou a estudantes e pesquisadores o que se tornariam as ideias fundamentais do aprendizado de máquina, incluindo as estruturas de aprendizagem supervisionadas e não supervisionadas.[47] Em vez de acabar, essa forma mais limitada, porém mais poderosa de IA prosperou no setor, particularmente em elementos com fortes laços militares/industriais.

Os dados explodiram a partir da década de 1950, assim como os esforços para entendê-los. Na época, poucos pensavam nesses esforços como "IA". Mas foi essa abordagem orientada a dados para a IA que possibilitou o nosso presente, para o melhor e para o pior.

08.
Volume, Variedade e Velocidade

A palavra de ordem de 2012, big data tornou-se viável à medida que surgiram abordagens de baixo custo para domar o volume, a velocidade e a variabilidade de dados em massa.

— *Edd Dumbill, "What Is Big Data?" 2012*

No verão de 1953, em um voo de Los Angeles para Nova York, um vendedor da IBM, R. Blair Smith, sentou-se ao lado de um passageiro desleixado: "sua camisa branca deveria ter sido trocada há dias. Ele também precisava se barbear". Acontece que seu desleixado companheiro de viagem era o presidente da American Airlines, C. R. Smith. Os Smiths (os executivos, não a banda) começaram a conversar sobre a dificuldade da companhia aérea com o gerenciamento dos dados das reservas em toda a rede e as novas ferramentas digitais da IBM para o processamento de dados. "Falei para ele", explicou o vendedor da IBM, sobre "um computador que tinha a possibilidade de fazer mais do que só manter a disponibilidade" em voos individuais. Ele poderia armazenar dados granulares sobre os passageiros: "Poderia até manter um registro do nome do passageiro, do itinerário dele e, se quisesse, do número de telefone. O Sr. C. R. Smith ficou intrigado. E ele era um verdadeiro empreendedor."[1] Trabalhando para os militares e a NSA, a IBM estava envolvida no desenvolvimento de novos equipamentos para lidar com dados em tempo real coletados por grandes redes de sensores; e procurava a oportunidade de transferir essas tecnologias de ponta para aplicações comerciais, de preferência muito lucrativas.[2] A esperança era conseguir que grandes clientes comerciais financiassem sua pesquisa e desenvolvimento de um novo hardware e software, como os serviços militares e de inteligência tinham feito. A IBM desejava transferir as capacidades criadas para lidar com muitos dados em tempo real sobre potenciais aeronaves inimigas para tecnologias que tratassem com muitos dados em tempo real sobre possíveis clientes.

"Coleta de dados e ocupação dos assentos": leia a legenda para uma descrição do Sistema SABRE da American Airlines que evoluiu na sequência dessa conversa.[3] O produto de 10 anos de desenvolvimento, o sistema de reservas era uma solução comercial inicial para os problemas desafiadores envolvidos no processamento em tempo real de redes distribuídas de produção de dados e tomada de decisão. O SABRE (ambiente de pesquisa de negócios semiautomático) tirou lições da tentativa espetacular, cara e fracassada do governo de criar um sistema de defesa aérea em rede chamado SAGE (ambiente terrestre semiautomático). Criado da união da academia (MIT), do setor (IBM), de *think tanks* patrocinados por militares (RAND) e da recém-independente Força Aérea, o SAGE envolvia a manutenção automatizada de registros, exibições de alta qualidade e redes em tempo real.

Nas quatro décadas após a Segunda Guerra Mundial, a escala de dados coletados sobre cidadãos e consumidores disparou, assim como o número de diferentes instituições que os coletavam. No final dos anos 1940, as forças militares encarregadas da inteligência dos sinais e seus contratantes militares corporativos podiam processar fluxos de dados computacionalmente. Uma década depois, o primeiro computador digital UNIVAC alimentava o Censo dos EUA e empresas privadas forneciam aos criptógrafos da Marinha dos EUA, junto com a nascente NSA, a capacidade de "ampliar" o que antes era possível apenas com cartões perfurados e trabalho humano. Em 1977, a Comissão de Estudos de Proteção da Privacidade dos EUA ponderou que a "mudança na variedade e na concentração das relações institucionais com os indivíduos é que a manutenção de registros sobre as pessoas agora abrange quase todos e influencia a vida de todos, do executivo solicitando empréstimo pessoal ao professor pedindo um cartão de crédito nacional, do rebitador buscando privilégios de cheque caução no banco local ao jovem casal tentando financiar móveis para sua primeira casa".[4] Questões em torno do acúmulo de dados e seu papel na avaliação de indivíduos impactaram muito mais do que a privacidade estritamente concebida. Isso levantou questões fundamentais sobre o acesso aos processos de tomada de decisão com base nos dados e os meios de reparação — questões sobre quem tem o poder de tomar decisões com dados e quem pode questioná-los.

Após a explosão da coleta de dados por volta dos anos 1970, os críticos começaram a fazer perguntas importantes sobre os efeitos na privacidade e na justiça. Como veremos, muitas questões legais e políticas foram deixadas de lado nos anos 1980 e 1990, e muitas conversas sobre privacidade foram reduzidas a uma casca frágil, desconectada das questões de poder privado e focada no medo do governo, não do setor privado. A velocidade da expansão do uso dos dados ultrapassou em muito o amplo reconhecimento de seus potenciais danos de meados dos anos 1990 até 2000. O debate atual sobre o uso de dados comerciais desde 2010 vê o retorno de uma concepção de privacidade e justiça como intimamente conectada.

Escala, Estados e Corporações

Em agosto de 1950, uma coluna sensacionalista distribuída nos Estados Unidos revelou que um grupo de oficiais da Marinha ajudou a criar uma empresa para realizar um projeto ultrassecreto. E logo, "os mesmos oficiais da Marinha que haviam feito o negócio apareceram como vice-presidentes da empresa, com altos salários". Antes de assumirem seus empregos "confortáveis" na empresa, os oficiais trabalharam para os antecessores da NSA; o projeto era o primeiro computador digital eletrônico geral para criptografia, criado pela nova empresa de Minnesota, Engineering Research Associates (ERA).[5] Bem antes, a empresa começara a vender uma versão comercial da máquina, menos uma instrução principal que revelaria seus propósitos criptográficos. Deixando a irregularidade de lado, a maioria dos desenvolvimentos em computação na época vinha de um trabalho comercial e militar intimamente interligado, característico do capitalismo da Guerra Fria impulsionado pelo Estado.

Enquanto apoiava o desenvolvimento de novos computadores digitais capazes de um armazenamento de dados maior, primeiro com ERA, depois com IBM, a Agência Nacional de Segurança organizou conferências importantes para incentivar o setor a desenvolver soluções robustas de banco de dados. A empresa dominante no processamento de informações comerciais na metade do século XX, a IBM, entrou no negócio de computadores digitais um pouco tarde. Embora a tendência seja ver os novos computadores eletrônicos de uso geral como radicalmente diferentes dos equipamentos de processamento de cartões perfurados, eles inicialmente cumpriam tarefas administrativas semelhantes, como as máquinas mais antigas, e lidavam com questões similares na organização administrativa.

O big data precisava de uma grande infraestrutura, e essa infraestrutura teve que ser financiada, inventada e mantida. Principalmente através dos militares, o governo dos EUA financiou mais da metade dos custos com pesquisa e desenvolvimento de computadores até o final dos anos 1950, e os pesquisadores do governo estavam intimamente envolvidos no processo de desenvolvimento.[6] Computadores de sucesso criados para simular explosões atômicas e decifrar códigos rapidamente ficaram disponíveis em versões comerciais. Até os fracassos extremamente caros, como o sistema de defesa SAGE, direcionaram um bom dinheiro para o desenvolvimento de tecnologias importantes para desenvolvimentos subsequentes, incluindo telas CRT e tecnologias de rede. Provavelmente a NSA teve o primeiro computador de transistor[7] e, dada sua demanda por armazenamento e processamento de dados, financiou muito os custos de desenvolvimento da mídia de armazenamento, como sistemas de fita automatizados que permitiam a análise quase em tempo real de dados de streaming. Uma vez comercializadas, essas tecnologias possibilitaram a migração dos dados armazenados em cartões perfurados, por exemplo, e finalmente permitiram novas formas de análise estatística deles, bem como novas formas de coleta dos dados.

Assim, os computadores digitais ganharam velocidade na realização de cálculos e, o mais importante para nossa história, expansão na coleta, no processamento e no armazenamento de dados. Inicialmente, grande parte do trabalho envolvia a digitalização de informações disponíveis previamente, mas logo a capacidade de capturar e armazenar informações em tempo quase real permitiria mudanças radicais na coleta de dados e no funcionamento de grandes organizações administrativas, de companhias aéreas a serviços de assistência social. Nada disso era inevitável. Embora muitas dessas mudanças pareçam óbvias e predeterminadas em retrospecto, elas envolveram defensores e vendedores pressionando as organizações a participarem dessas novas capacidades, custos tecnológicos intensos e sempre subestimados, e mudanças na lógica institucional. Elas envolveram escolhas sobre o que é importante no trabalho e no conhecimento, e como deveriam ser alteradas ou não. O militarismo e o capitalismo não causaram simplesmente mudança no processamento de dados de computador, uma vez que esses mesmos processos transformaram os militares e a natureza do próprio capitalismo, tornando os computadores o centro de tudo.

O ímpeto por trás das tecnologias desenvolvidas para a NSA permaneceu nas sombras por décadas. Mas, às vezes, a transferência das aplicações militares para as comerciais era muito mais aberta. As primeiras empresas de computadores anunciaram as potenciais aplicações de suas máquinas muito caras e de alta de manutenção. Em 1948, o folheto do UNIVAC, questionava "Qual é o seu problema?" e mencionava tanto o processamento de dados quanto as habilidades computacionais: "É a manutenção entediante dos registros e o trabalho árduo com números do comércio e da indústria? Ou é a matemática complicada da ciência?" O UNIVAC pode ser usado em "aplicações tão diversas como o controle de tráfego aéreo, tabelas do censo, estudos de pesquisa de mercado, registros de seguros, design aerodinâmico, pesquisa de petróleo, pesquisa de literatura química e planejamento econômico". A coleta de dados estava sendo normalizada e ter custos menores no futuro era essencial para o campo: "A OPERAÇÃO AUTOMÁTICA é a chave para as maiores economias ao lidarem com todos os tipos de informação." A provisão do armazenamento permite que "arquivos extensos e registros volumosos" possam ser mantidos "indefinidamente… ainda podendo ser apagados quando não são mais necessários.[8] Longe de esconder a generosidade do governo e os gastos de defesa que tornaram a máquina possível, o folheto comemorava a descendência do UNIVAC a partir dos primeiros computadores funcionais, especialmente o ENIAC (Army Ordnance Computer) e apoio do Serviço de Recenseamento e do Departamento de Normas Técnicas.

A dura realidade de converter e armazenar grandes quantidades de dados logo veio, um lembrete preocupante de que os dados são sempre materiais e estão em infraestruturas densas para sua segurança e trabalho em massa, muitas vezes oculto para sua realização. As fitas de armazenamento, por exemplo, eram tão propensas a dobrar que o problema ficava escondido sob o termo técnico "dolf", resolvido em grande parte com o uso menos criterioso de lubrificante e ajuste de força aplicado aos carretéis.[9] A historiadora Janet Abbate ressaltou que a publicidade em torno das novas tecnologias de computação minimizava o trabalho humano necessário para fazê-las funcionar. Cálculos sobre a economia da mão de obra, como a afirmação de que o ENIAC podia fazer o trabalho de 25 homens/mês em 2 horas, Abbate argumentou, "não incluem o 'trabalho feminino' de preparar os programas nem o trabalho 'masculino' de manutenção das máquinas."[10]

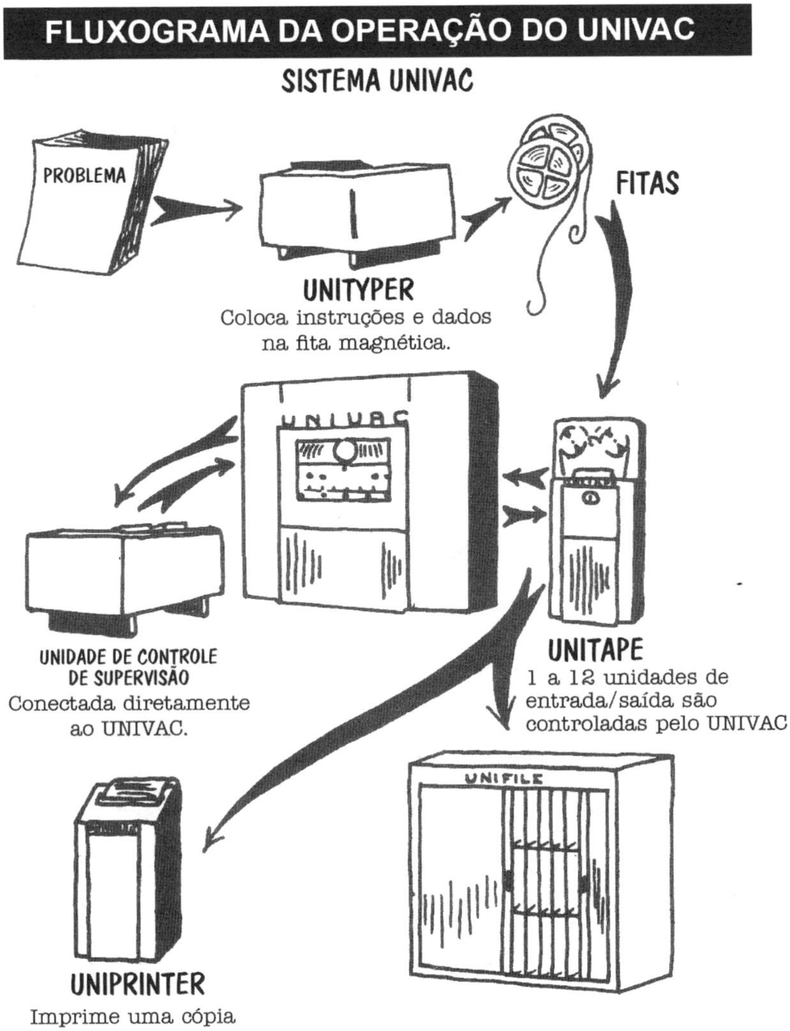

Anúncio da UNIVAC. Eckert-Mauchly Computer Corporation (EMCC), 1948. Computer History Museum Archive X3115.2005. Cortesia do Museu de História do Computador, Mountain View, CA.

Apesar da discussão em torno de "cérebros eletrônicos" e computadores, o "processamento eletrônico de dados" ficou como o termo de referência para converter sistemas mais antigos em digitais de grande escala. Embora, em retrospecto, a conversão de todo o trabalho comercial, científico e administrativo em computadores digitais possa parecer óbvia, cada transformação envolvia uma proposta segmentada.[11] Especialistas na introdução de novas tecnologias de processamento de dados para as organizações enfatizavam o cuidado necessário para evitar a resistência dos funcionários e da gestão. Um guia inicial incluía esta orientação: "A introdução de qualquer sistema de operação novo enfrenta seus maiores obstáculos na mudança dos hábitos das pessoas... Os problemas humanos excedem os técnicos em complexidade e dificuldade."[12] Anúncios em revistas, como a *Datamation*, destacavam os desafios enfrentados pelas organizações. "Quando empresas visionárias convertem para um sistema EDP [processamento eletrônico de dados]", um anúncio da Xerox em 1965 observou: "a transição sem disrupção é o grande problema. A falta de registros, atrasos e confusão podem atormentar até mesmo a mudança mais bem planejada."[13] Imaginando se "o poderoso cartão de dados seguirá o caminho do ábaco", um anúncio da Control Data Corporation na mesma edição prometia "novas maneiras de os cartões perfurados e a fita perfurada não ficarem entre você e seu computador".[14] E os resultados foram muito menos revolucionários do que o esperado. Um relatório de 1958 na *Business Week* observou que o setor "adotou computadores eletrônicos maravilhosamente complexos com um fervor quase religioso" e "muitas vezes parece não saber o que fazer com eles". O setor também está "descontente, porque os primeiros resultados ficaram muito aquém dos sonhos cor-de-rosa em que eles vieram embrulhados". No entanto, o artigo declarava como "inevitável" a transição para essas máquinas, pois "os computadores ainda detêm a chave para os novos sistemas de organização das gigantes do setor, do comércio e do governo".[15]

Bancos de dados corporativos e governamentais, de fato, evoluíram nos anos 1960, centralizando e padronizando dados muitas vezes coletados em pedaços de papel distribuídos pelo país, exigindo um trabalho dedicado. Escrevendo sobre a informatização dos modelos climáticos da época, o historiador Paul Edwards observa: "Como todos os projetos de infraestrutura, essas mudanças envolveram não apenas inovação científica e tecnológica, mas também transformação institucional."[16]

A pontuação de crédito mostra um caso importante: a socióloga Martha Poon mostrou como a pontuação de crédito começou como uma atividade sob medida adaptada aos dados de empresas individuais coletados sobre seus clientes, com modelos altamente específicos de credibilidade. Criar dados de crédito a partir de dados transacionais foi árduo e trabalhoso, muitas vezes envolvendo mulheres em casa, em uma negócio familiar, e longos processos de perfurar cartões.[17] Após a informatização dos registros, surgiram novos modelos estatísticos de crédito, como explica o historiador Josh Lauer: "A pontuação de crédito assistida por computador precipitou uma mudança fundamental no conceito e na linguagem do crédito, ainda mais do que o relatório computadorizado. Além de reduzir ou eliminar o contato humano entre credores e mutuários, os sistemas de pontuação redefiniram o crédito em função do risco estatístico abstrato."[18] A coleta de dados em grande escala sobre os consumidores atendia à computação em grande escala na crescente avaliação dos consumidores. Nos anos 1980, a modelagem computacional permitiu que o setor de crédito criasse novos produtos financeiros que transformavam em mercadoria as informações de seus clientes.[19] Os computadores em si não fizeram isso acontecer: suas capacidades foram proativamente engajadas e, depois, transformadas para aceitar a natureza mutável dessas instituições.

A integração dessas novas tecnologias não aconteceu automaticamente; as páginas dos periódicos e das conferências do setor nos anos 1960 a 1990 fervilhavam com argumentos para redefinir os problemas e oferecer soluções usando dados armazenados nos novos sistemas de computador, além de darem dicas sobre como convencer a gestão cética e lidar com trabalhadores e sindicatos. Em 1965, uma estação de televisão de Los Angeles transmitiu um debate, "Os computadores são uma ameaça?", envolvendo vários notáveis da RAND discutindo se as decisões automatizadas de crédito e as admissões nas universidades "deixam o indivíduo à mercê de uma eficiência de máquina limitada". O editor da revista *Datamation* achava que não, citando "o fracasso humano e a incapacidade de quantificar todos os elementos dos processos de tomada de decisão que impossibilitam, agora, fornecer sistemas consistentes, flexíveis e justos". Os designers deveriam tentar mais. "Acreditamos", escreveu o editor, "que *é* possível ser sensato e organizado sobre alguns problemas que hoje são deixados para a emoção, o capricho e o acaso. Achamos que é possível (e inteligente) tentar organizar e pesar os fatores que afetam uma decisão, mesmo que a decisão final tenha que ser deixada para as emoções maravilhosas e ineficientes".[20]

O Valor da Informação e o Renascimento da Privacidade

"Um tipo bem diferente de vigilância eletrônica, e controle, foi possível com o desenvolvimento das máquinas de memória gigantes", escreveu Vance Packard no livro *The Naked Society* [sem publicação no Brasil] em 1964.[21] "Até agora, as informações sobre os indivíduos normalmente são alimentadas nos supercomputadores para servirem a um propósito socialmente útil, econômica ou politicamente atraente. Mas será sempre assim? Isso pode ser questionado sobretudo em relação às máquinas de memória que estão armazenando arquivos cumulativos sobre as vidas das pessoas."[22] Packard não estava sozinho. Em 1976, Stanton Wheeler explicou: "O próprio processo de criação de registros, então, deve ser considerado problemático e podemos perguntar não apenas sobre as condições em que os eventos na vida de uma pessoa se tornarão uma questão de registro, mas se é legítimo que se tornem uma questão de registro."[23] O poder de registrar e analisar era muitas vezes necessário, mas também perigoso nas mãos do governo e do comércio. Aqueles que criam bancos de dados precisavam considerar como ter certeza de que a destruição da privacidade se mostrava benéfica para a humanidade. O profético Packard estava à frente dos desenvolvimentos na coleta e na análise de dados.

Em 1971, o valor econômico dos dados sobre os indivíduos estava ficando cada vez mais claro. "As novas tecnologias da informação parecem ter dado origem a um novo vírus social, o 'datamania'", escreveu o professor de direito de Harvard, Arthur Miller. "Precisamos perceber o que significa viver em uma sociedade que trata a informação como uma commodity economicamente desejável e uma fonte de poder."[24]

Como resultado do caso Watergate e das revelações sobre as atividades ilegais de inteligência doméstica, o senador republicano Barry Goldwater e o senador democrata Sam Ervin visavam estabelecer o controle dos dados pessoais como um direito de todos os cidadãos norte-americanos. Seu projeto de lei procurou restringir as violações de privacidade nos governos federais e estaduais, bem como nas corporações privadas. Ele propunha garantir os seguintes direitos às pessoas dos EUA:

1. Não deve haver nenhum sistema de dados pessoais cuja existência seja secreta.

2. Deve haver uma maneira de um indivíduo descobrir que a informação sobre ele está em um registro e como essa informação é usada.
3. Deve haver uma maneira de um indivíduo corrigir as informações sobre ele, se estiverem erradas.
4. Deve haver um registro de todo acesso significativo a quaisquer dados pessoais no sistema, incluindo a identidade de todas as pessoas e organizações a quem o acesso foi dado.
5. Deve haver uma maneira de um indivíduo impedir que suas informações coletadas para um propósito sejam usadas para outros fins, sem o seu consentimento.[25]

Nessa estrutura, os criadores de banco de dados tinham que se responsabilizar perante os indivíduos. Os cidadãos devem saber quais dados estão sendo coletados e quem os utiliza para quais fins. E eles devem ser capazes de acabar com a coleta e a movimentação dos dados. Seu projeto de lei ambicioso acabou sendo reduzido, cobrindo apenas a coleta e o uso de dados pelas agências do governo federal.

Nos anos 1960, planos para um banco de dados federal centralizado e nacional alimentaram grandes medos de privacidade que levaram ao abandono do projeto.[26] Apenas alguns anos depois, uma ameaça mais traiçoeira ficou aparente. Goldwater e seus aliados viram os perigos impostos pela explosão de inúmeros bancos de dados menores: "[Nós] estamos criando hoje partes de sistemas de informação automatizados separadas nos setores privado e do governo que seguem de perto o padrão da atual estrutura de comunicação integrada."[27]

As técnicas algorítmicas que alimentam plataformas como Netflix ou Facebook hoje estavam em sua infância nos anos 1970, mas a potência e os perigos das técnicas algorítmicas de inferência estatística a partir de dados pessoais já estavam ficando claros. O congressista Victor Veysey explicou em 1974 o equilíbrio entre o uso legítimo e o controle pessoal necessário. "Há uma necessidade de desenvolver dados estatísticos para interpretar as tendências socioeconômicas que moldam continuamente a cultura desta nação, mas há uma sutil distinção a ser desenhada entre os dados coletados para fins justificáveis e as finalidades secundárias para as quais os dados são, por vezes, utilizados". Ele continuou: "Não devemos restringir severamente os serviços legítimos prestados pela" pontuação de crédito e pelo seguro de vida; "no entanto, devemos desenvolver controles adequados para que as informações sobre os assuntos pessoais de um indivíduo não possam ser compradas e vendidas indiscriminadamente".[28] A troca ampla e livre de dados tão familiar hoje não era um estado natural das coisas e nossa ciência, leis e regulações devem levar isso em conta.

Além disso, os legisladores libertários civis no início dos anos 1970 reconheciam que as invasões de privacidade por empresas e governo muitas vezes circulavam em torno de questões de raça, preferência sexual e suposto caráter moral. As invasões de privacidade não afetavam todas as pessoas igualmente: o acúmulo de dados possibilitou um controle consequente e muitas vezes discriminatório.

Em resposta ao questionamento do senador Sam Nunn, o estudioso Alan Westin foi explícito: não pedir certas informações pessoais teria um custo financeiro.

> se nos custar mais US$2 em um prêmio/ano para que as empresas não possam reivindicar em uma base atuária que têm que excluir de sua taxa base as pessoas que vivem fora do casamento ou homossexuais, acho que é um custo tolerável para o norte-americano e, se imposto, que ele provavelmente aceitaria. Ou seja, senador, pagando mais US$2 eu não terei pessoas perguntando sobre minha vida sexual nem verificando com os vizinhos, fazendo relatórios com meus funcionários sobre como é minha vida sexual. Acho que muitos norte-americanos estariam dispostos a pagar mais US$ 2 por ano e não ter esse aspecto de suas vidas investigado e relatado.[29]

Então, como agora, a livre circulação de informações reduziu alguns custos financeiros. Mas, de fato, a um alto custo para as vidas pessoais. Um importante estudo não governamental foi bem claro: "A privacidade deve ser ponderada hoje em relação ao valor obtido com a coleta e a disponibilidade de informações em pontos centrais ou bancos de dados. Quanta informação pessoal vale a conveniência de um cartão de crédito?"[30]

O negócio tinha uma resposta clara. Como resultado da introdução do projeto de lei amplo, as queixas do setor vieram rápido e com fúria, de bancos, comerciantes diretos, editores de revistas. Quase em uníssono, eles insistiam que equilibrar o direito à privacidade com a "liberdade de informação" necessária para os negócios significava priorizar o último. Particularmente irritante era a exigência para as pessoas consentirem com os novos usos de seus dados:

> Desaprovamos a legislação que proíbe a transferência de informações sobre indivíduos sem o consentimento prévio informado a eles. ... A tecnologia moderna permite que os outorgantes do crédito respondam aos consumidores de forma eficiente e rápida, parcialmente em virtude de acessar as informações de crédito por meio de terminais online ou por consultas telefônicas. Se o livre fluxo de informação for impedido por lei, as ineficiências resultantes serão necessariamente traduzidas em custos mais elevados para o setor e o consumidor.[31]

Corporações e seus colegas especialistas reclamaram que manter registros detalhados sobre o uso e a transferência de informações pessoais era impraticável e oneroso. Como muitas outras empresas, a varejista Sears reclamou: "Também extremamente caro para a Sears seria a exigência de manter um registro completo e preciso de todos os acessos e usos feitos de quaisquer dados em um sistema, incluindo a identidade de todas as pessoas e organizações às quais o acesso foi dado."[32]

No decorrer dos debates dos anos 1970 sobre os projetos de lei de privacidade, políticos e lobistas da câmara de comércio estavam em maior número que aqueles focados nas liberdades civis, e o ambicioso projeto de lei Goldwater-Ervin se limitou a focar exclusivamente a coleta e o uso das informações pelo governo federal. A Lei de Privacidade de 1974 promulgada procurou restabelecer o equilíbrio entre o interesse dos indivíduos em controlar as informações e o interesse do governo federal em controlar e usar essas informações. O projeto de lei adotado retirou as disposições da coleta, da distribuição ou do uso dos dados no setor privado e substituiu uma comissão para investigar mais a regulamentação rigorosa inicialmente prevista. Em outras palavras, o governo federal não afirmou *nenhum princípio geral* de proteção de dados pessoais nem forneceu nenhuma forma generalizada de *responsabilidade* pela coleta, troca e venda desses dados. Em vez disso, após a proteção inicial das informações de crédito, os norte-americanos ganharam proteções cruciais, porém mais limitadas, apenas dentro de domínios específicos dos dados, em particular dos estudantes (FERPA, aprovado na lei de 1974) e, duas décadas depois, de pacientes clínicos (HIPAA, aprovada na lei de 1996). O movimento da reforma para fornecer uma lei de privacidade generalizada, nascida da suspeita do governo na era do Vietnã, de preocupações sobre agências de crédito, do caso Watergate e das revelações sobre agências de inteligência dos EUA, foi desperdiçado.[33]

Após essa falha em proteger os dados não governamentais, o uso livre e o abuso de dados pessoais *ficou* parecendo um estado natural das coisas, não algo contingente, não algo sujeito a mudanças, não sujeito ao nosso processo político e escolhas. Essa norma de coleta e uso de dados irrestritos criou *condições essenciais* para as plataformas nos anos 2000, capitalizando dados granulares sobre pessoas e para os governos que usam os dados comerciais para a vigilância em massa.

A Comissão do Estudo de Proteção da Privacidade de 1977 reconheceu o fracasso do Congresso em lidar com o perigo do setor corporativo, bem como as burocracias federais e estaduais. A promulgação da Lei de Privacidade (1974) significou a inexistência de um banco de dados governamental centralizado nos EUA. Essas preocupações tiveram um efeito colateral perverso: em vez de um grande banco de dados para nos guiar, o governo produziu centenas de bancos de dados difíceis de pesquisar, muito menos de regular e policiar, com cada um sujeito a regulamentações diferentes. A escala importava, pois mudava drasticamente as implicações de privacidade de bancos de dados inofensivos. O crescimento do networking intensificou esses perigos, à medida que o movimento dos registros ficou cada vez mais sem atrito, a velocidade de vinculação dos registros aumentou e as técnicas de análise de registros em grupo e individuais se expandiram.

Apesar do ritmo acelerado da coleta e da análise dos dados, pouco mudou nos anos seguintes. Em depoimento no Congresso dos EUA em 1984, o defensor da privacidade Robert E. Smith apresentou um diagrama ilustrando como os bancos de dados privados de setores educacionais, de varejo, médicos e classificação de crédito se entrelaçavam com uma variedade vertiginosa de bancos de dados estaduais e federais.[34]

A combinação de dados comerciais e governamentais poderia facilmente revelar partes surpreendentes da vida pessoal de um indivíduo. Smith explicou a potência da combinação de dados domésticos comerciais e dados do IRS (fisco):

> *SR. GLICKMAN.* ... O IRS está alugando listas computadorizadas que fornecem perfis demográficos de várias famílias para que possam descobrir se eu vou ao cinema, ao Lion D'or para jantar ou a Las Vegas no fim de semana, depois determina se eu não estou pagando impostos suficientes?
>
> *SR. SMITH.* Bem, não exatamente esses dados, mas eles poderiam indicar que você tinha um Cadillac e um Ford.
>
> *SR. GLICKMAN.* Mas eles poderiam investigar, digamos, a minha conta do American Express?
>
> *SR. SMITH.* Não ela; o fato de que tinha tal conta pode refletir, e o saldo geral que você tem, essa possibilidade, sim.[35]

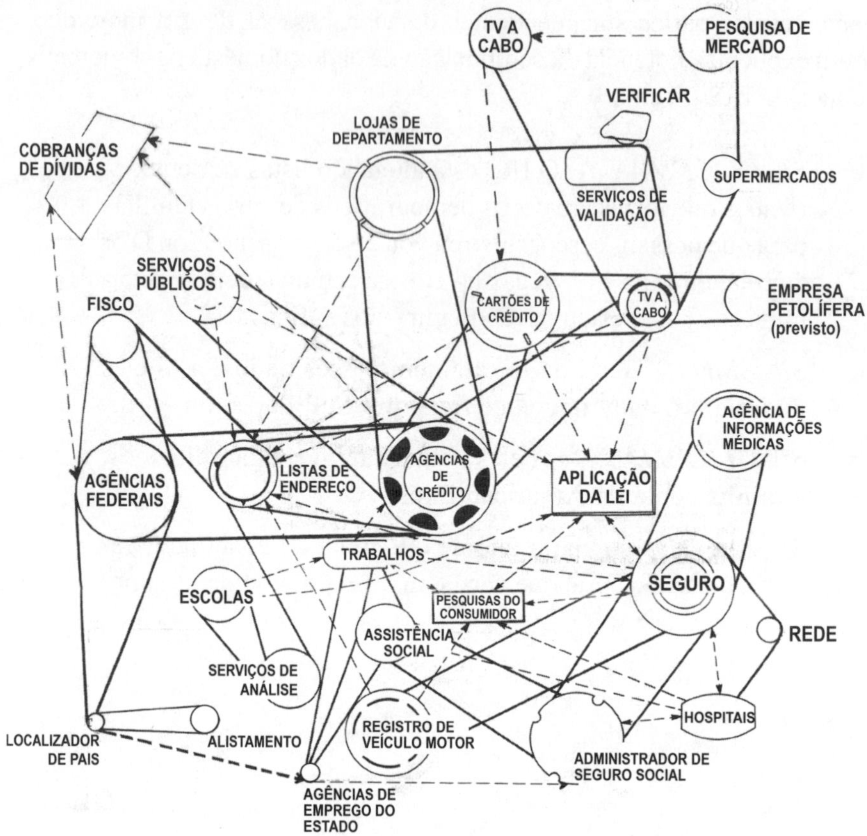

Kathleen McCarthy, fluxograma de dados, *Privacy Journal*, abril de 1984. Robert Ellis Smith Papers, Robert S. Cox Special Collections and University Archives Research Center, UMass Amherst Libraries.

As polias no diagrama mostraram ao Congresso como centenas de bancos de dados se uniram na metade dos anos 1980 para criar um banco de dados nacional "de fato" envolvendo a maioria dos residentes dos EUA.

Essas combinações deram poder ao governo. Em meados dos anos 1980, o Gabinete de Avaliação Tecnológica do Congresso relatou: "Agora, a tecnologia alterou o equilíbrio" entre coleta de dados e privacidade "em favor das agências". A combinação de dados de vários bancos de dados afetou radicalmente a privacidade.

> Computadores e capacidades de telecomunicações expandiram as oportunidades para os órgãos federais usarem e manipularem as informações pessoais. Por exemplo, houve um aumento substancial na correspondência das informações armazenadas em diferentes bancos de dados como forma de detectar fraudes, desperdícios e abusos, ... Da mesma forma, os computadores são cada vez mais usados para certificar a precisão e a integridade das informações individuais antes que um indivíduo receba um benefício, um serviço ou um emprego. ... Essas capacidades tecnológicas parecem ter superado a capacidade dos indivíduos de protegerem seus interesses.[36]

Como corrigir o equilíbrio dado o poder dos computadores ao "combinar" registros de diferentes bancos de dados era uma preocupação urgente. Um exemplo inicial de 1977, chamado "Projeto Match", envolvia procurar pessoas que enganavam o sistema de assistência social. "Uma questão política essencial é se e sob quais condições o uso da correspondência de computador é apropriado, dados os direitos dos indivíduos que são os objetos da correspondência e dados os possíveis efeitos sociais de longo prazo das pesquisas eletrônicas gerais." Sem nenhuma surpresa, certas classes sociais encontram-se sujeitas a essa correspondência com mais frequência: "As correspondências de computador são inerentemente investigações de massa ou de classe, pois são realizadas em uma categoria de pessoas, não em indivíduos específicos. Na teoria, ninguém está livre dessas pesquisas de computador; na prática, os beneficiários da assistência social e os funcionários federais são os alvos com maior frequência."[37]

As tecnologias de banco de dados cada vez mais podem fazer muito mais do que combinar pessoas em vários bancos de dados. A Comissão do Estudo de Proteção da Privacidade alertou em 1977: "O perigo real é a erosão gradual das liberdades individuais através da automação, da integração e da interconexão de *muitos* sistemas de registro de dados *pequenos* e separados, independentes parecem inofensivos, até mesmo benevolentes e totalmente justificáveis."[38] A escala importava e mudou as implicações de privacidade dos bancos de dados inofensivos. O crescimento do networking intensificou esses perigos à medida que o movimento dos registros ficou cada vez mais sem atrito, a velocidade de vinculação dos registros aumentou e as técnicas de análise dos registros em grupo e individuais aumentaram.

O equilíbrio entre privacidade e interesse do governo inclinou de forma discriminatória, de maneiras cada vez mais familiares hoje, focando cada vez mais apenas as pessoas menos capazes de exigir explicação, menos capacitadas para rechaçar e exigir que os sistemas cumpram todas as expectativas coletivas para uma análise de dados em uma sociedade democrática justa.[39]

O aumento dessas preocupações voltadas para o futuro aconteceu antes que o acesso à internet se tornasse amplamente disponível, assim como o computador pessoal estava começando a entrar nas casas e nos espaços de trabalho nos EUA e outros países. Nenhuma legislação foi criada. À medida que os bancos de dados se expandiam e ficavam cada vez mais onipresentes, a prática cotidiana de coleta e troca de dados consolidou a presunção de que nenhum princípio geral de proteção orientava o uso não federal e corporativo dos dados pessoais, com algumas exceções importantes na saúde, no crédito e nos dados educacionais. A ausência de um princípio de proteção geral dos dados pessoais tornou-se cada vez mais natural. Em vez de ser vista como uma escolha política, a ausência de proteção da privacidade passou a ser erroneamente entendida como a natureza dos dados e da coleta deles. O significado completo desse fracasso levou mais duas décadas para ficar amplamente aparente, na década de 2010. Só então os perigos do tráfico corporativo e governamental de dados pessoais passaram de uma preocupação de pequenos grupos de ativistas para as primeiras páginas de jornais e feeds de notícias.

Em 1999, Scott McNealy, CEO da Sun Microsystems, insistiu: "Você tem zero privacidade. Aceite."* Em 2010, Mark Zuckerberg, fundador e CEO do Facebook, afirmou que a privacidade não era mais uma "norma social".[40] Nenhuma afirmação é verdadeira. Mas

---

* Stephen Manes, "Private Lives? Not Ours!", *PC World*, junho de 2000. Para esclarecer: o CEO da época, Scott McNealy, não estava falando sobre capitalismo de vigilância nem sobre aprendizado de máquina; ele falava sobre o design de um chip, em relação ao chip concorrente Intel Pentium III, que poderia expor os detalhes da computação. No entanto, a decisão e a provocação da dispensa da proteção ao consumidor foram muitas vezes repetidas ao longo da década seguinte, quando a tecnologia dominante mudou das empresas de hardware para as plataformas de informação. Polly Sprenger, "Sun on Privacy: 'Get Over It'", *Wired*, 26 de janeiro de 1999, https://www.wired.com/1999/01/sun-on-privacy-get-over-it/.

interesses poderosos trabalhavam para fazer essas crenças parecerem verdade para muitos.

Em 1973, W. Lee Burge, chefe da empresa que se tornou hoje a gigante de relatórios de crédito ao consumidor Equifax, argumentou: "Com o livre fluxo de informações [pessoais e financeiras] — tendo fatos precisos e pertinentes à sua disposição — os empresários norte-americanos podem e agem com o tipo de confiança que mantém nossa economia viva e próspera."[41] Tal defesa da coleta e da troca de dados coloca a inovação e a eficiência econômica acima de outros valores humanos. Em uma resposta defensiva a um inquérito do Congresso nos anos 2000 sobre serviços que vendem dados de pessoas nos EUA, a principal corretora de dados Acxiom associou a coleta e a análise de dados à manutenção da própria liberdade: "como muitos apps da web são disponibilizados gratuitamente ao público, as ideias são organicamente expressas e trocadas diariamente de uma maneira nunca antes vista. Recentemente, testemunhamos como vários sites de rede social mobilizaram e fortaleceram os cidadãos... Para essa população, a informação realmente é um canal direto para a Liberdade."[42] O preço da liberdade não é a vigilância, mas ter seus dados minerados: não custa nada, só a liberdade.

Os defensores da livre troca e coleta de dados dos anos 1970 até o presente entoam as compensações que devemos esperar se escolhermos coletivamente proteger os dados privados de forma mais robusta. A privacidade, argumentam, tem um grande custo financeiro: serviços e produtos mais caros e barreiras à inovação. E tem, outros argumentam, um custo de segurança nacional: diminuição da capacidade do governo de encontrar e neutralizar forças nefastas. Esses argumentos politicamente poderosos, há tempos favorecidos nas administrações democrata e republicana, reduzem e limitam nossas expectativas coletivas sobre o uso de nossos dados pessoais e seu significado para privacidade, autonomia e liberdade.

Baseando-se em narrativas de livre mercado de longa data, por décadas as histórias do setor enfatizaram a *ausência* do governo dos EUA na inovação e ao justificar o estreitamento de nossas expectativas coletivas, embora, como destacamos, o investimento do governo tenha criado e alimentado a indústria de computadores. Quando se trata de proteger dados pessoais, nessa narrativa, os EUA relaxaram. Em um relatório há alguns anos, uma consultoria explica (para dar um exemplo):

> Na economia de dados, isso significava evitar regras de proteção de dados abrangentes que limitam o compartilhamento e a reutilização de dados e, em vez disso, focar o desenvolvimento de regulamentações personalizadas para setores específicos, permitindo à maioria das indústrias a liberdade de inovar. Essas políticas formaram o principal ambiente regulatório que permitiu que empresas, desde a Amazon e o eBay até o Google e o Facebook, prosperassem e forneceram uma alternativa distinta às regras de precaução e limitação da inovação adotadas na Europa.[43]

Nessa narrativa, a liberdade corporativa de coletar, comprar, negociar e minerar dados permitiu que os EUA se tornassem a potência tecnológica que são hoje. Em tais histórias, os direitos corporativos à informação superaram qualquer direito à privacidade com efeito impressionante e a clara moral de que hoje devemos evitar formas robustas de regulamentação e responsabilidade algorítmicas. Faltam nessas histórias de livre mercado os grandes financiamentos federais, principalmente os dólares para defesa e inteligência, que tornaram a indústria microeletrônica possível e ajudaram a criar a própria internet. Igualmente ausentes nesses contos estão nossas expectativas legítimas e coletivas nos domínios diferentes da eficiência econômica e do lucro de um pequeno número de empresas.

Em 1969, o pioneiro da internet, Paul Baran, observou: "Podemos estar cometendo um erro ao esperar que os fabricantes de computadores resolvam os problemas de privacidade, assim como esperamos que os fabricantes de automóveis projetem dispositivos adequados de controle de poluição por conta própria e sem estímulo."[44] Um ano antes, ele argumentou diante de uma plateia no MIT: "Aqueles que lidam com registros que podem estigmatizar e dividir devem modificar suas ações nos melhores interesses de longo prazo da sociedade, mesmo quando tal modificação entra em conflito com o melhor interesse de agências individuais ou corporações. É pedir muito?"[45]

Privacidade Enfraquecida

Nos anos 1970, os argumentos em torno da privacidade concentraram-se diretamente nos possíveis danos da tomada de decisão automática e no provável impacto desproporcional em grupos menos favorecidos. Não apenas uma questão da liberdade de indivíduos isolados, a privacidade também era uma preocupação de direitos civis que pertenciam a certas classes, como dossiês coletados principalmente sobre estudantes negros bem representados. Os críticos nos anos 1970 viram claramente que a escala alterou os efeitos dos registros; muitas pessoas desde então tentaram limitar nossa compreensão desses efeitos para legitimar suas atividades. Em vez de considerar exclusivamente a privacidade como um direito individual, os defensores da época enfatizavam que o conceito englobava preocupações sobre a distribuição desigual de danos entre grupos sociais e suas diferentes capacidades ao buscar justiça. No final do século, as discussões mais amplas sobre privacidade nos EUA diminuíram consideravelmente, assim como muita imaginação política como parte do movimento mais amplo para uma concepção libertária do indivíduo e de seus direitos. O filósofo de Harvard, Robert Nozick, exclamou: "Não há nenhuma *entidade social* com um bem que sofra algum sacrifício para seu próprio bem. Há apenas pessoas individuais, pessoas individuais diferentes, com suas próprias vidas individuais."[46] Cada vez mais economistas e políticos seguiram Milton Friedman em sua visão de que a sociedade não tem obrigação, apenas indivíduos.[47] "Em um livre mercado ideal que repousa na propriedade privada, nenhum indivíduo pode coagir outro, toda cooperação é voluntária, todas as partes para tal cooperação se beneficiam ou não precisam participar. Não há valores, não há responsabilidades 'sociais' em qualquer sentido que não sejam os valores e as responsabilidades compartilhados dos indivíduos. A sociedade é uma coleção de indivíduos e dos vários grupos que eles formam voluntariamente."[48]

Não apenas desfigurando o estado regulatório até o final do século, essas formas de pensamento social e econômico enfraquecidas dificultaram muito pensar claramente sobre privacidade na era dos grandes dados. O foco na coerção do governo e nas entidades privadas deu lugar ao que o estudioso jurídico Jodi Short chamou de "estilo paranoico" de pensar sobre a regulação do governo. A profunda preocupação com os perigos da coerção estatal superou a preocupação com o poder privado.[49] Nesse mundo libertário, a privacidade cada vez mais era tratada como uma liberdade civil individual contra a extensão excessiva do governo. A jurista Priscilla Regan observou os limites de uma abordagem individualista em 1995: "Definir um problema em termos de direitos tem sido um recurso político poderoso para muitas questões — direitos civis, direitos das mulheres, direitos de pessoas com deficiência —, mas essas questões envolvem direitos a algum benefício ou status, e são definidas não em termos de um indivíduo isolado, mas um indivíduo como membro de um grupo."[50] Enquanto organizações ativistas, bem como críticos ilustres como Oscar Gandy, pressionavam fortemente contra esse estreitamento da crítica, as tendências intelectuais e os interesses comerciais silenciavam a importância na política e até mesmo nos círculos ativistas aos quais tinham direito.[51] A perda dessas críticas e do conhecimento técnico em torno das concepções mais amplas de privacidade estava longe de ser um acaso. O Gabinete de Avaliação Tecnológica do Congresso forneceu muitos dos insights nos anos 1970 citados antes; a Câmara dos Representantes de Newt Gingrich fechou o gabinete em 1995. No exato momento em que a comercialização da internet decolou durante a gestão de Bill Clinton, um grupo do governo, com base no trabalho dos anos 1970, alertou que a internet tornaria a criação de perfis de indivíduos fácil e de baixo custo, sem o trabalho e a viagem exigidos antes. O diagnóstico foi certeiro. No entanto, naquele momento o estudioso da mídia Matthew Crain argumentou que as soluções foram imaginadas quase inteiramente como uma questão de escolha individual, do empoderamento de usuários individuais.[52] E assim nasceu o nosso mundo de perfis onipresentes e da recusa individual dos cookies em sua máquina.[53]

Mesmo aqueles que pretendiam trazer o espírito dos anos 1960 para a internet trabalharam dentro de uma compreensão radicalmente individualista da privacidade. Na verdade, os defensores políticos festejaram a chegada da internet como minando precisamente as diferenças de escala. "A coisa fundamental" que a internet faz, explicou Esther Dyson, "é superar as vantagens das economias de escala... para que os grandes não comandem."[54] Nessa visão, a internet tornou *mais verdadeiros* os devaneios individualistas de Friedman, não menos, libertando os indivíduos dos laços sociais atávicos. O historiador Fred Turner afirma,

> Mesmo quando tinham visões de uma utopia desencarnada, entre colegas,... escritores como Kevin Kelly, Esther Dyson e John Perry Barlow privaram seus leitores de uma linguagem com a qual pensar sobre as formas complexas de como a incorporação molda toda a vida humana, so-

> bre as infraestruturas naturais e sociais das quais a vida depende, e sobre os efeitos que as tecnologias digitais e o modo de produção em rede podem ter sobre a vida e suas infraestruturas essenciais.[55]

No próprio processo de enaltecer e defender a internet da intromissão do governo, a visão política encontrada em revistas como *Wired* reforçava as concepções estreitas de privacidade como direitos *individuais*. E o fez no amplo momento de desconfiança nos governos como sendo lentos e ineficientes em grande parte do espectro político.[56] Como resultado, até os diversos relatos de ativistas da privacidade deixavam os cidadãos extremamente mal preparados para lidar com os riscos das novas agregações de dados e análise que a internet possibilitou amplamente.[57] Apesar do trabalho de muitos estudiosos, ativistas e tecnólogos para ampliar a compreensão da vigilância, o estreitamento da imaginação política, social e jurídica no momento em que o aumento de coleta e análise de dados explodiu deu abertura a relatos filosóficos e jurídicos inadequados para entender o que aconteceu e imaginar a resposta política e social à tomada de decisão automática com grandes dados compatíveis com nossas aspirações coletivas.[58]

Na época dos ataques de 11 de Setembro, em 2001, agências do governo, como a NSA e sua equivalente britânica GCHQ, foram além de coletar e decifrar códigos nazistas e soviéticos, uma vez que se tornaram capazes de coletar e analisar o uso do telefone e da internet por pessoas em todo o mundo, incluindo possivelmente seus próprios cidadãos. Advogados de segurança nacional, intelectuais de defesa e policiais dos EUA e do Reino Unido no final dos anos 1990 pediram modificação nas leis e nas definições em torno de escutas telefônicas, dada a grande expansão das comunicações via internet e telefonia móvel, mas faltava a capacidade política de pôr em prática acima das objeções dos libertários civis. Como resultado imediato do 11/9, um Congresso reativo dos EUA aprovou a Lei PATRIOTA de 2001, que fez mudanças sutis na lei de vigilância doméstica, entre suas muitas disposições, cuja implicação total permaneceu oculta por anos.

Paralisados por uma visão enfraquecida da privacidade, faltava imaginação a juízes e legisladores para lidar com essas novas tecnologias analíticas. Os tribunais que deveriam regular a NSA após o 11/9 mostravam uma chocante falta de imaginação sobre como a escala muda drasticamente os efeitos da coleta e do processamento de dados. As limitações de uma abordagem altamente individualista à privacidade apareceram rápido depois das revelações do programa da NSA de coletar "metadados" de telefonemas após os ataques de 11/9. Metadados significavam apenas os números de telefone, não o conteúdo das comunicações. A NSA e outras autoridades há muito afirmavam que os metadados não compartilham as mesmas proteções constitucionais do conteúdo, e muitas vezes conseguiram a concordância de legisladores e dos tribunais. Embora possuíssem a capacidade de exigir contas detalhadas e poderes para lutar contra a NSA, os tribunais não tinham competências para contestar as reivindicações técnicas da agência. A NSA fornece muitos registros formais de suas atividades coletivas ao Tribunal de Vigilância de Inteligência Estrangeira (FISC), um enorme grau de transparência a portas fechadas, embora desconhecido fora do tribunal até recentemente. Apesar de toda a sua experiência em leis, o tribunal não tinha conhecimento técnico suficiente sobre a agregação de dados para rechaçar essas explicações com eficiência.

As principais decisões judiciais que estabelecem que os "metadados" das comunicações têm um nível bem inferior de proteção constitucional do que o "conteúdo" repousam em uma série de argumentos sobre a falta de proteção constitucional concedida a um indivíduo no momento de fazer uma ligação. Sob o entendimento predominante, as pessoas que fazem ligações dão livremente à operadora os números de telefone que estão teclando. Elas não têm nenhuma "expectativa legítima de privacidade" quanto a esse número de telefone, mesmo que esperem que o conteúdo da ligação permaneça privado. Isso é verdade em cada ligação feita. O governo, portanto, pode adquirir os metadados de cada ligação sem qualquer questão de busca e apreensão. A falta de uma expectativa razoável de privacidade se estende desde as ligações individuais até qualquer agregação ou análise delas. As operações nos dados sem proteção constitucional, segundo essa análise, produzem exclusivamente fatos sem proteção constitucional.

As decisões do Tribunal de Vigilância de Inteligência Estrangeira desde meados dos anos 2000 tratam o assunto da agregação claramente. Os direitos da Quarta Emenda são pessoais: "desde que nenhum indivíduo tenha uma expectativa razoável de privacidade em metadados [*sic*], o grande número de pessoas cujas comunicações serão submetidas à... vigilância é irrelevante para saber se uma busca ou uma apreensão da Quarta Emenda ocorrerá."[59] Uma decisão posterior desenvolveu o raciocínio: "Em outras palavras, quando um indivíduo não tem o interesse da Quarta Emenda, agrupar um grande número de indivíduos que pensam de forma semelhante não resultará no surgimento do interesse da Quarta Emenda *ex nihilo*."[60]

No entanto, o interesse da Quarta Emenda de todos os indivíduos não surge *ex nihilo* como o tribunal diz; surge dos desafios de legitimar os interesses *individuais* da privacidade que a coleta em massa de tais dados possibilita, dadas as ferramentas analíticas atuais. O cientista da computação de Princeton, Edward Felten, observou em um importante processo judicial: "Ferramentas de computação sofisticadas permitem a análise de grandes conjuntos de dados para identificar padrões e relacionamentos incorporados, incluindo detalhes pessoais, hábitos e comportamentos. Como resultado, partes individuais de dados que antes tinham menos potencial de expor informações privadas podem agora, em conjunto, revelar detalhes confidenciais sobre nossas vidas cotidianas, detalhes que não tínhamos a intenção nem a expectativa de compartilhar."[61] A promessa de analisar metadados para descobrir padrões comuns aos terroristas está precisamente na suposição de que tal análise pode revelar fenômenos latentes sobre indivíduos, não apenas dos agregados. Os próprios historiadores da NSA explicam o crescimento da capacidade da agência nos anos 1950 "para extrair informações úteis do que é externo ao tráfego de mensagens, em adição ou à parte do sucesso em alcançar o texto puro subjacente do conteúdo da mensagem". A capacidade de trabalhar com o que mais tarde seria chamado de metadados "se posiciona como um marco na história criptográfica".[62] O poder da estatística computacional, não apenas as inferências estatísticas sobre coletividades, mas ainda mais fundamentalmente para revelar muitas vezes os aspectos íntimos e pessoais de indivíduos específicos, ressalta que existe um profundo interesse pela privacidade que limita a utilização de tais ferramentas analíticas. Muitas das intuições mais antigas sobre nossa capacidade de consentir de formas consciente e racional para dar informações sobre nós mesmos na era do big data estão profundamente erradas. Recentes decisões judiciais sobre vigilância, a saber, EUA *versus* Jones e Carpenter *versus* EUA, mostram que o judiciário está lentamente substituindo algumas dessas intuições técnicas obsoletas. O poder das ferramentas analíticas atuais e futuras exige que as instituições tenham conhecimento e poder crítico para repensar o consentimento na era da agregação, dada nossa falta de intuições epistêmicas e éticas sobre o poder — e os perigos —

das plataformas de aprendizado de máquina.[63] Os dois capítulos a seguir consideram o desenvolvimento dessas ferramentas analíticas poderosas.

Dos Dados à Otimização como Valor

Armazenar dados, apesar de todos os desafios, provou ser muito mais fácil do que analisá-los para obter insights. Em uma época com limites menores na coleta de dados, o crescimento de dados corporativos e do governo apresentou um grande desafio técnico. Ninguém sabia quais ferramentas poderiam produzir significado, e valor, a partir desses bancos de dados. Os dados estavam sendo coletados em uma taxa crescente sem meios claros para estudar e lucrar com eles.

Os financiadores das tecnologias de análise de dados ficaram impacientes. Eles venderam muitas mentiras ao longo de décadas. Por exemplo, o Censo dos EUA foi um dos primeiros a adotarem as tecnologias para lidar com dados, desde máquinas de cartão Hollerith até o UNIVAC. Nos anos 1980, sua equipe ficou um pouco irritada com aqueles que estavam financiando. "Por quase três décadas, a equipe do Censo ouviu afirmações de que o reconhecimento automático da caligrafia ficaria tecnológico. No entanto, uma revisão cuidadosa da maioria das afirmações mostrou que ainda estava muito longe."[64] Com limites mais rígidos nos orçamentos e maior ceticismo em relação a afirmações grandiosas sobre inteligência artificial e áreas afins, como a tradução automática, a DARPA e agências aliadas criaram uma nova abordagem para avaliar os projetos, uma abordagem que envolvia métricas simples para obter sucesso nos dados fornecidos a todos os concorrentes. Isso ficou conhecido mais tarde como uma estrutura de tarefas comum. Os desenvolvimentos nos anos 1980 sugeriam algum otimismo em relação à leitura de caligrafia automática, então o Censo e o Instituto Nacional de Padrões e Tecnologia (NIST) criaram uma competição para ver onde as tecnologias há muito prometidas estavam, para incentivar o progresso e acelerar a rivalidade entre empresas e acadêmicos.

O Censo não queria que a competição trabalhasse com dados de "brinquedo", muito longe da complexidade dos dados reais. Os dados estavam disponíveis graças a um formulário de amostra digitalizado, onde funcionários do censo e crianças em idade escolar copiavam uma sequência de números, letras e palavras em campos claramente demarcados.

"Ficou decidido que um teste aberto às organizações com grandes programas [de reconhecimento ótico dos caracteres] seria uma ferramenta econômica para atingir esses objetivos. Isso permitiria a comparação dos resultados de inúmeros sistemas, algoritmos, recursos e pré-processamento."[65] Equipes dos EUA e da Europa Ocidental se juntaram à briga, principalmente de empresas como Eastman Kodak, Thinking Machines Corporation, Almaden Labs da IBM e AEG da Daimler-Benz, com participantes de universidades de Michigan a Valência e Bolonha. Muitas empresas adaptaram suas tecnologias comerciais que tentavam ler endereços ou verificações.

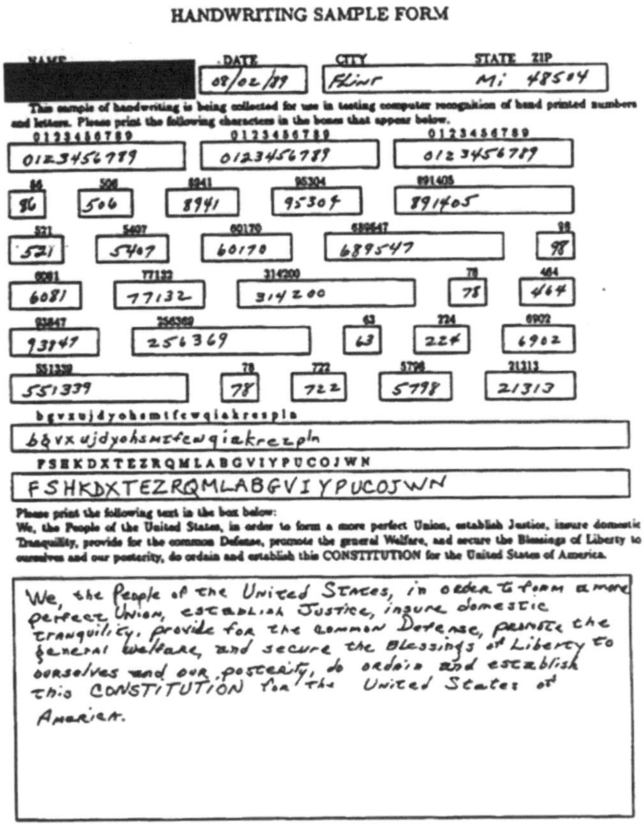
HANDWRITING SAMPLE FORM

NAME DATE CITY STATE ZIP

This sample of handwriting is being collected for use in testing computer recognition of hand printed numbers and letters. Please print the following characters in the boxes that appear below.

0123456789 0123456789 0123456789

86 506 8941 95304 891405

521 5407 60170 689547 98

6081 77132 314200 78 464

93847 256369 63 224 6902

551339 78 722 5798 21313

bgvxujdyohsmtfewqiakrezpln

FSHKDXTEZRQMLABGVIYPUCOJWN

Please print the following text in the box below:
We, the People of the United States, in order to form a more perfect Union, establish Justice, insure domestic Tranquility, provide for the common Defense, promote the general Welfare, and secure the Blessings of Liberty to ourselves and our posterity, do ordain and establish this CONSTITUTION for the United States of America.

R. Allen Wilkinson, Jon Geist, Stanley Janet, Patrick J. Grother, Christopher J. C. Burges, Robert Creecy, Bob Hammond *et al.*, *Primeira conferência do sistema de reconhecimento ótico de caracteres do Censo.* NIST IR 4912, p. 19.

Os resultados? "Cerca de metade dos sistemas reconheceu corretamente mais de 95% dos dígitos, mais de 90% das letras maiúsculas e mais de 80% das minúsculas no teste. Para comparação, um ser humano reconheceu corretamente cerca de 98,5% dos dígitos no teste."[66] O NIST disponibilizou os resultados, como mostrado na próxima ilustração.

Os sistemas variavam amplamente, de redes neurais a reconhecimento estatístico de padrões, da análise de componentes principais de Spearman ao algoritmo de vizinhos mais próximos (desenvolvido por estatísticos em 1951, com apoio da Força Aérea dos EUA). O Bell Labs da AT&T apresentou quatro sistemas de classificação de candidatos, incluindo uma variante de seu produto comercial baseado em redes neurais. Os pesquisadores que contribuíram para a apresentação do Bell Labs incluíam muitos dos futuros notáveis do aprendizado de máquina, inclusive Isabelle Guyon e Yann LeCun.

Entered	Percentage Classification Error		
System	Digits	Uppers	Lowers
AEG	3.43 ± 0.23	3.74 ± 0.82	12.74 ± 0.75
ASOL	8.91 ± 0.39	11.16 ± 1.05	21.25 ± 1.36
ATT_1	3.16 ± 0.29	6.55 ± 0.66	13.78 ± 0.90
ATT_2	3.67 ± 0.23	5.63 ± 0.63	14.06 ± 0.95
ATT_3	4.84 ± 0.24	6.83 ± 0.86	16.34 ± 1.11
ATT_4	4.10 ± 0.16	5.00 ± 0.79	14.28 ± 0.98
COMCOM	4.56 ± 0.91	16.94 ± 0.99	48.00 ± 1.87
ELSAGB_1	5.07 ± 0.32		
ELSAGB_2	3.38 ± 0.20		
ELSAGB_3	3.35 ± 0.21		
ERIM_1	3.88 ± 0.20	5.18 ± 0.67	13.79 ± 0.80
ERIM_2	3.92 ± 0.24		
GMD_1	8.73 ± 0.35	14.04 ± 1.00	22.54 ± 1.22
GMD_2	15.45 ± 0.64	24.57 ± 0.91	28.61 ± 1.25
GMD_3	8.13 ± 0.39	14.22 ± 1.09	20.85 ± 1.25
GMD_4	10.16 ± 0.35	15.85 ± 0.95	22.54 ± 1.22
GTESS_1	6.59 ± 0.18	8.01 ± 0.59	17.53 ± 0.75
GTESS_2	6.75 ± 0.30	8.14 ± 0.59	18.42 ± 1.09
HUGHES_1	4.84 ± 0.38	6.46 ± 0.52	15.39 ± 1.10
HUGHES_2	4.86 ± 0.35	6.73 ± 0.64	15.59 ± 1.08
IBM	3.49 ± 0.12	6.41 ± 0.80	15.42 ± 0.95
IFAX	17.07 ± 0.34	19.60 ± 1.26	
KAMAN_1	11.46 ± 0.41	15.03 ± 0.79	31.11 ± 1.15
KAMAN_2	13.38 ± 0.49	20.74 ± 0.88	35.11 ± 1.09
KAMAN_3	13.13 ± 0.45	19.78 ± 0.60	33.55 ± 1.37
KAMAN_4	20.72 ± 0.44	27.28 ± 1.30	46.25 ± 1.23
KAMAN_5	15.13 ± 0.41	33.95 ± 1.22	42.20 ± 0.96
KODAK_1	4.74 ± 0.37	6.92 ± 0.78	14.49 ± 0.77
KODAK_2	4.08 ± 0.26		
MIME	8.57 ± 0.34	10.07 ± 0.81	
NESTOR	4.53 ± 0.20	5.90 ± 0.68	15.39 ± 0.90
NIST_1	7.74 ± 0.31	13.85 ± 0.83	18.58 ± 1.12
NIST_2	9.19 ± 0.32	23.10 ± 0.88	31.20 ± 1.16
NIST_3	9.73 ± 0.29	16.93 ± 0.90	20.29 ± 0.99
NIST_4	4.97 ± 0.30	10.37 ± 1.28	20.01 ± 1.06
NYNEX	4.32 ± 0.22	4.91 ± 0.79	14.03 ± 0.96
OCRSYS	1.56 ± 0.19	5.73 ± 0.63	13.70 ± 0.93
REI	4.01 ± 0.26	11.74 ± 0.90	
RISO	10.55 ± 0.43	14.14 ± 0.88	21.72 ± 0.98
SYMBUS	4.71 ± 0.38	7.29 ± 1.07	
THINK_1	4.89 ± 0.24		
THINK_2	3.85 ± 0.33		
UBOL	4.35 ± 0.20	6.24 ± 0.66	15.48 ± 0.81
UMICH_1		5.11 ± 0.94	15.08 ± 0.92
UPENN	9.08 ± 0.37		
VALEN_1	17.95 ± 0.59	24.18 ± 1.00	31.60 ± 1.33
VALEN_2	15.75 ± 0.32		

Table 3: Mean zero-rejection-rate error rates and standard deviations in percent calculated over 10 partitions of TD1.

R. Allen Wilkinson, Jon Geist, Stanley Janet, Patrick J. Grother, Christopher J. C. Burges, Robert Creecy, Bob Hammond, *et al.*, *Primeira conferência do sistema de reconhecimento ótico de caracteres do Censo.* NIST IR 4912, p. 9.

Otimizar um processo para classificar alguns dados corretamente estava muito longe dos sonhos grandiosos da inteligência artificial vistos no capítulo anterior. Os *valores* nos quais o Censo dos EUA e o NIST insistiam envolviam precisão da previsão e da eficiência, não a inteligibilidade ou uma base em um processo lógico simbólico; o Censo e o NIST também estavam preocupados com a velocidade ao lidar com seus dados do mundo real em escala. Uma transformação tão radical de valores é fundamental para a explosão subsequente do aprendizado de máquina e da inteligência artificial. A valorização da otimização de métricas para apps reais impulsionou muito o desenvolvimento subsequente do aprendizado de máquina, da mineração de dados e de data science do final dos anos 1980 até hoje. Problemas como o reconhecimento preciso da caligrafia exemplificam um foco aguçado nos problemas caracterizados por uma métrica numérica de sucesso clara a otimizar. E o reconhecimento de caracteres também exemplifica uma insistência na criação de sistemas algorítmicos robustos capazes de lidar com dados reais, não com dados artificialmente limpos, em escalas cada vez maiores, muitas vezes em tempo real. Mudar os objetivos de entender ou criar artificialmente a "inteligência" para maximizar o desempenho quantitativo também facilitou uma tarefa competitiva de organização da comunidade. Tais competições são úteis para organizar uma comunidade em torno de um objetivo de desempenho da engenharia, no entanto, se afastam dos objetivos mais elevados, por exemplo, dos organizadores do Workshop de Dartmouth em 1956. O próximo capítulo esboça o controverso desenvolvimento do reconhecimento de padrões e do aprendizado de máquina focados cada vez mais diretamente nos valores de otimização das métricas claras de sucesso, em vez das aspirações amplas, mas vagas, da inteligência. E o capítulo subsequente, sobre data science, analisa a transformação desses algoritmos para trabalhar na escala industrial necessária para lidar com os dados do mundo real coletados por corporações, cientistas e governos. E a limitação de valores para a otimização? Está no centro dos dilemas ético e político em torno da IA hoje.

O que começou como o desafio da computação com dados acabou se tornando uma obsessão por dados industrializados lucrativos, muito distante das preocupações de McCarthy e dos outros criadores originais da inteligência artificial, na verdade quase detestável para eles. No entanto, como veremos, a obsessão por dados de algumas maneiras voltou para dar uma segunda ou terceira vida à inteligência artificial, ou seja, a IA focada diretamente no aprendizado de dados, não na criação manual de regras simbólicas.

09.

Máquinas, Aprendizado

Pat Langley ficou decepcionado em 2011, pois o campo acadêmico que ele estudou grande parte de sua vida, o aprendizado de máquina, explodiu em influência, financiamento e tamanho. Mas o sucesso teve um custo enorme: basicamente, o campo tinha desistido de "tarefas mais complexas como raciocínio, solução de problemas e compreensão da linguagem" em favor de tarefas mais simples como previsão. Em vez de "sistemas sofisticados que realizavam raciocínio em várias etapas, solução de problemas heurísticos, compreensão da linguagem ou outras atividades cognitivas complexas", o campo se limitava a ferramentas estatísticas mais simples projetadas para resolver problemas mais fáceis. O aprendizado de máquina passou de grandes problemas de prestígio de emulação do conhecimento humano para se concentrar estritamente na previsão numérica e na classificação.[1] O aprendizado de máquina parecia muito mais ambicioso quando ele descreveu o mesmo campo há mais de 25 anos, em 1984, separando os objetivos limitados de "reconhecimento de padrões" da abordagem "simbólica" da IA: "Historicamente, os pesquisadores adotaram duas abordagens para o aprendizado de máquina. Métodos numéricos como a análise discriminante se mostraram bem úteis em domínios perceptivos e se associaram ao paradigma conhecido como Reconhecimento de Padrões. Por outro lado, os pesquisadores de Inteligência Artificial se concentraram nos métodos de aprendizagem simbólica."[2] Nos anos seguintes, os valores do aprendizado de máquina mudaram, assim como seus critérios de sucesso. Ironicamente, apenas essa redução drástica permitiu o seu extraordinário sucesso hoje. Os críticos nos anos 1970 e 1980 duvidavam que a inteligência artificial valeria muito atualmente, independente do que o romancista distópico pudesse imaginar. Os críticos dos anos 2020 temiam que a inteligência artificial assumisse quase todos os domínios da tomada de decisão humana, assim como os distópicos alertaram. Com uma notável reformulação que nem os profissionais de marketing mais eficientes sonhariam, o termo "inteligência artificial" hoje se tornou quase sinônimo de uma fatia mais estreita de técnicas estatísticas para fazer previsões, chamada deep learning. Este capítulo conta essa história.

Alguns campos, como a biologia, são nomeados segundo o objeto de estudo; outros, como o cálculo, são nomeados segundo uma metodologia. A inteligência artificial e o aprendizado de máquina, no entanto, são nomeados com uma aspiração: os campos são definidos pelo objetivo, não pelo método usado para chegar lá. Dos anos 1960 a 2000, os pesquisadores em aprendizado de máquina adotaram metodologias sempre que necessário (apesar do desprezo de muitos líderes científicos consagrados): redes neurais, métodos de "reconhecimento de padrões" da engenharia elétrica e até mesmo estatística matemática. Esses empréstimos metodológicos díspares continuariam a moldar o renascimento da IA dos anos 2010 até o presente.

A IA Simbólica Mata a Estrela da Rede Neural

Em 1980, poucos esperavam que os modelos preditivos assumissem a IA. Trabalhando em um cenário de financiamento altamente competitivo, os fãs da IA simbólica ridicularizavam as abordagens mais baseadas em dados e estatística. E eles difamavam em especial os esforços para adotar as redes neurais do cérebro humano como um modelo para máquinas capazes de aprender com as percepções. O exemplo mais famoso, Perceptron, aprendia a discriminar os objetos "vistos" por neurônios artificiais.

Imaginado por Frank Rosenblatt nos anos 1950, o Perceptron envolvia o esforço para reconhecer a entrada sensorial sem a codificação rígida das regras. Rosenblatt procurava "uma máquina que fosse capaz de conceitualizar entradas que chegam diretamente do ambiente físico de luz, som, temperatura etc. — o 'mundo fenomenal' da luz, do som, da temperatura — , em vez de exigir a intervenção de um agente humano para digerir e codificar as informações necessárias".[3] Com um bom financiamento militar, ele construiu um cérebro analógico, ou seja, uma rede artificial, para reconhecer objetos sem recorrer a longos processos lógicos.[4] Primeiramente realizado em hardware especializado, o Perceptron então se tornou um algoritmo mais padronizado capaz de rodar em computadores digitais de uso geral. Rosenblatt tinha talento para a publicidade, o que pode ter estimulado seus críticos. Em 1958, o *New York Times* publicou uma história com a manchete "New Navy Device Learned by Doing" [Novo dispositivo da Marinha aprendeu fazendo, em tradução livre], e as afirmações eram impressionantes, descrevendo "o embrião de um computador eletrônico que espera ser capaz de andar, falar, ver, escrever, se reproduzir e estar consciente de sua existência".[5]

O programa era uma alternativa poderosa à inteligência artificial simbólica, uma forma alternativa de perceber e emular a inteligência humana, e os críticos atacavam o programa de Rosenblatt com muita veemência. No final de 1960, no entanto, as redes neurais artificiais eram amplamente percebidas como um beco sem saída. Redes neurais simples só podem classificar objetos usando um limite linear. O que isso significa e por que é importante? Um Perceptron não é capaz de "aprender" algumas funções lógicas fáceis de suas entradas, como o chamado "ou exclusivo". Esse "ou exclusivo" é o conhecido "ou" dos convites de casamento: você pode escolher carne vermelha, frango ou a surpresa de tofu, mas não todos os três ou mesmo dois, a menos que roube do seu vizinho. Se a capacidade de fazer a lógica simbólica é a marca de um sistema inteligente, então ser incapaz de lidar com o "ou exclusivo" é uma sentença de morte.

Mas essa limitação não foi bem um golpe mortal como parece. Os pesquisadores logo perceberam que adicionar outras camadas de "neurônios", além da primeira camada, poderia realmente criar formas não lineares de classificação. As redes neurais poderiam aprender coisas como o "ou exclusivo". A dificuldade? Nos anos 1960 e início dos anos 1970, ninguém sabia qual algoritmo poderia ser usado em muitos dados para "treinar" uma rede neural multicamada de forma eficiente ou com qualquer grau de confiança de que a rede melhoraria de forma sistemática. Em 1983, o economista e pioneiro da IA Herbert Simon, que demonstrara seu programa Logic Theorist no Workshop de Dartmouth de 1956, afirmou com confiança:

> toda a linha de pesquisa do Perceptron e do aprendizado da rede neural... não chegou a lugar nenhum... esses sistemas... nunca aprenderam nada que as pessoas já não soubessem. Portanto, eles devem novamente fortalecer nosso ceticismo de que os problemas da IA devem ser resolvidos apenas com a construção de sistemas de aprendizado.[6]

As redes neurais pareciam mortas, muito mortas, exceto para um pequeno número de fãs no Japão e outros lugares. E muitos na comunidade IA estavam felizes por não terem que competir pelo patrocínio militar e pelas posições acadêmicas dos EUA. Além da competição por dólares, as redes neurais eram desagradáveis, pois envolviam uma visão radicalmente diferente do que compõe a inteligência. Para críticos como Simon, as falhas evidentes das redes neurais lançam muitas dúvidas sobre qualquer tentativa de criar sistemas de aprendizado focados principalmente em aprender com os dados.

Mas longe dos salões sagrados da inteligência artificial, os sistemas treinados em dados não desapareceram nem perderam todo o seu financiamento, estão reformulados no centro da IA de hoje.

Reconhecimento de Padrão, por Exemplo

No início dos anos 1960, engenheiros da Philco, recentemente uma divisão da Ford Motor Company, trabalhavam por contrato com o Exército dos EUA em meios tecnológicos para ajudar os militares no reconhecimento automatizado de recursos em fotos tiradas por aviões espiões, como o U-2. Entre as inúmeras tecnologias financiadas estava o uso da estatística computacional para auxiliar na classificação de objetos em fotos. Foi em tais laboratórios comerciais e acadêmicos, financiados pelas agências militares e de inteligência dos EUA, que floresceu o uso da estatística computacional focada mais em previsões baseadas em dados. Pesquisadores, como os engenheiros da Philco que trabalhavam dentro da ampla categoria de "reconhecimento de padrões", buscavam técnicas para discriminar objetos, estimando parâmetros para distribuições conhecidas e, ainda mais desafiador, começar a difícil tarefa de discernir distribuições de probabilidade quando sua forma subjacente não podia ser presumida.[7] Eles trabalhavam em laboratórios do governo, laboratórios corporativos e grandes universidades como Cornell, USC e Stanford, normalmente com amplo apoio militar.[8] Nenhum laboratório corporativo brilhava tanto quanto o Bell Labs em Nova Jersey.

Quando pesquisaram o campo nos anos 1960 e início dos anos 1970, os pesquisadores explicaram que o reconhecimento de padrões envolvia menos uma disciplina acadêmica e mais um grupo de profissionais de mentalidade semelhante orientados em torno de conjuntos comuns de metas. A ideia de rede neural do Perceptron talvez seja o mais conhecido desses esforços. A maioria dos pesquisadores em reconhecimento de padrões, em última análise, pouco se importava, ou se importa, se as redes neurais replicavam de alguma forma a cognição humana: as redes eram ferramentas de previsão, não meios para entender o cérebro. Nos anos 1960, os profissionais afirmavam que o reconhecimento de padrões teve sucesso em grande parte porque abandonou o esforço de simular a percepção humana: "Quaisquer sucessos que tivemos... foram resultado de uma transformação efetiva do problema de reconhecimento da percepção no problema de classificação."[9] E os pesquisadores de reconhecimento de padrões pouco se importavam com o lado simbólico da inteligência artificial.

Nesses laboratórios, floresceu uma atitude focada em resultados práticos de grandes acúmulos de dados. No decorrer do trabalho, as formas iniciais dos principais algoritmos, agora essenciais para o data science contemporâneo, surgiram e foram modificadas para trabalhar dentro dos limites computacionais de seu tempo. Isso significava menos teorização sobre símbolos ou esquema e mais concepção de meios para implementar algoritmos dentro do hardware limitado usando conjuntos de dados reais. Embora esses algoritmos aparecessem em trabalhos acadêmicos, eles foram implementados principalmente em sistemas experimentais e comerciais. Às vezes criar sistemas preditivos com dados reais exigia uma engenharia complicada. "Considerações práticas da economia da computação muitas vezes impedem a aplicação em massa dos métodos mencionados antes para situações reais." Tais situações exigem uma "manipulação um pouco indigna e aleatória... para tornar o problema passível de solução organizada", incluindo "pré-processamento, filtragem ou pré-filtragem, extração de recursos ou medição, ou redução da dimensionalidade".[10] Técnicas para lidar com dados reais eram essenciais, não complementares, para o reconhecimento de padrões na prática: não importava a elegância do algoritmo, se ele não pudesse lidar com dados em larga escala em situações da "vida real" nas unidades de disco e nos computadores limitados, então tinha que ser posto de lado ou modificado.

O Aprendizado de Máquina Aprende com o Reconhecimento de Padrões, Entre Outras Coisas

O reconhecimento de padrões foi apenas uma das muitas fontes de métodos bem-sucedidos para o aprendizado de máquina até o final do século XX. O aprendizado de máquina em si era mais a especificação de uma aspiração do que de um método. As atitudes do "mundo real" descritas antes tiveram um custo. Os profissionais no final dos anos 1980 e 1990 abandonaram os objetivos da IA de simular como os seres humanos raciocinam em computadores ou usam os computadores para tentar entender a cognição humana. Procurar "o que funciona" em vez do que é verdadeiro ou belo incentivou uma busca generalizada por algoritmos e práticas para dar algum sentido aos dados. O campo do aprendizado de máquina adotou esses valores de forma lenta, mas decisiva, sendo mais uma tradição de engenharia prática do que das ciências puras, mais alinhado com a indústria do que com o mundo acadêmico. E os pesquisadores do aprendizado de máquina fizeram isso com acesso desigual, mas crescente, ao tempo computacional que permitia essa abordagem, pelo menos nos laboratórios bem financiados.[11] Animado pelo ecletismo, o aprendizado de máquina se inspirou amplamente nos algoritmos em muitos campos de prática e investigação: reconhecimento de padrões, processamento de sinais, cluster, bem como estatísticas com foco computacional. De fato, os estatísticos reclamavam que o aprendizado de máquina continuava reinventando a roda. Voltando à tradição das estatísticas práticas dos tempos de guerra, desde o final dos anos 1980 a maioria do aprendizado de máquina envolve minimizar algum erro especificado ou a "função de perda", que Abraham Wald colocou no centro de sua teoria da decisão sequencial, seguindo o caminho do reconhecimento de padrões.[12] Muitos profissionais do aprendizado de máquina passaram a adotar a estatística bayesiana, há tempos rejeitada por estatísticos matemáticos dentro do ambiente acadêmico, embora festejada nos corredores da comunidade de inteligência.

Em um momento de profunda ironia, o aprendizado de máquina, um parente pouco respeitado da inteligência artificial, apareceria no novo milênio para ser o maior sucesso, até o salvador da IA, a tal ponto que, após 2013, em grande parte substituiu os objetivos muito mais ambiciosos da IA tradicional, e os termos passaram a ser usados alternadamente.

Da Inteligência Artificial ao Aprendizado de Máquina

A proposta de financiamento de John McCarthy em 1955 celebrou "a conjectura de que todo aspecto do aprendizado ou de qualquer outro recurso da inteligência pode, a princípio, ser descrito com tanta precisão que uma máquina pode ser criada para simulá-lo."[13] Os problemas na realização da inteligência artificial se mostraram muito mais espinhosos do que tarefas como direcionar radares ou identificar tanques. "Os trabalhadores entraram no campo [da inteligência artificial] por volta de 1950 e até mesmo de 1960", explicava o relatório altamente crítico de Sir James Lighthill de 1973, "com grandes esperanças que estão muito longe de ser realizadas em 1972. Em nenhuma parte do campo as descobertas feitas até agora produziram o grande impacto que fora prometido."[14] A pesquisa de IA incluía a tentativa de criar um comportamento inteligente e entender melhor a inteligência humana. Em 1987, um comentarista observou: "Ninguém mais fala sobre replicar toda a gama de inteligência humana. Ao contrário, vemos um recuo para problemas secundários e especializados."[15] Os objetivos elevados da inteligência artificial foram abandonados em muitos setores.

O abismo observado entre as promessas e a realidade levou a mais um "inverno da IA", uma metáfora sazonal constantemente usada para o congelamento do generoso financiamento do governo.

Os anos 1970 e início dos anos 1980 viram um segundo ciclo de ascensão e queda, desta vez em sistemas especializados. Os criadores desses sistemas tinham como objetivo coletar informações de especialistas humanos, organizar essas informações em procedimentos sistemáticos, em seguida, implementar esses procedimentos em computadores para realizar tarefas como diagnóstico médico. Apesar do sucesso limitado em alguns domínios e da integração silenciosa em muitos sistemas do dia a dia, os sistemas se mostraram frágeis e o mercado para eles afundou conforme os anos 1980 chegavam ao fim.[16] A confiança de notáveis como Herbert Simon provou ser equivocada.

Aos olhos daqueles que procuravam reorientar a inteligência artificial, todo o projeto de inteligência artificial baseado em regras repousava em um mito sobre o conhecimento humano: não era facilmente articulado em regras simples. Não era um conhecimento formal em livros, era mais como uma habilidade praticada. Porém, fugir desse mito permitiu um esforço de pesquisa para estudar as atividades de especialistas sem tentar entender como eles mesmos fazem julgamentos. Um artigo de 1993 observou: "Em vez de pedir a um especialista o conhecimento de domínio, um algoritmo do aprendizado de máquina observa as tarefas especializadas e produz as regras emulando as decisões do especialista."[17] Diferente das formas mais ambiciosas de inteligência artificial que procuram emular *como* os seres humanos tomam decisões, os criadores de tais algoritmos os viam agindo não como cérebros humanos. Em vez de se concentrar na lógica ou entrevistar especialistas, o aprendizado de máquina focou ainda mais os dados, dados sobre humanos e dados parcialmente classificados por humanos. E fez isso usando ferramentas de reconhecimento de padrões, estatística e redes neurais que a comunidade de inteligência artificial simbólica tinha em grande parte evitado. Muito desse trabalho aconteceu em laboratórios industriais com uma mentalidade de engenharia, endinheirados e com acesso a muito tempo caro de computação, lugares como Bell Labs e IBM.

Fora dos EUA e do Reino Unido

A estatística computacional baseada em dados também se desenvolveu em oposição à estatística matemática e à IA simbólica fora do mundo anglófono. Na França, Jean-Paul Benzécri criou uma poderosa escola de "*analyse des données*" [análise de dados] focada em estatística exploratória e descritiva avançada usando computadores. "O progresso da 'análise de dados' graças a computadores", escreveu ele, "não continuará sem perturbar toda a estatística."[18] No Japão, Hayashi Chikio¯ desenvolveu um conjunto de práticas que ele nomeou *Deta no Kagaku*, a "Ciência de Dados", como uma alternativa à estatística matemática, que descreveu como "inútil e incompreensível".[19]

Provavelmente os desenvolvimentos na União Soviética foram os mais importantes na história recente dos dados e sua análise. Em 2006, o especialista em aprendizado de máquina Vladimir Vapnik refletiu sobre as transformações no aprendizado computacional na URSS décadas antes. Rejeitando as abordagens estatísticas dominantes, Vapnik e colegas criaram "modelos preditivos (discriminativos) de indução". Em tal abordagem, "os modelos preditivos não conectam necessariamente a previsão de um evento com [uma] compreensão da lei que rege o evento; eles apenas procuram uma função que explica melhor os dados".[20] Vapnik chegou a essa abordagem instrumentalista e aos conjuntos de dados de alta dimensão como membro do Instituto de Ciências de Controle da Academia de Ciências da URSS nos anos 1960 e 1970.[21] Embora o antissemitismo direcionado a ele e a seu consultor dissidente provavelmente tenha bloqueado sua carreira, estar no instituto permitiu que Vapnik participasse do florescimento de uma abordagem de aprendizado altamente focada em computação e aplicada em grandes conjuntos. Vapnik mudou-se para os Estados Unidos e trabalhou no Bell Labs. Nos EUA e na URSS, pesquisadores de reconhecimento de padrões e da teoria de controle se viam distantes da inteligência artificial simbólica e da estatística acadêmica clássica.

Todas essas tendências encontraram apoio financeiro e moral no Bell Labs nos anos 1990. Na época, o Bell Labs havia contratado uma impressionante variedade de pesquisadores internacionais que foram pioneiros em novos métodos e ramos do aprendizado de máquina, incluindo os futuros notáveis Yann LeCun, Yoshua Bengio, Rich Sutton, Rob Schapire e outros. A técnica mais associada a Vapnik, chamada de máquinas de vetores de suporte (SVMs), deu frutos em uma colaboração notável lá, onde ele uniu forças com a pesquisadora francesa Isabelle Guyon. Como outros grandes exemplos de desenvolvimento nas ciências de dados computacionais, Vapnik trabalhou sob o imperativo de lidar com dados de alta dimensão em um regime de financiamento que os apoiava, sem o ônus de produzir uma inteligência artificial simbólica.[22] Apesar de sua importância, Bell não foi o único local para tais possibilidades radicais. Na IBM, o professor de Stanford, Xiaochang Li, mostrou uma convergência semelhante de conhecimento estatístico, uma mentalidade de engenharia, grandes conjuntos de dados de voz e o acesso ao poder de computação que permitiram uma transformação drástica do reconhecimento de voz.[23] Esses espaços industriais foram um presságio e tornaram possíveis desenvolvimentos muito maiores.

O Mundo Subterrâneo das Redes Neurais

Apesar dos inúmeros ataques contra as redes neurais, um grupo de pesquisadores do Japão até a França continuou a pesquisá-las, tanto para fazer aprendizado de máquina preditivo quanto para aprender mais sobre o cérebro dos animais. E apesar da hostilidade de muitos nas comunidades de aprendizado de máquina e IA para as redes neurais, o Bell Labs e especialmente a organização canadense CIFAR forneceram o financiamento necessário para manter a pesquisa, sustentando as memórias do poder das redes e seus sucessos relativamente recentes em tarefas como reconhecimento de dígitos. A história complicada na interseção entre computação e neurociência é bem contada em outros lugares, portanto apenas esboçamos os principais desenvolvimentos.[24] Em um nível muito geral, podemos dizer que em meados dos anos 1980, vários pesquisadores encontraram ideias semelhantes de como treinar as redes neurais multicamadas, usando um processo conhecido como "retropropagação".[25] Quando a rede classifica incorretamente algo, digamos que classifique uma imagem de cachorro-quente como um cachorro, qualquer erro é usado para alterar mais os valores na rede, treinando assim os "neurônios" para cometer menos erros e tomar decisões mais corretas. Esse algoritmo poderia, a princípio, colocar nas mãos dos profissionais de IA algumas razões para a rejeição das redes neurais, pois essas redes "profundas" poderiam discriminar coisas muito mais complexas do que as redes mais simples dos anos 1960. O desenvolvimento de computadores paralelos fez esse trabalho parecer mais aceitável computacionalmente. Um computador paralelo envolve muitos processadores trabalhando no mesmo problema, não um único ou um pequeno número de processadores muito poderosos trabalhando individualmente.

Como se a oposição do pessoal da IA simbólica não fosse suficiente, pessoas na recente comunidade de aprendizado de máquina com muitos dados percebiam as redes neurais como ultrapassadas e caras, um retrocesso a épocas anteriores, há tempos superados por algoritmos melhores e mais baratos. Ao contrário de muitos dos melhores algoritmos da época, as redes neurais careciam de certas propriedades matemáticas importantes, para o desespero de muitos na comunidade. O novo algoritmo de retropropagação era lento, computacionalmente intenso e não dava nenhuma garantia de que a rede tinha sido treinada para encontrar a melhor resposta — um critério essencial no campo da otimização matemática e importante para as primeiras gerações de pessoas da IA e muitas em comunidades mais estatísticas. Até os defensores das novas redes não conseguiam entender nem explicar com detalhes por que elas faziam as previsões de tal modo; eram verdadeiras caixas pretas. Elas trabalhavam bem na previsão, mas não com regras que os seres humanos podiam entender de forma comum, e apenas com um custo computacional pesado. As técnicas tiveram alguns sucessos iniciais no setor, como na leitura de números de cheques bancários, mas tiveram pouco prestígio acadêmico até os anos 2010.

Apesar dos sucessos das novas formas de redes neurais, seguiu-se um período quase bíblico de exílio para pesquisadores da rede neural, pelo menos aos olhos dos verdadeiros adeptos. Para a equipe do Bell Labs, a oposição — muitos de seus melhores amigos — ficava na sala ao lado, cheia de defensores das chamadas máquinas "kernel", que na época pareciam os prováveis vencedores na batalha entre os diferentes algoritmos do aprendizado de máquina.[26] Essas máquinas kernel, desbravadas por Vapnik, eram poderosamente preditivas, mas também tinham importantes qualidades matemáticas, amadas por pesquisadores com tendências matemáticas, que as redes neurais não possuíam. "Até 2010", observou um pesquisador francês anônimo, fazer redes era "coisa do passado". Outros pesquisadores tiveram pouco interesse, ilustrado pela indiferença dada a Yann LeCun, agora cientista-chefe de IA na Meta. "Eu me lembro,

LeCun estava no laboratório como professor convidado e tivemos que pedir a alguém para jantar com ele. Ninguém queria."[27] Pessoas importantes até deixaram o campo, temporariamente. Apesar de seu aparente sucesso, Yann LeCun e Léon Bottou, por exemplo, pesquisadores franceses recrutados para o Bell Labs, voltaram sua atenção para criar melhores alternativas para a compactação de imagens.

Por ironia, no entanto, o sucesso explosivo de outros algoritmos preditivos altamente instrumentalistas abria caminho para que as redes neurais se tornassem aceitáveis. O terreno estava mudando sobre como avaliar os sistemas algorítmicos, assim como os dados da internet e o poder computacional estavam explodindo. Nos anos 1990, uma literatura crescente revelou, e o estatístico Leo Breiman afirmou, que "combinar um conjunto múltiplo de indicadores, todos criados usando a mesma data [*sic*], pode levar a reduções drásticas no erro do teste." Mas esse sucesso preditivo teve um grande custo: os modelos eram cada vez mais incompreensíveis para os seres humanos.[28] Essas incríveis técnicas preditivas não se mostravam como regras inteligíveis para as pessoas. Porém, as redes neurais sempre foram incompreensíveis, considerando que uma virtude fundamental de muitos outros algoritmos de aprendizado de máquina era ser interpretável. Os ganhos preditivos desses novos modelos de conjunto e redes neurais eram vistos amplamente como massivos e, para um número crescente de profissionais de diferentes disciplinas, ofuscavam a grande falta de transparência do conjunto preditivo gerado. Os pesquisadores do Bell Labs produziram grande parte do trabalho celebrando a modelagem de conjuntos e participaram como vencedores de concursos de previsão algorítmica, sendo o mais famoso o Prêmio Netflix, concedido em 2009. Cada vez mais, os profissionais de aprendizado de máquina estavam abandonando o uso de qualquer família de modelos preditivos em favor da combinação de muitos indicadores diferentes. Esse grande sucesso dos conjuntos aumentou a ética da previsão acima da interpretação. A capacidade preditiva, mais do que qualquer outra virtude, teve cada vez mais ascensão no aprendizado de máquina. As exigências de interpretabilidade, as exigências de regras compreensíveis por seres humanos, foram desaparecendo.

Precisamente nesse contexto as redes neurais puderam voltar do seu exílio, em particular as grandes redes neurais multicamadas agora renomeadas como "deep learning". Mesmo nos anos 1980, a incompreensibilidade das redes neurais as tornava problemáticas, se não suspeitas; o renascimento das redes neurais de 2012 repousa diretamente na legitimação de tais modelos de conjunto, para o comércio, para os espiões e para a ciência.[29]

Em 2012, uma rede neural superou radicalmente todos os outros concorrentes em uma competição anual para prever os rótulos descritivos adequados para objetos encontrados no ImageNet, um grande conjunto de dados de imagens reunidas pela professora de Stanford, Fei-Fei Li e suas equipes.[30] No ano seguinte, todos os principais competidores abandonaram outras famílias de algoritmos em favor de suas próprias versões de redes neurais.[31] Apoiadores das redes neurais, há tempos evitados na comunidade de pesquisa, se sentiram justificados. Décadas de zombaria de sua abordagem de repente pareciam equivocadas, jornalistas e acadêmicos começaram a contar histórias de seu retorno heroico do exílio injustificado.

A competição inteira se baseava em muito trabalho invisível, com o uso do serviço Mechanical Turk da Amazon, um mercado de colaboração coletiva (crowdsourcing) lançado em 2005 que permite a qualquer pessoa contratar vários trabalhadores remotos para realizar tarefas, normalmente tarefas que os computadores ainda não conseguem fazer automaticamente. A classificação humana dessas imagens foi o maior uso de mão de obra distribuída do Mechanical Turk até aquele momento, e assim também se baseou no abundante financiamento necessário para pagar por esse trabalho, estimado em cerca de 25 mil pessoas até 2010.[32] Os trabalhadores em *crowdsourcing* colocaram 14 milhões de imagens em mais de 21 mil categorias. O trabalho deles na classificação, certo e errado, forneceu a "verdade fundamental" para os modelos algorítmicos tentarem prever com base nesses enormes conjuntos de dados, da época.[33]

Após seu longo tempo no deserto, com ganhos de desempenho se beneficiando da computação em massa, juntamente com grandes conjuntos de dados, as redes neurais passaram a ter um desempenho melhor do que outras abordagens. Seu sucesso em 2012 é muitas vezes retratado como uma ruptura radical, mas um quadro histórico mais sóbrio sugere o contrário. Como "deep learning", as redes neurais se tornaram aceitáveis, em muitos aspectos, porque outros modelos se afastaram dos algoritmos simples computados em um curto espaço de tempo. Um ponto contra as redes neurais: elas eram caras de treinar porque exigiam muito tempo e capacidade do computador. Em 2010, todos os concorrentes eram igualmente caros computacionalmente, exigindo longos tempos de treinamento com um computador ou vários computadores trabalhando em paralelo, geralmente ambos. Realizar um extenso trabalho computacional exigia muito dinheiro. Um segundo ponto: as redes neurais eram boas em — mas lentas para começar — fazer previsões, e davam pouca explicação para essas previsões. Mas o mesmo acontecia nas abordagens concorrentes. Em 2012, os concorrentes usavam conglomerados extremamente complexos de algoritmos agrupados em um conjunto que votava ao fazer previsões: eles eram quase tão complexos quanto as redes neurais. Como as redes neurais, grandes modelos de conjuntos, espaços de kernel complexos e outras abordagens também privilegiavam o poder preditivo acima da interpretação humana.

O deep learning ascendeu somente depois que as objeções filosóficas e matemáticas aos sistemas algorítmicos, que focavam quase exclusivamente a previsão, deixaram de ser importantes no setor, nas forças armadas e, em menor grau, no ambiente acadêmico. O deep learning foi amplamente entendido como fornecedor dos melhores indicadores e, portanto, a abordagem mais bem-sucedida *se os objetivos fossem a previsão*. Com esses sucessos preditivos e a diminuição das expectativas do que um sistema algorítmico deve fornecer, as falhas das redes neurais aos olhos dos estatísticos e dos cientistas da computação ficaram mais fáceis de ignorar. Mesmo com novas técnicas para o treinamento das redes neurais, isso exigia enormes quantidades de dados, um enorme poder computacional e muito dinheiro para fornecer eletricidade para o treinamento em escala.

O que as pessoas esperavam dos modelos de aprendizado de máquina mudou decisivamente e novas variantes de hardware, chamadas unidades de processamento gráfico (GPU), tornaram o treinamento de redes neurais mais fácil e rápido.[34] Acima de tudo, o dinheiro necessário para treinar modelos extremamente grandes estava ficando cada vez mais disponível apenas para pesquisadores de empresas como Google e a fabricante de GPU, NVIDIA. Nos anos seguintes, os modelos só ficaram maiores, treinados em conjuntos de dados cada vez maiores, com custos crescentes de computação, tanto em dólares quanto em emissões de dióxido de carbono.[35]

A redefinição do aprendizado de máquina focado em previsão, grandes conjuntos de dados e grandes computadores já estava em andamento quando as redes neurais ganharam destaque. O aprendizado de máquina, sobretudo o que utilizava redes neurais, foi renomeado como IA por consultores corporativos e profissionais de marketing, às vezes para o desconforto dos pesquisadores. A escala e os custos desse tipo de pesquisa mudaram drasticamente a pesquisa acadêmica e até a pesquisa inicial em aprendizado de máquina. Apenas algumas empresas têm dados, dinheiro e poder de computação para a vanguarda dos modelos algorítmicos, e os pesquisadores passaram a depender cada vez mais delas, se não trabalhar para elas. "Os laboratórios de universidades e as startups que queriam desenvolver e estudar IA se encontraram", explica a diretora do corpo docente do AI Now Institute e ex-funcionária do Google, Meredith Whittaker, "exigindo acesso a ambientes caros de computação em nuvem e operados por grandes empresas de tecnologia, lutando pelo acesso aos dados, uma dinâmica que só se intensificou a partir de 2012".[36] Como ela explora, as ferramentas para fazer o aprendizado de máquina têm sido acessíveis e cada vez mais fáceis de usar, mas muitas vezes dependem totalmente de umas poucas empresas extremamente bem equipadas. (Nosso curso em Columbia, por exemplo, utiliza o produto Colab do Google, que nos permite ensinar inúmeras técnicas estatísticas e de aprendizado de máquina ao custo de aclimatar nossos alunos no uso de ferramentas do Google.)

Otimizando para O Quê?

Em 2015, a revista *Science* — equivalente ao *The New Yorker* do mundo científico — tinha um artigo em que dois grandes pesquisadores, Michael Jordan e Tom Mitchell, expunham o estado das coisas em inteligência artificial. Ter um modelo aprendido com dados, em vez de codificar regras, agora dominava a IA. "Muitos desenvolvedores de sistemas de IA agora reconhecem que, para muitas aplicações, pode ser muito mais fácil treinar um sistema mostrando-lhe exemplos do comportamento de entrada/saída desejado do que programá-lo manualmente, antecipando a resposta desejada para todas as entradas possíveis."[37] O poder — e aplicabilidade — desses algoritmos vieram de um estreitamento das tarefas a executar. Um sistema de aprendizado de máquina é bem-sucedido em termos de alguma maneira numérica de representar o que importa para você. Os autores explicam que "algoritmos de aprendizado de máquina podem ser vistos como uma busca em um grande espaço de programas candidatos, guiados pela experiência de treinamento, para encontrar um programa que otimiza a métrica do desempenho."[38] Em outras palavras, um algoritmo de aprendizado de máquina produz um grande número de programas candidatos para fazer uma tarefa, digamos, classificar cães *versus* gatos, e procura um que melhor o faça, de acordo com uma métrica designada com antecedência: precisão, com o menor número de falsos positivos, por exemplo. Como Pat Langley havia reclamado: "O aprendizado de máquina se concentrou inicialmente em usar e adquirir o conhecimento moldado como estruturas relacionais ricas, ao passo que muitos pesquisadores agora parecem se importar apenas com a estatística."[39]

Quem ganhou? E quem perdeu? A previsão prevaleceu, acima de uma modelagem dos processos subjacentes da coisa que está sendo prevista. E prevaleceu acima de uma preocupação em ser capaz de interpretar e entender os processos do algoritmo ao fazer essas previsões. As redes neurais eram detestadas há tempos, em parte porque tinham pouca transparência. Mas quando a maioria dos outros algoritmos ficou igualmente obscura, e os objetivos fundamentais eram preditivos, as falhas das redes neurais não importavam mais como antes.[40]

Essas mudanças drásticas no aprendizado de máquina permitiram e foram financiadas por sua explosão no setor corporativo. Lá, as métricas envolvem dinheiro, pelo menos indiretamente: visualizações de página, compras online, tempo gasto em uma rede social, "engajamento".

Prêmio Netflix

"Estamos realmente muito curiosos", anunciou a Netflix, "e o montante é de um milhão de dólares". Em 2006, a Netflix ofereceu esse prêmio substancial para a pessoa que pudesse melhorar drasticamente seu algoritmo para recomendar filmes aos usuários:

> pensamos em fazer um concurso para encontrar a resposta. É bem "fácil". Fornecemos muitos dados de avaliação anônimos e uma meta de precisão na previsão de 10% melhor do que [o algoritmo da

> Netflix] pode fazer no mesmo conjunto de dados de treinamento... Se você desenvolver um sistema que julgamos bater essa meta no conjunto de testes de qualificação fornecido, receberá um bom dinheiro e o direito de se gabar.

Os concorrentes tinham que tornar seus algoritmos públicos:

> Mas (você sabia que tinha uma pegadinha, certo?) somente se compartilhar seu método conosco e descrever ao mundo como fez e por que funciona.[41]

A empresa disponibilizou um grande conjunto de dados: avaliações em 17.770 filmes e 480.189 usuários anônimos ao longo de aproximadamente 7 anos, com um total de 100.480.507 avaliações. Embora esses grandes conjuntos de dados aumentassem o valor monetário das grandes empresas de internet, os pesquisadores raramente tinham acesso. Chris Volinksy, do Bell Labs, explicou que a Netflix "fez uma jogada brilhante ao perceber que havia uma comunidade de pesquisa que trabalhava nesses tipos de modelos e estava faminta por dados".[42] O aprendizado de máquina era diferente, mais poderoso, com conjuntos muito grandes de dados. Mas eles permaneciam desconhecidos.

Em 2009, o Pragmatic Chaos da equipe BellKor ganhou o milhão de dólares por criar um sistema de recomendação de filmes superior, derrotando a concorrência, The Ensemble, por 20 minutos. O nome da equipe vencedora reúne nomes de quatro grupos separados que uniram esforços.

A combinação social deles foi espelhada em seu algoritmo vencedor, que combinava os esforços dos quatro grupos em um grande conjunto preditivo, com modelos de todas as partes do aprendizado de máquina reunidos. Sem restrições de inteligibilidade ou explicabilidade, a única métrica de desempenho possibilitou uma coordenação social peculiar organizada por e-mail e fóruns de discussão: uma tarefa competitiva, de organização comunitária, a chamada "estrutura de tarefas comum". O cientista de dados David Donoho chama de "ingrediente secreto" o foco competitivo em uma pontuação comum a ser maximizada, que está por trás do sucesso transformador do aprendizado de máquina em grandes conjuntos de dados nos últimos 20 anos. A tarefa comum permite "um foco total na otimização do desempenho empírico, que... permite a competição de inúmeros pesquisadores em qualquer desafio de tarefa comum, possibilitando um julgamento eficiente e sem emoção dos vencedores do desafio."[43] A estrutura de tarefas comum, Donoho afirma ainda, "leva imediatamente a aplicações em um app real. No processo de ganhar uma competição, uma regra de previsão foi necessariamente testada e, portanto, está basicamente pronta para implantação imediata."[44]

Na verdade, a implantação do aprendizado de máquina geralmente envolve a maximização algorítmica de um valor quantificado. No setor, esse objetivo quantitativo é denominado de "indicador-chave de desempenho" (KPI); uma medida numérica correlacionada com objetivos comerciais ou objetivos de produtos, como visualizações de página, tempo gasto em um artigo ou vídeo, ou "engajamento" de forma mais geral — o ideal com ambos!

No encerramento da competição da Netflix, um colega do MIT, Michael Schrage, explicou: "A grande vantagem do modelo de prêmio é que ele afasta o trabalho do domínio do concurso de beleza e passa a ser orientado para o desempenho." Tal celebração naturalmente está em acreditar na superioridade de alguma métrica: "É o resultado produzido que importa."[45] Dizer se algo importa ou não é um juízo de valor. Em vez de valorizar fenômenos complexos como a beleza, as propostas de aprendizado de máquina valorizam amplamente fenômenos capazes de receber uma medida quantificada. No início deste livro, citamos alemães chateados com os novos estatísticos "vulgares" (quantitativos), que confundiram os números para o conhecimento de uma terra ou um povo, e entenderam mal o valor. O aprendizado de máquina, como desenvolvido em 2000, foi preparado para ser a apoteose do estatístico focado em números, poderoso apenas porque era limitado em campo de ação. As preocupações éticas e políticas da IA contemporânea giram em torno da reformulação da IA como a otimização das métricas.

A competição Netflix ilustra como a abordagem do aprendizado de máquina veio a ser usada nos anos 1990 e 2000 muito além dos centros acadêmicos e dos laboratórios de pesquisa industrial, em várias aplicações comerciais, industriais, médicas, policiais e militares, ao mesmo tempo sendo vertiginosa, estimulante, controversa e, às vezes, discriminatória. Aqueles que defendem o aprendizado de máquina em escala industrial e o incorporam em práticas empresariais e do governo passaram a ser conhecidos como "cientistas de dados" nos anos 2010. Ao produzir ferramentas que permitem que todos, de cientistas a jornalistas, se baseiem no aprendizado de máquina, eles recorreram simultaneamente a inúmeras outras habilidades para escalar o aprendizado de máquina, para torná-lo uma figura central nas infraestruturas, mediando nossas comunicações, ciências, notícias e política.

10. A Ciência dos Dados

o campo alterado será chamado de "data science"... As áreas técnicas dele devem ser julgadas pela medida em que permitem que o analista aprenda com os dados.

— *William Cleveland, estatístico do Bell Labs, "Data Science: An Action Plan for Expanding the Technical Areas of the Field of Statistics", 2001*

No Facebook, sentimos que diferentes funções, como cientista de pesquisa e analista de negócios, não eram suficientes para as diversas coisas que podem ser feitas no meu grupo. Um "cientista de dados" pode criar um pipeline de processamento de vários estágios em Python, projetar um teste de hipótese, fazer uma análise de regressão em amostras de dados com R, projetar e implementar um algoritmo no Hadoop ou comunicar os resultados das análises a outros membros da organização de forma clara e concisa. Para capturar isso, criamos o cargo "cientista de dados".

— *Jeff Hammerbacher, "Information Platforms and the Rise of the Data Scientist", 2009*

"VI AS MELHORES mentes da minha geração destruídas pela loucura", escreveu o poeta Allen Ginsberg. Frase após frase, Ginsberg cantou o abismo entre a aspiração mais elevada e as realidades da América na Guerra Fria: "hipsters com cabeças de anjo queimando pela antiga conexão celestial com o dínamo estrelado na maquinaria da noite" — e o abismo experimentado por estudantes com as crescentes universidades militarizadas: "que passaram pelas universidades com olhos radiantes e frios, alucinando o Arkansas e a tragédia da luz de Blake entre os estudiosos da guerra."[1] Em 2011, Jeff Hammerbacher, ex-líder da equipe de dados do Facebook, falando sobre Ginsberg, lamentou: "As melhores mentes da minha geração estão pensando em como fazer as pessoas clicarem em anúncios. Isso é péssimo."[2] De todas as coisas para otimizar, uma geração escolheu manipular a atenção. Este capítulo traça a evolução do "data science", um termo que ganhou destaque primeiro nas empresas que fazem as pessoas clicarem em anúncios, mas cuja história se estende da Guerra Fria até o presente.

Junto com DJ Patil, Hammerbacher é creditado por criar o termo "cientista de dados" para descrever um novo papel crucial no mundo corporativo, de startups até corporações Fortune 500. O que um cientista de dados faz de diferente dos profissionais de todas as diversas abordagens quantitativas para o mundo que vimos? O que exatamente é "data science"? As definições, veremos, variam. O data science industrial passou a significar aprendizado de máquina e estatística combinados com a engenharia de software e o trabalho de dados concretos necessário para criar produtos e serviços digitais. Na pesquisa acadêmica, o termo é amplo, estendendo-se além da estatística para incluir as habilidades mais amplas e menos "técnicas" necessárias para entender o mundo através dos dados, desde o confuso "trabalho de limpeza de dados" até as sutilezas de comunicar os resultados por meio de dados. Em vez de "queimando pela antiga conexão celestial" de forma abstrata, o termo fala das complexidades práticas de tal trabalho, começando com a análise de dados ficando suja com os dados. Falando em outro escritor diferente da Guerra Fria, o cientista de dados Joel Grus satirizou a expectativa de um "cientista de dados" ter dominado a grande diversidade de tarefas de dados necessárias no setor:

> um cientista de dados deve fazer uma regressão, escrever uma consulta sql, extrair um site, projetar um experimen-

> to, fatorar matrizes, usar uma estrutura de dados, fingir que entende o deep learning, roubar da galeria d3, argumentar em r no python, pensar em MapReduce, atualizar antes, criar um painel, limpar os dados confusos, testar uma hipótese, falar com um empresário, escrever um script de shell, codificar em um quadro branco, hackear um valor-p, fazer o aprendizado de máquina para um modelo. A especialização é para engenheiros.*

À medida que o campo ganhou destaque na indústria e no ambiente acadêmico, com oportunidades de emprego associadas, oportunidades de financiamento e novos departamentos e níveis, empregadores e administradores buscaram definir as coisas com mais precisão. Muitas vezes, tentar definir "data science" se transforma em uma briga verbal nas seções de comentários online que evoluíram junto com a internet. Em vez de insistir em uma definição de "data science", procuramos traçar os contornos da controvérsia em torno do termo. Há uma década, em apresentações, por memes, comentando posts, os profissionais têm disputado o que o termo realmente representa, em contraste com a estatística, o aprendizado de máquina ou a "mineração de dados" inicial. Os argumentos dizem respeito fundamentalmente a quem tem autoridade e capacidade para reorganizar o poder no tratamento dos dados. E eles se preocupam com quem, em última análise, recebe o financiamento — em corporações, na academia e do governo.

Para ser claro, havia boas razões para o entusiasmo e o financiamento. Em inúmeros setores, entender o mundo por meio dos dados foi transformador. A capacidade de recomendar o produto e o conteúdo certos aos usuários comerciais possibilitou um modelo de negócios chamado "cauda longa".[3] Do mesmo modo, no software

---

* Grus, "The Road to Data Science". Ele se refere a Robert Heinlein: "O ser humano deve ser capaz de trocar uma fralda, planejar uma invasão, açoitar um porco, controlar um navio, projetar um prédio, escrever um soneto, equilibrar as contas, construir uma parede, colocar um osso, confortar os moribundos, receber ordens, dar ordens, cooperar, agir sozinho, resolver equações, analisar um novo problema, adubar, programar um computador, preparar uma refeição saborosa, lutar com eficiência, morrer bravamente. A especialização é para os insetos." Robert A. Heinlein, *Time Enough for Love: The Lives of Lazarus Long; a Novel* (New York: Putnam, 1973).

comercial, passamos a usar os telefones como dispositivos que podemos conversar "com", não "por meio dele", pois o reconhecimento de fala melhorou em múltiplos saltos quânticos. Em finanças, o fundo mais lucrativo, o Medallion Fund da Renaissance Technologies, negocia usando análise estatística, juntamente com uma considerável atenção na engenharia de software necessária para coletar dados, aprender modelos e fazer negociações.[4] Na biologia e na saúde humana, rapidamente se percebeu que o sequenciamento de genomas inteiros nos anos 1990 tinha o potencial de mudar nossa compreensão de doenças complexas através de dados. "A biologia está no meio de uma mudança intelectual e experimental", declarou a bióloga Shirley Tilghman na primeira frase de um artigo da *Nature* em 2000. "Em essência, a disciplina está passando de uma ciência pobre em dados para uma ciência rica em dados." Em uma ampla variedade de campos do esforço humano, ficou claro que "a nova tecnologia permitiu perguntas inteiramente novas", que "exigirão... novos conjuntos de ferramentas analíticas".[5]

Meramente Estatística ou Não...

Em 2011, uma matemática que se tornou guru de dados, Cathy O'Neil, e um estatístico, Cosma Shalizi, entraram em uma briga bem-humorada na internet sobre a natureza da carreira "mais sexy" do momento: o cientista de dados. O'Neil afirmava que grande parte do data science envolve chegar ao ponto em que se pode usar estatística:

> Em outras palavras, assim que resumimos algo a uma pergunta em estatística, é moleza. Contudo, nada é tão padrão quanto o que acontece em uma aula de estatística: a chance de ser feita uma pergunta similar em uma aula de estatística é zero.

Os cientistas de dados tinham uma variedade muito maior de perguntas feitas sobre dados menos padronizados. Assim, precisavam de competências diferentes.

> Eu acrescentaria que não se trata realmente de familiaridade com um conjunto específico de ferramentas que define um

> cientista de dados. Ao contrário, é sobre ser um artesão (e vendedor) com essas ferramentas.
>
> Para fazer uma analogia: eu não sou chef porque conheço receitas de ensopado.[6]

Shalizi se opôs:

> O que me impressiona é que as habilidades que ela descreve como um bom "cientista de dados" são um subconjunto das habilidades de um bom estatístico. No máximo, são um subconjunto das habilidades de um bom estatístico *computacionalmente competente*.[7]

No centro da diferença entre data science industrial e os mundos acadêmicos da estatística e do aprendizado de máquina está a priorização e a celebração das capacidades para lidar com dados problemáticos reais, muitas vezes em grandes infraestruturas. "Lidar com" significa a arte de obtê-los em formas que os algoritmos padrão possam usar. Mas muitas vezes também significa organizar conjuntos de dados muito grandes em bancos de dados distribuídos capazes de enfrentá-los. E, ao contrário desses campos acadêmicos, data science é muitas vezes entendido como fundamentalmente orientado pelas necessidades comerciais de uma organização, seja uma corporação seja uma agência do governo.

MUITOS ESTATÍSTICOS ACADÊMICOS e aprendizes de máquinas têm menosprezado esses elementos mais artesanais como sendo menores na escala de conhecimento e, talvez, até simples de aprender. Embora temas menos teóricos não sejam necessariamente fáceis de dominar, eles não são suficientes; como O'Neil brincou, conhecer receitas de ensopado não faz de você um chef.

Em sua forma mais presunçosa, data science é apresentado como uma disciplina mestra, capaz de reorientar as ciências, o mundo comercial e a própria governança. É um candidato para reorganizar o conhecimento e o poder, agora incorporado em instituições que dominam grande parte de nossas vidas.

As raízes do data science estão distorcidas; elas incluem matemática elitista, mas também muito ofício de engenharia; salas de aula em universidades, mas também em departamentos de marketing e salas de crise de políticos. A qualidade impura do data science fala de uma narrativa principal que rastreamos: a união de formas cada vez mais automáticas de tomada de decisão com infraestruturas de grande escala que permitem esses processos. O data science surge de uma reunião de estatísticas que trabalham com dados reais, aprendizado de máquina e processamento analítico dos dados em empresas grandes e pequenas. A história requer mover-se entre o mundo dos estatísticos computacionais alertando sobre a "matematização excessiva" e desenvolvimentos dentro do setor. Começamos com alguns estatísticos hereges que, com suas experiências do mundo real, exortaram seu campo acadêmico e se aproximaram dos dados.

"Análise de Dados", anos 1960–1990

Em 1974, o matemático do Bell Labs e Universidade de Princeton, John Tukey, concordou em falar na Agência de Segurança Nacional sobre "análise exploratória de dados", pedindo que a agência fornecesse "duas telas e dois projetores para grandes transparências".[8] Há muito tempo assessor científico da NSA após seu envolvimento com criptografia durante a Segunda Guerra Mundial desde os anos 1940, Tukey vinha criando novas ferramentas para explorar dados, grandes e pequenos, usando todos os tipos de métodos estatísticos e gráficos. Inicialmente focado em ferramentas de papel para explorar dados, ele estava na vanguarda da mudança para computadores para criar gráficos e analisar dados. Vinte e cinco anos antes, Kullback da NSA convidara Tukey para um "simpósio sobre o problema geral de armazenamento e recuperação de dados", baseado em parte na recomendação de Tukey de que a NSA examinasse o problema.[9] O simpósio era para considerar as questões de armazenamento e recuperação de dados em geral, e quais eram particularmente para a NSA.[10]

Menos importante do que o trabalho ainda sigiloso que Tukey fez foram as atitudes em relação à estatística e aos dados que ele incentivou dentro da NSA, e no mundo não confidencial. Tukey trabalhou por décadas para transformar o trabalho estatístico prático sobre grandes conjuntos de dados da guerra em conjuntos de ferramentas, e mentalidades, de uso muito mais geral. Em sua carreira, trabalhou em tudo, desde o censo até mísseis. As ferramentas cuja criação ele incentivou e as técnicas gráficas que ele defendeu, como o diagrama de caixas (box-plot), são comuns nas práticas contemporâneas de dados, incluindo os exames padronizados do ensino médio.

Fundamentado pela análise de dados em larga escala necessária durante a Segunda Guerra Mundial, Tukey fez uma demonstração programática de uma abordagem modificada para os dados e procurou criar ferramentas para realizá-la. Em um manifesto de 1962, Tukey pediu uma nova abordagem que apelidou de "análise de dados", que seria dedicada tanto à descoberta quanto à confirmação:

> A análise de dados, e as partes da estatística que a seguem, devem assumir as características de uma ciência, não da matemática, especificamente:
>
> 1. A análise de dados deve buscar o escopo e a utilidade, não a segurança.
> 2. A análise de dados deve estar disposta a errar moderadamente, a fim de que as evidências inadequadas *sugiram* com mais frequência a resposta certa.
> 3. A análise de dados deve usar argumentos e resultados matemáticos como base de julgamento, não como base para provas ou selos de validade.[11]

Como prática científica, Tukey descrevia a análise de dados como uma arte, não uma disciplina logicamente fechada. Tukey estava consolidando uma abordagem alternativa para a estatística acadêmica, uma que usava o poder matemático do pensamento estatístico para fins exploratórios e confirmatórios, e que poderia ser aplicável aos dados observacionais, não exclusivamente aos dados produzidos como parte de um ensaio experimental. Graças ao apoio da matemática Mina Rees e aos esforços do estatístico Harold Hotelling e outros, como vimos antes, os grandes sucessos da estatística altamente *aplicada* durante a Segunda Guerra Mundial foram canalizados no apoio financeiro e simbólico para a criação de uma estatística teórica matematicamente focada nos Estados Unidos e na Europa, em vez de uma estatística mais prática, focada em dados. Em pouco tempo, aos olhos de críticos como Tukey, a coleta e a análise de dados práticos foram sacrificadas no altar da sofisticação matemática e do rigor.

Ele pressionava contra a tendência dominante dos estatísticos nas universidades para forçar a estatística a emular a forma abstrata da matemática pura, tanto quanto possível, uma posição que, aos seus olhos, envolvia muito rigor e pouco trabalho com dados. Lembre-se de que o estatístico Hotelling, ao contrário, se preocupava com a influência corrupta de jovens estudantes sendo expostos a *muitos dados reais*. (Para ser claro, Tukey conhecia o rigor matemático, tendo concluído seu doutorado em topologia, um ramo da matemática pura, no mesmo ano em que a Segunda Guerra Mundial começou.)

Tukey seguiu essa análise de dados como principal membro do Bell Labs, aproveitando sua experiência de guerra e trabalho de décadas para a NSA e os serviços militares. Graças aos "problemas de guerra" nos anos 1940, Tukey explicou em uma entrevista, "era natural considerar a estatística como algo que tinha o propósito de ser usado em dados, talvez não diretamente, mas, no máximo, de alguma forma. Agora, eu nem acredito que outras pessoas com experiência prática não conseguiram ter essa visão, mas certamente, eu diria, não conseguiram chamar atenção para isso".[12] Nos anos 1960 e 1970, Tukey e outros críticos reclamavam que relativamente poucos dentro da estatística matemática acadêmica e seus ramos aliados, como a econometria, celebraram o cultivo prático da análise de dados e as formas de julgamento como um esforço central. Como vimos no capítulo anterior, a análise de dados na forma de reconhecimento de padrões floresceu em outros lugares, na penumbra da estatística matemática e outras disciplinas bem estabelecidas, em laboratórios de pesquisa corporativos e departamentos de engenharia, usando vários nomes.

Na atmosfera do Bell Labs, Tukey e seus colaboradores criaram inúmeras ferramentas estatísticas e computacionais necessárias para tornar a análise de dados uma realidade. Dezesseis anos depois, em um livro prático, ele explicou: "a análise exploratória de dados" (EDA) é "um trabalho de detetive (um trabalho de detetive numérico) ou um trabalho de detetive de contagem (um trabalho de detetive gráfico)." A EDA oferecia alguns "entendimentos gerais" úteis em todos os domínios do trabalho de detetive. "Os processos de justiça criminal estão claramente divididos entre a busca pela evidência — em terras anglo-saxônicas, a responsabilidade da polícia e outras forças de investigação — e a avaliação da força da evidência, ou seja, uma questão para júris e juízes. Na análise de dados uma distinção similar é útil. A análise de dados exploratória é detetive no caráter."[13] A análise exploratória de dados é um ofício técnico, e Tukey celebrava a criação de novas ferramentas para esse ofício.

O livro didático de Tukey de 1978, cujo rascunho circulou por anos no Bell Labs e outros lugares, mostrava uma pesquisa da arte de explorar dados por meios potentes de "reexpressão". "**Não**", explicou ele em negrito, "**vemos nossos resultados até que os tenhamos exibido de forma eficaz.**"[14] Uma exibição eficaz significa desenvolver proficiência com muitas formas de visualização dos dados, enfatizou Tukey, "é necessário muito mais esforço criativo para retratar a saída da análise de dados. ... Para o ser humano, o uso de imagens apropriadas dá a possibilidade de grande flexibilidade ao longo de toda a escala, desde um resumo amplo até os detalhes finos, uma vez que as imagens podem ser vistas de muitas maneiras". Enquanto Tukey previa que os computadores logo predominariam no gráfico, nesse meio-tempo ele desenvolveu várias práticas para visualizar os dados manualmente.

Colegas do Bell Labs continuaram com brilhantismo o trabalho nas linhas que Tukey havia estabelecido e foram além, agora cada vez mais no contexto da explosão de dados em sistemas comerciais e científicos. Em 1993, seu colega do Bell Labs, John Chambers, escreveu seu próprio manifesto atualizado pedindo a expansão das ambições das estatísticas. Capturando a diferença entre aquele que apenas conhece receitas de ensopados e um chef, Chambers contrastou a *estatística menor*, "como definida por textos, periódicos e dissertações de doutorado", com a *estatística maior*, "inclusiva, eclética em relação à metodologia, estreitamente associada a outras disciplinas, e praticada por muitos fora da academia, muitas vezes fora da estatística profissional".[15] Ao contrário da estatística menor, a estatística maior se preocupa não apenas com dados simplificados e limpos, e não apenas com a publicação acadêmica:

> Três categorias amplas caracterizam o trabalho na estatística maior:
>
> - *preparar* os dados, inclusive planejamento, coleção, organização e validação
> - *analisar* os dados, por modelos e outros resumos
> - *apresentar* os dados por escrito, em gráficos ou outra forma[16]

A preparação e a apresentação em situações reais, Chambers insistia, estavam "repletas de desafios intelectuais e importância prática".

Tukey trabalhou com a NSA para lidar com grande quantidade de dados. Chambers notou o desafio apresentado pelo crescente acúmulo de dados em sistemas do mundo real. "Muitas atividades comuns... geram grandes quantidades de dados potencialmente valiosos. Os exemplos... incluem vendas no varejo, faturamento e gerenciamento de estoque. Os dados não foram gerados com o propósito de aprender; no entanto, o potencial para aprender é grande."[17] Chambers escrevia no contexto do Bell Labs, com acesso aos dados de telecomunicações do país e aos diversos dados encontrados pelos pesquisadores do Bell Labs em suas parcerias com o governo dos EUA.

Uma observação semelhante, de que grandes conjuntos de dados reunidos para um propósito podem produzir novos tipos potenciais de conhecimento científico e comercial, seria feita em inúmeros campos computacionais nas próximas décadas. Os dados financeiros e sua análise prática dariam origem à análise técnica, à arbitragem estatística e, posteriormente, com mais engenharia computacional, ao campo da negociação de alta frequência. Da mesma forma, a biologia computacional nos anos 1990 e 2000 explodiu com a análise de diferentes genomas, bem como ensaios biológicos de alto rendimento para entender as redes genéticas, a mineração em larga escala de prontuários eletrônicos e informática clínica.[18] Na indústria, métodos estatísticos computacionais aplicados mudaram como as empresas recomendavam livros e filmes no início da ascensão do e-commerce, depois as mesmas técnicas seriam aplicadas ao vinho, ao calçado e, finalmente, à informação e à comunicação. Cada um desses campos teve seu próprio "momento de dados", conforme descobriu-se novamente como grandes quantidades de dados, geradas para fins diferentes do aprendizado, poderiam ser valiosas com um pouco de análise estatística cercada por uma infraestrutura necessária para coletar e produzir insights a partir desses dados. Chambers, Tukey e outros afirmavam que a análise estatística era uma mera parte desse projeto, a preciosidade matemática no centro da estatística "maior". Mas eles também alertaram que a estatística acadêmica estava condenada à irrelevância se não começasse a fornecer ferramentas para aprender com esses dados.

Em 1998, Chambers recebeu o Prêmio do Sistema de Software da Associação de Máquinas de Computação pelo sistema S para análise de dados e apresentação gráfica, "que alterou para sempre como as pessoas analisam, visualizam e manipulam os dados".[19] Uma linguagem de código aberto R baseada em S tornou-se a plataforma dominante para estatísticos orientados computacionalmente, em especial para o trabalho em análise gráfica e apresentação.

As pessoas do Bell Labs criaram conjuntos de ferramentas e atitudes para permitir a análise de dados, de formas estatísticas tradicionais e com uma abordagem mais ampla da estatística. Elas também celebraram o poder dos métodos gráficos.

Alguns anos depois, outro estatístico do Bell Labs, William Cleveland, pediu claramente a criação do campo de "data science", uma revisão radical da estatística em torno de sua utilidade para a análise prática de dados. Os estatísticos tinham muito a oferecer aos cientistas da computação, e os cientistas da computação tinham muito a ensinar aos estatísticos: "o conhecimento dos cientistas da computação sobre como pensar e abordar a análise de dados é limitado, assim como o conhecimento dos ambientes de computação por estatísticos é limitado. Uma fusão das bases de conhecimento produziria uma força poderosa para a inovação. Isso sugere que os estatísticos deveriam ver a computação para o conhecimento de hoje, assim como o data science viu a matemática no passado."[20] As universidades precisavam mudar.

Os estatísticos hereges do Bell Labs (Tukey, Chambers, Cleveland e outros) não foram os únicos no final do século XX a ver que havia um novo campo a ser criado pela aplicação da estatística em conjuntos de dados em massa. Esta percepção também estava se formando nas pessoas do setor e na academia que tentavam criar a tecnologia necessária para armazenar, proteger e pesquisar os grandes conjuntos de dados cada vez mais produzidos em ambientes de pesquisa, comerciais e do governo. Nos anos 1990, muitos na comunidade que trabalhavam no que chamavam de "bancos de dados muito grandes" estavam preocupados com a falta de tecnologias capazes de analisar os dados produzidos por meio de transações online e offline do dia a dia.[21] Responder a esse desafio exigia novas tecnologias, novas atitudes, a definição e a capacitação de um novo profissional.

Mineração de Dados, Início dos Anos 1990

No final dos anos 1980, as ferramentas para analisar e aprender com os armazenamentos de dados comerciais em rápida expansão eram amplamente vistas cada vez mais como inadequadas, conforme mencionado no final do Capítulo 8. Histórias semelhantes eram verdadeiras com dados científicos, militares e de inteligência. Em 1998, em meio ao desenvolvimento de "data warehouses" corporativos, governamentais e acadêmicos em grande escala, o então pesquisador da Microsoft, Usama Fayyad, explicou:

> Se eu me baseasse em uma analogia histórica de onde estamos hoje em relação à manipulação, à navegação e à exploração de informações digitais, eu penso no Egito Antigo... Um grande armazenamento de dados hoje, na prática, não está muito longe de ser uma grande tumba de dados, somente de gravação.[22]

A maior parte do big data interessante é grande de duas maneiras diferentes: envolve observações sobre, digamos, um grande número de pessoas ou um grande número de compras; e envolve, para cada uma dessas observações, um grande número de variáveis. O último ponto, chamado de "alta dimensionalidade" dos dados, tem um desafio matemático maior. À medida que o número de dimensões aumenta, as técnicas matemáticas usadas para comparar pontos de dados ficam problemáticas, e a quantidade de dados necessária para alcançar níveis mais altos de confiança sobre conclusões fica maior. Os dados corporativos, militares e de inteligência exigiam meios para lidar com a alta dimensionalidade em tempo real.

Um movimento conhecido como "mineração de dados" surgiu no início dos anos 1990 para utilizar os crescentes armazenamentos inexplorados de dados corporativos e científicos. Mineração de dados ou, como foi formalmente identificada, Descoberta de Conhecimento em Banco de Dados (KDD, em inglês), é a atividade de criar conhecimento não trivial adequado para uma ação a partir de bancos de dados de tamanho e dimensionalidade enormes.[23] A mineração de dados focava bancos de dados muito grandes — milhões ou bilhões de registros, muitas vezes com cada registro normalmente incluindo inúmeros elementos. Para cada registro em um banco de dados de varejo, uma operação de mineração de dados podia buscar relações inesperadas entre o item comprado, o CEP da loja, o CEP do comprador, variedade de cartão de crédito, hora do dia, data de nascimento, outros itens comprados ao mesmo tempo, até mesmo cada item visto ou o histórico de cada item anterior comprado ou devolvido. A realização de análises razoavelmente rápidas de dados reais de alta dimensão e confusos é fundamental para a identidade e o propósito da mineração de dados, ainda mais do que no reconhecimento de padrões ou no aprendizado de máquina acadêmico. Os algoritmos sofisticados de estatística e aprendizado de máquina antes dos anos 1990 normalmente eram concebidos para conjuntos de dados que podem caber facilmente na memória ou que exigem um uso relativamente pequeno de acesso mais lento ao disco. Adaptar esses algoritmos a enormes quantidades de dados que não podem ser mantidos na memória não era nada óbvio. Não é apenas aplicar a estatística ou o aprendizado de máquina em um problema maior. Os principais desenvolvimentos na mineração de dados envolvem esforços para escolher entre as concessões necessárias para tornar os algoritmos escaláveis.[24] A capacidade de lidar com a escala, por sua vez, reformularia drasticamente o aprendizado de máquina na prática. Os mineradores de dados recorreram fortemente ao aprendizado de máquina e fizeram muito para escaloná-lo de novas maneiras. No final dos anos 1980 e até o presente um padrão começa a surgir: os defensores algorítmicos adotam um algoritmo em particular, oferecem uma série de melhorias sugeridas, muitas vezes como parte do estudo de doutorado e, depois, se tornam defensores das versões desses algoritmos em vários domínios científicos e industriais. Do velho oeste de algoritmos possíveis, um pequeno conjunto de abordagens poderosas para aprender com os dados surgiu como os algoritmos mais valorizados na mineração de dados e no aprendizado de máquina.

Com dados não vinculados à teoria, a mineração de dados prometia superar as formas usuais de dividir e entender o mundo. Os estatísticos que trabalham nos moldes de Fisher perguntariam: “As pessoas de renda mais alta tendem a ser mais leais a um clube de venda por atacado do que aquelas com níveis de renda mais baixos?”, e testariam a hipótese. “A mineração de dados, por outro lado, forneceria potencialmente mais insights, apontando outros fatores que contribuem para a fidelidade da loja que o analista não teria sido capaz de considerar no teste.”[25] Cientistas intrigados com o potencial dessas abordagens fizeram afirmações semelhantes. Em 1999, Patrick Brown e David Botstein explicaram: “Exploração significa olhar ao redor, observar, descrever e mapear o território inexplorado, não testar teorias ou modelos. O objetivo é descobrir coisas que não sabíamos nem esperávamos.”[26]

No final dos anos 1990, o Almaden Labs da IBM em San José organizou uma série de seminários que reuniu pesquisadores acadêmicos, pesquisadores do setor e funcionários da própria IBM, em geral atuando como um centro de socialização para a comunidade local de mineração de dados.[27] Muitos dos trabalhos apresentados lá se tornariam trabalhos transformadores e padrão ao dimensionar os algoritmos estatísticos e de aprendizado de máquina para o uso no hardware existente com grandes conjuntos de dados.

Em uma quarta-feira de manhã, em novembro de 1997, um aluno de pós-graduação em ciência da computação de Stanford foi ao Almaden falar sobre o tema "Mineração na Web". Ele explicou:

> Um novo projeto em Stanford é o Webbase. Os objetivos são coletar uma grande quantidade de dados na Web e disponibilizá-los para pesquisa. Embora o projeto seja relativamente novo (poucos meses), já produziu alguns resultados interessantes.

O palestrante, Sergey Brin, era a força organizadora de um grupo de mineração de dados, MIDAS (Mining Data At Stanford), com o apoio de vários membros do corpo docente, cada um pioneiro no gerenciamento de bancos de dados. Em sua reunião habitual, o grupo MIDAS discutia o estado do campo, dos algoritmos à ética: "Os temas variam de questões [*sic*] administrativas e propostas de subsídios a apresentações em estilo de conferência por estudantes e visitantes."[28] Em sua palestra na IBM, Brin prometeu abranger amplamente o trabalho que ele e outros em Stanford estavam fazendo para lidar com a vastidão da World Wide Web, recente na época.

> Falarei sobre algumas coisas que descobrimos com esses dados e alguns algoritmos que foram desenvolvidos, incluindo análise de links, filtragem de qualidade, pesquisa e detecção de frases.[29]

O projeto logo daria muitos frutos algorítmicos. Em pouco tempo, muitos bilhões de dólares. A página na web da MIDAS observou: "A demonstração mais impressionante e útil" do grupo "é o supermecanismo de busca, chamado Google, criado por Larry Page e Sergey Brin."[30]

O que Pode ser Feito com uma Web no Bolso: Final dos anos 1990

Inúmeras comunidades de ciência da computação se viram mal preparadas nos anos 1990 para lidar com uma World Wide Web vasta, em expansão e decididamente não organizada. Ferramentas de pesquisa e indexação mais antigas foram projetadas para coleções de texto ou outros dados altamente padronizados, organizados e centralizados, como uma coleção de periódicos com metadados. Pesquisadores lutavam com a qualidade não padronizada e não estruturada das páginas da web e sua quantidade.[31] Como muitos algoritmos de aprendizado de máquina, os algoritmos no antigo campo da recuperação de informações não se dimensionavam facilmente para o número de páginas na web. Em meados dos anos 1990, a pesquisa parecia para muitos uma abordagem não promissora da web. Os principais atores do setor focavam cada vez mais portais organizados, exemplificados pela abordagem do Yahoo. A busca passou a dominar depois de 2000, com a ascensão gradual, depois exponencial, do Google. E sua abordagem de busca surgiu precisamente das preocupações do aprendizado de máquina altamente aplicado no centro da mineração de dados.

Em 1998, Brin, no grupo Database em Stanford, e seu colega de pós-graduação Larry Page, no grupo Human-Computer Interaction, se basearam em um dos problemas mais famosos dos mineradores de dados (descobrir quais itens tendem a ficar juntos quando alguém faz compras) chamado de "carrinho de compras" (market basket). Pegando dicas ao observar itens nas cestas dos consumidores em grande escala, eles procuraram associações nos documentos da web. Sua abordagem, chamada de "mineração dinâmica de dados", não "explorava exaustivamente o espaço de todas as possíveis regras de associação", já que a web era muito grande para tanto:

> quando a análise de dados da cesta de compras padrão é aplicada nos conjuntos de dados diferentes das cestas, produzir uma saída útil em um período de tempo razoável é muito difícil. Por exemplo, considere um tamanho de dados com dezenas de milhões de itens e uma média de 200 itens por cesta... Um algoritmo tradicional não poderia calcular os grandes conjuntos de itens durante o tempo de vida do universo.[32]

Assim como os algoritmos de aprendizado de máquina tiveram que mudar para lidar com a escala da mineração de banco de dados inicial, os algoritmos de mineração de associação tiveram que mudar para lidar com a escala da World Wide Web inicial. Em sua adaptação de tal abordagem para bancos de dados comerciais, Brin e Page exemplificaram o estímulo de profissionais focados em bancos de dados do mundo real para minimizar o uso do disco e da memória.

Brin e Page, junto com outros colaboradores, afirmavam que a escala da web, que a tornava tão desafiadora, ao mesmo tempo a tornava profundamente promissora:

> usamos uma ideia central: a Web fornece seus próprios metadados... Isso ocorre porque uma boa parte *da* Web é *sobre* a Web... técnicas simples que focam um pequeno subconjunto de dados potencialmente úteis podem ter sucesso devido à escala da web.[33]

Com base em uma comunidade de bancos de dados profundamente interessada em transformar as técnicas estatísticas e de aprendizado de máquina existentes, Brin e seus colaboradores estavam preparados não apenas para lidar com o tamanho, mas transformá-lo em um recurso central da descoberta. Basicamente, perceberam que o tamanho da web incluía muito esforço humano para classificá-la e categorizá-la em bilhões de maneiras fragmentadas. Ao invés de criar um forma de inteligência artificial capaz de classificar a própria web escrevendo regras, eles criaram um mecanismo para utilizar o julgamento humano em grande escala.

O maior avanço de Brin e Page na mineração da web veio na adaptação de uma prática acadêmica cotidiana em forma algorítmica mais frutífera em grandes escalas. Seguindo uma visão de Page, eles adaptaram a ideia de contar as citações de alta qualidade para avaliar a confiabilidade ou o valor do trabalho acadêmico. As páginas da web podem ser "classificadas" como mais ou menos confiáveis, contando citações, isto é, links para as páginas. As páginas mais confiáveis são aquelas que foram vinculadas por outras páginas confiáveis. O número total de links para uma página contava muito menos do que a confiabilidade das páginas vinculadas a ela. Eles chamaram o resultado de PageRank e logo o tornaram essencial para um novo mecanismo de busca, o Google. A pesquisa do Google surgiu dentro de uma cultura que fundia os valores do banco de dados sobre escalabilidade para lidar com dados e a prática, mais tarde, com os valores da comunidade de aprendizado de máquina. Brin e Page reconheceram desde o início a necessidade de estruturar bancos de dados capazes de implementar a bela matemática em máquinas falíveis e limitadas. "As estruturas de dados do Google são otimizadas para que uma grande coleção de documentos possa ser rastreada, indexada e pesquisada com pouco custo."[34] Um processo para utilizar o julgamento humano em massa, o PageRank teve que ser materializado em um conjunto de bancos de dados projetados de forma criativa. O PageRank e sua instância dentro do hardware padrão na época levaram ao desenvolvimento de novas arquiteturas para bancos de dados distribuídos e processamento analítico distribuído, chamadas BigTable e MapReduce, respectivamente. Os desenvolvimentos dessas tecnologias para trabalhar com conjuntos de dados extremamente grandes figuram no centro do desenvolvimento subsequente do data science, como veremos. Eles transformaram o aprendizado de máquina avançado e de escala em tecnologias que muitos usuários poderiam implantar, se tivessem os recursos certos.

As preocupações militares e de inteligência nunca se distanciaram muito desse trabalho. Em 2004, a Agência de Segurança Nacional e o Escritório de Pesquisa Naval patrocinaram um workshop sobre a análise de "fluxos de dados massivos". Em consequência ao 11/9, os mundos da inteligência e da defesa precisavam dos frutos das empresas centradas em dados que haviam cultivado secretamente há tempos. O chefe do Grupo de Pesquisa em Matemática explicou o quanto a NSA lucrava com a mineração de dados:

> Realmente tivemos grandes sucessos em termos de técnicas que não tínhamos há um ano para procurar padrões em dados massivos, tirar conclusões, pegar alguns atributos conhecidos de uma situação e minerar com dados para encontrar novos dados, e muito baseados em algoritmos, realmente fornecendo ferramentas para nossos analistas... Para nós, é tudo sobre ensinar as máquinas como trabalhar para nós, e ensinar as máquinas é ensinar os algoritmos.[35]

Nos anos 2000, a NSA não era a única a lucrar com esse trabalho computacional focado em dados; ele foi rapidamente importado para o marketing, a medicina, a física, a educação, a condenação criminal, as redes sociais e o direcionamento de drones. Os desafios necessários para aumentar o aprendizado de máquina nas áreas de dados comerciais, de inteligência e militares promoveram a criação de tecnologias e tecnólogos capazes de lidar com conjuntos de dados cada vez maiores.

Da Mineração de Dados ao Big Data, 2000–2010

Embora usado de tempos em tempos, o termo "cientista de dados" expandiu quando surgiu como um cargo nas plataformas do Facebook e do LinkedIn. Muito distantes das batalhas acadêmicas internas, essas empresas, como suas rivais Google e Amazon, estavam acumulando dados de transações diárias dentro e fora da web em um ritmo cada vez maior, provavelmente rivalizado apenas pela própria NSA. Armazenar, apresentar e analisar esse enorme volume de dados implicava desafios técnicos e intelectuais impressionantes, desafios muitíssimo diferentes em dimensão da análise de conjuntos de dados menores em um computador desktop. As habilidades, práticas e software dos estatísticos só seriam necessários bem mais tarde, assim que o desafio de escala tivesse sido atendido.

Os dados foram se acumulando rapidamente conforme uma sucessão de empresas de internet registravam o que podiam sobre seus usuários e, com o aumento do protagonismo do modelo de publicidade nessas empresas de plataforma de informação, sobre seus clientes corporativos. Ao mesmo tempo, a NSA recebia novos poderes que permitiam capturar quantidades incontáveis de tráfego de internet e telefonia que sobrecarregaram suas capacidades analíticas. Bancos de dados e a capacidade de analisá-los entraram em colapso. Repetidas vezes, software e hardware não conseguiam lidar com o fluxo.

Por exemplo, quando um banco de dados principal do Facebook se aproximou de um terabyte de dados, Jeff Hammerbacher explicou que o sistema de consulta "parou repentinamente". Levou três dias para voltar. Por fim, o Facebook adotou o Hadoop, uma poderosa estrutura de código aberto para armazenar e analisar grandes quantidades de dados; em grande parte desenvolvida pelo Yahoo, essa tecnologia permitia que os dados fossem armazenados em centenas de servidores e admitia que a análise, baseada em um processo do Google conhecido como MapReduce, fosse dividida entre esses muitos servidores. O Hadoop também comportava uma combinação de dados "estruturados" e "não estruturados" — pense em um endereço, com blocos claramente demarcados (nome, rua, CEP) *versus* o fluxo ininterrupto do texto de uma carta.

Histórias semelhantes se ramificaram em setores antigos e novos, e dentro de recintos acadêmicos onde novos tesouros de dados, especialmente dados genéricos, sobrecarregavam os antigos modos de análise computacional.

Se dados demais eram o problema, eles também ofereciam grandes oportunidades. Três pesquisadores do Google festejaram o que chamaram de "eficácia irracional dos dados". Eles afirmavam que toneladas de dados com modelos simples quase sempre seriam melhores do que modelos complexos com poucos dados.[36] O Facebook e o Google trabalharam para utilizar essa nova abordagem, assim como a NSA.

Uma entrevista de 1996 na revista ultrassecreta da NSA viu a questão do volume de comunicações mundiais a serem espionadas:

> Deixe-me acrescentar a tudo isso o terceiro maior desafio que enfrentamos, que é o volume. Eu poderia simplesmente terminar a frase e tudo estaria dito.[37]

Em 2006, um e-mail ultrassecreto, "Volume is our Friend" [O volume é nosso amigo, em tradução livre], sugere uma nova confiança na capacidade da NSA de lidar com a sobrecarga de dados: na verdade, a qualidade de permissão é essencial para a celebração do big data em outros lugares. Quanto maior o volume, melhor.

Os recursos dedicados à Guerra Global ao Terrorismo permitiram que a NSA adquirisse uma enorme capacidade de coleta e análise, mas sempre precisava de mais. Em 2008, a NSA recorreu aos bancos de dados do big data produzido na comunidade de código aberto e fundamentado em ideias do Google. Com base em algumas ideias essenciais para o Google, chamado BigTable, um grupo de cientistas e programadores na NSA criou — e lançou para a comunidade de código aberto — uma plataforma de banco de dados distribuída e projetada para fornecer gráficos com bilhões de pontos que exigiam petabytes de capacidade de armazenamento.[38] A Guerra ao Terrorismo viu milhões, se não bilhões, de dólares federais dos EUA serem investidos em aprendizado de máquina, estatística computacional e computação distribuída. As agências de inteligência e as forças militares se basearam fortemente em desenvolvimentos acadêmicos e comerciais, ao mesmo tempo fornecendo um fluxo consistente de financiamento em todos os principais campos.

Um anúncio de emprego da NSA por volta de 2013 pedia um especialista "Informatist" em SIGINT [Inteligência de Sinais]:

> cientista de computação híbrida, analista com extensão em trabalho técnico focado em processo e trabalho analítico focado em conteúdo.
>
> Responsabilidades:
>
> - Combinar informações sobre estrutura, sintaxe e processamento de dados com as funções de coletar, organizar e manipular conjuntos de dados para sintetizar respostas às necessidades de informação do cliente.
> - Aplicar técnicas científicas à avaliação de dados, realizando inferência estatística e mineração de dados.
> - Documentar e apresentar a análise de dados e suas conclusões para avaliação por analistas de desempenho completo, desenvolvedores e seus gerentes.[39]

Nos mundos secreto e corporativo, o novo papel do cientista de dados ganhou cada vez mais destaque. Como no setor e no mundo acadêmico, a NSA adotou uma mudança nas formas de excelência e conhecimento que as empresas celebravam e capacitavam. Uma rápida visão geral das muitas mudanças na cultura institucional da NSA desde a Guerra Fria até o presente explicou como a agência abandonou uma cultura do "perfeccionismo" e adotou algo radicalmente diferente. Em meio à "vitória" do final da Guerra Fria, "a NSA valorizava nos anos 1980 precisão, conhecimento profundo, experiência completa, produtividade e reputação". Já no mundo assimétrico de um conjunto vertiginoso de potenciais inimigos, "a NSA valorizava nos anos 2000... a velocidade — chegar a 80% agora pode fazer toda a diferença ao salvar vidas. (Claro, se o objetivo fosse obter informações, isso significaria matar inocentes 20% das vezes.)"[40] A análise é incisiva e assustadora. Uma coisa é a Netflix fazer recomendações ruins, outra bem diferente é avançar nos cenários da vigilância, ataques de drones ou coisa pior.

A Artificial Inteligência Artificial

Em seu livro *Data Feminism* [sem publicação no Brasil], Catherine D'Ignazio e Lauren Klein insistem em um princípio fundamental: "O trabalho do data science, como todo o trabalho no mundo, é feito com muitas mãos."[41] Embora a internet facilite a coleta de dados em dimensões até então desconhecidas, não tornou o processamento independente do ser humano. Em vez de eliminar o trabalho humano e o julgamento, os sistemas de algoritmo em larga escala transferem o trabalho e dependem fundamentalmente de outras formas de trabalho. Inerente a todo novo hardware e software, a todos os algoritmos, estava o trabalho humano para tornar os dados tratáveis. Parte desse trabalho ficou sob a alçada de novos cientistas de dados brilhantes, mas muito, se não a maior parte do trabalho sujo, caiu nas mãos de pessoas raramente vistas no funcionamento das corporações. Visões de computadores assumindo todos os empregos são falsas. "Para entender o que a automação faz com a atividade humana", insiste o estudioso Antonio Casilli, "devemos reconhecer e estimar primeiro a quantidade de trabalho dedicada na própria automação."[42]

O trabalho com dados não é novo nem sua ofuscação em nossa história: pense em Bletchley Park ou nos trabalhadores do censo no final do século XIX. Porém, a dimensão hoje é certamente sem precedentes, e possibilitada pelos próprios sistemas em questão.

Desde o início, o algoritmo de pesquisa do Google utilizou a classificação humana implícita das páginas da web. Para ter os resultados da pesquisa relativamente limpos que a empresa agora oferece, ela depende de bilhões de julgamentos humanos para considerar o conteúdo explícito ou não, sexista ou não, racista ou não, como Sarah Roberts, Mary L. Gray, Siddharth Suri e Antonio Casilli documentaram em um trabalho de campo antropológico detalhado e um estudo sociológico.[43] Com base nos trabalhos anteriores de Lucy Suchman e Shoshana Zuboff, todos esses estudiosos enfatizam os processos de ofuscação de trabalhadores no mundo inteiro, da Índia e das Filipinas até os Estados

Unidos rurais, uma ofuscação que faz parecer que a tecnologia realiza o trabalho, não as pessoas. Gray e Suri explicam:

> Bilhões de pessoas consomem conteúdo de sites, consultas de mecanismos de busca, tweets, postagens e serviços para apps móveis todos os dias. Elas pressupõem que suas compras são possíveis apenas pela magia da tecnologia. Mas, na realidade, estão sendo atendidas por uma equipe internacional, trabalhando silenciosamente em segundo plano.[44]

Esse trabalho torna possível a aplicação de estatísticas e o aprendizado de máquina em grandes conjuntos de dados. Casilli explica: "Nos antípodas das fantasias robóticas que sustentam a imaginação dos investidores e das personalidades da mídia estão os inúmeros trabalhadores de cliques não especializados fazendo o trabalho necessário para escolher, melhorar e tornar os dados interpretáveis."[45] Aplicar o aprendizado de máquina no mundo requer dados, mesmo que coletados automaticamente, para que sejam úteis.

Os críticos notaram, com razão, que muitos supostos sucessos da IA em algum nível envolvem a tomada de decisão humana contínua, muitas vezes em grande escala. O Mechanical Turk da Amazon, afirma a professora e ex-funcionária do Google, Lilly Irani, "permitiu que projetos aprovados da IA prosseguissem simulando a promessa de inteligência computacional da IA com pessoas reais."[46] Contudo, ainda mais sistemas automatizados dependem de dados classificados, limpos e produzidos por equipes de trabalhadores, em geral longe dos ambientes lúdicos das empresas de software com chefs particulares e mesas de pebolim. Mesmo que os sistemas se tornem superiores na realização de tarefas semelhantes às humanas, eles geralmente o fazem com base em conjuntos maiores de dados classificados e produzidos por pessoas. "Esses trabalhadores alimentam o setor de tecnologia", explica Irani, "mas estão fora da vista e da mente na imprensa e na política de diversificação do local de trabalho da tecnologia. A diversidade está lá. É apenas subcontratada e mal paga". Ela continua: "Esses trabalhadores se destacam em fazer o que as máquinas não conseguem. Eles ganharam a corrida contra a máquina, mas nem sempre ganham um salário mínimo."[47] E isso acontece em data science, para o bem e para o mal.

A Estatística Chega no Data Science

Em um discurso para presidência antes de uma conferência internacional de estatísticos em Sydney, a professora de Berkeley, Bin Yu, propôs em 2014: "Tenhamos data science."[48] No início de 2010, jornalistas, empresas de consultoria e pensadores festejavam os cientistas de dados no cargo mais sexy da década. No entanto, o campo acadêmico mais próximo da compreensão dos dados, a estatística, parece ter sido deixado na poeira, antiquado, percebido como uma abordagem errada. Os estatísticos, segundo ela, precisavam se envolver mais na computação, nas formas contemporâneas de grandes dados e nas práticas de comunicação.

Ao se defender, Yu explicou: "Muitos dos nossos visionários colegas de estatística viram o data science chegando." Yu não estava errada: muitos estatísticos tradicionais se concentravam nos dados, no potencial da computação e nas aplicações do mundo real. Mas eles nadaram em grande parte contra a maré, contra a matemática agressiva da estatística que encontramos, o mesmo espírito antiempirista que dominava a IA simbólica. Esses estatísticos renegados tendiam a ter dupla cidadania, dentro e fora do ambiente acadêmico, geralmente na indústria e em centros de pesquisa patrocinados pelo governo.

Ao lado de John Tukey, ninguém melhor do que o estatístico renegado Leo Breiman, que passou da universidade para a indústria. Ao sair da indústria e do trabalho de defesa, de volta à academia na UC Berkeley, ficou surpreso. Mais tarde, ele descreveu que era como estar dentro do filme *Alice no País das Maravilhas*.

> Eu sabia o que acontecia na indústria e no governo em termos de uso da estatística, mas o que estava acontecendo na pesquisa acadêmica parecia estar anos-luz de distância. Prosseguia como se fosse um ramo da matemática abstrata.[49]

Ao deixar uma carreira promissora em estatística matemática na UCLA, ele assumiu uma ampla gama de trabalho estatístico para o Departamento de Defesa e a Agência de Proteção Ambiental, nova na época. Trabalhando fora da estatística acadêmica em assuntos como poluição e rastreamento de submarinos soviéticos, ele explicou, o foco era a previsão, mais que fazer afirmações causais usando modelos ou fazendo testes de hipóteses rigorosos.[50] Fora da universidade, Breiman passou, ou talvez consolidou, por uma mudança fundamental em seus valores epistêmicos e práticas matemáticas, longe da explicação para a previsão.

A estatística nasceu para dar sentido a dados sobre diversas populações e sistemas de análise de dados, no entanto, aos olhos de profissionais como Breiman, a disciplina se desviara muito; só então, por volta de 2000, a estatística estava começando "a 'se recuperar' do que ele chamou de 'excesso de matematização' nos anos após a Segunda Guerra Mundial".[51] Atendendo a essa mudança na prática, ele descreveu um contraste radical entre uma "cultura de modelagem de dados" usada por uma estimativa de "98% de todos os estatísticos" e uma "cultura de modelagem algorítmica", usada por "2% dos estatísticos", mas "muitos em outros campos". Na cultura de modelagem de dados que domina a estatística acadêmica, a validação do modelo vem por meio de "Testes de qualidade do ajuste com sim/não e exame residual." Por outro lado, a cultura algorítmica focava a "precisão preditiva".[52] Restringir-se à variedade limitada de modelos da estatística contemporânea era abandonar grandes conjuntos de dados, exigir um conhecimento mais certo das causas do que muitas vezes é possível e limitar a criação de novas ferramentas necessárias para resolver problemas contemporâneos. A cultura algorítmica tinha muito a oferecer, mesmo que isso significasse afrouxar as demandas tradicionais da estatística.

Breiman não estava sozinho em pedir que a estatística matemática voltasse seu foco para os dados reais, agora com a ajuda de computadores digitais. No final dos anos 1970, outros estatísticos pediram que seu campo adotasse mais plenamente as possibilidades oferecidas pelo computador digital. Apesar do crescimento do poder computacional, profissionais como Breiman, Bradley Efron e William Cleveland afirmavam que os estatísticos acadêmicos não conseguiam lidar com grandes conjuntos de dados do mundo real e integrar a computação de forma mais centralizada em sua compreensão do campo. Em seu apelo de 1993 para uma "estatística maior" que aprenderia com os dados, John Chambers do Bell Labs estava preocupado que o impulso matemático excessivamente isolado da estatística estava "limitando a influência da estatística e os benefícios que o campo proporcionara à sociedade".[53] A explosão de dados foi a oportunidade para a estatística atender a uma função essencial ao assegurar o rigor e inspirar novos métodos, mas o campo não estava conseguindo utilizar essa possibilidade. Dois grandes estatísticos voltados para a computação, Walter

Stuetzle e David Madigan, pediram uma mudança radical na pós-graduação em estatística, focando uma identidade disciplinar diferente.

> A estatística se concentrava principalmente em extrair a quantidade máxima de informações de dados limitados. Esse paradigma está ficando rapidamente sem importância e a formação estatística encontra-se sem sintonia com a realidade.[54]

Os estatísticos tinham muito a oferecer ao aprendizado de máquina e à mineração de dados, se permitissem.

Os departamentos de estatística notaram a ascensão do data science, como sugerido pela estatística Bin Yu em sua palestra "Tenhamos data science". Reconhecendo o abismo entre o mundo da estatística como ensinado nas universidades e o mundo do data science, ela pedia muito mais do que uma reformulação. "Data Science representa uma inevitável (re)fusão dos pensamentos computacional e estatístico na era do big data. Nós [estatísticos] temos que dominar o data science, porque os problemas de domínio não diferenciam computação e estatística ou vice-versa, e data science é o novo termo aceito para lidar com um problema de dados moderno em sua totalidade."

"A Ascensão do Cientista de Dados"

Quando Jeff Hammerbacher escreveu sua descrição de cientistas de dados em 2009, foram combinadas a mentalidade da proposta de Cleveland de 2001 e a escala comercial da mineração de dados dos anos 1990 com um conjunto de ferramentas que surgia rapidamente para democratizar o "big data" no início dos anos 2000. A mentalidade e o conjunto de ferramentas foram fundamentados pelas lições aprendidas do setor, no Facebook em seus primeiros dias de crescimento, pelas equipes do Bell Labs trabalhando desde o início da computação digital para entender o mundo (e avançar os efeitos) com dados e pelos muitos esforços para dimensionar a análise de dados no trabalho diário dos negócios.

O início do milênio também deu origem a uma queda drástica no custo da computação via computação hospedada em nuvem, facilitada pela infraestrutura de informação da internet, que permitiu que os dados fluíssem de um computador em qualquer lugar do mundo para centros de computação a milhares de quilômetros de distância. Ecoando o momento da mineração de dados dos anos 1990, isso incentivou as empresas a transformarem seus logs da web, fluxos de transações comerciais e registros de clientes em armazenamentos de dados, na esperança de que pudessem ser "minerados" para a descoberta de padrões lucrativos. As proteções dos dados do consumidor, desenvolvidas ao longo de décadas na regulação setorial aplicável a dados de saúde ou financeiros, por exemplo, tiveram pouco poder sobre as práticas de muitas empresas online, mesmo quando os dados pessoais eram consumidos e analisados. Um benefício adicional para as empresas da nuvem foi o trabalho invisível ou "fantasma", visto há pouco, em que o trabalhador real poderia estar em qualquer lugar do planeta.

Publicações voltadas para o setor, como a *Harvard Business Review* e a O'Reilly Media, começaram a elogiar os métodos de aprendizado de máquina aplicados nesses grandes volumes de dados transacionais, prometendo riquezas e disrupção para aqueles que refinariam e processariam o novo petróleo. A adoção entusiasmada do data science no setor foi facilitada pelos avanços iniciais (e no marketing) na mineração de dados, em big data e na análise preditiva. Em pouco tempo, vários provedores de serviços e startups surgiram, vendendo picaretas digitais para os novos mineiros, e a verdade do data science encheu seus materiais de marketing, mudando a direção da exuberância de dados e incentivando que empresas antigas e novas reconsiderassem sua estratégia de dados e de pessoal.[55]

O cientista de dados tornou-se uma descrição clara do trabalho graças às startups do Vale do Silício e agora se entrelaçava, às vezes com relutância, na pesquisa e no ensino superior. Em algumas universidades, data science é um instituto novo; em outras, prospera como a renomeação de departamentos existentes. Muito distantes dos manifestos de Tukey, Cleveland, Breiman e outros, alguns departamentos de estatística começaram a se renomear como departamentos de estatística e data science, por exemplo, como em Yale e Carnegie Mellon, ambos em 2017.

Com base em suas observações etnográficas da prática das equipes de data science, Gina Neff e coautores afirmam que "entender os dados é um processo coletivo".[56] De certa forma, isso tem cumprido o sonho de 1993 de Chambers quanto à estatística "maior", embora correndo o risco de ser um campo sobre tudo, como Jennifer Bryan e Hadley Wickham advertiram em "Data Science: A Three Ring Circus or a Big Tent?"[Data Science: Um circo com três picadeiros ou uma grande tenda?, em tradução livre].[57] Como acontece com os termos "inteligência artificial" e "aprendizado de máquina", a descrição do trabalho "cientista de dados" provou ser um alvo em movimento. Um post do Reddit no subreddit "data science" pergunta: "Os cientistas de dados do Facebook são realmente analistas de dados?"[58] Junto com essa tendência veio uma proliferação de cargos à medida que a prática de dados ficou cada vez mais especializada. Hoje, não se tem apenas analistas e cientistas de dados, mas também engenheiros de dados, engenheiros analistas e, refletindo as crescentes implicações políticas e éticas dos dados, a profissão de "governança de dados".

O data science passou a abranger uma democratização não apenas de ferramentas tecnológicas — agora o software estatístico de alto nível e uma computação poderosa estão disponíveis facilmente —, mas também de habilidades. Assim como muitos cientistas sociais usaram sem critérios valores-p dos anos 1950 em diante, pesquisadores em muitas disciplinas começaram a usar toda a gama de ferramentas de data science, mas nem sempre com cuidado. Contudo, a facilidade de uso dessas tecnologias permite muito trabalho que está longe de ser reflexivo, crítico ou transformador.

Os desafios da COVID-19 incentivaram pesquisadores em todo o mundo a tentar aplicar o aprendizado de máquina para prever o curso da pandemia, com resultados combinados. Em uma avaliação crítica do poder preditivo do campo, incluindo seu próprio trabalho, Ryan Tibshirani do Departamento de Estatística e Data Science de Carnegie Mellon concluiu: "Nós, como comunidade, falhamos em cada onda (ou seja, não antecipamos)."[59] Em um sentido mais problemático, por volta de 2017 a "ciência" há muito ridicularizada para determinar o caráter do homem com análise da face (fisiognomia) voltou na forma de estudos de aprendizado de máquina.[60] A estatística sempre teve uma relação próxima e muitas vezes conturbada com a análise da diferença humana. Apesar das críticas devastadoras dessas pseudociências, pesquisadores desde Quetelet e Galton têm procurado classificar as pessoas usando meios estatísticos, e há tempos buscam modos técnicos de diferenciar natureza e criação, para encontrar os verdadeiros gênios e os verdadeiros criminosos. Manchetes chamativas apresentam regularmente publicações de aprendizado de máquina no limite da fisiognomia pseudocientífica. Luke Stark e Jevan Hutson afirmam que "a inteligência artificial e o aprendizado de máquina agora podem prever se você cometerá um crime, se você é homossexual, se será um bom funcionário, se você é um político liberal ou conservador, e se é um psicopata, tudo com base em características externas como seu rosto, corpo, andar e tom de voz".[61] Não apenas fazendo mau uso do aprendizado de máquina, esses trabalhos dão um novo brilho ao antigo racismo científico.

O objetivo não é condenar as ferramentas de data science, mas usá-las de forma mais apropriada e com apreço por seus limites. Quando Mahalanobis melhorou as ferramentas de Pearson ao observar as castas na Índia, ele adotou uma abordagem muito mais crítica para as conclusões que se poderiam chegar. No início dos anos 2010, nós dois tivemos o privilégio de lecionar um curso inaugural de jornalismo de dados na Columbia, onde ensinamos jovens jornalistas surpreendentes de todo o mundo o uso crítico da tecnologia de data science, para verificar governos e corporações, usando uma análise e uma coleta de dados cuidadosas, uma análise algorítmica e visualização; somos otimistas para a forma como essas ferramentas permitem e capacitam o trabalho investigativo crítico. Em seu *Data Feminism*, as estudiosas Catherine D'Ignazio e Lauren Klein ilustram como os pesquisadores podem fazer o uso crítico de ferramentas de data science com um potencial libertador, em vez de reviver velhas pseudociências ruins em novos trajes científicos novamente.[62]

À medida que o escopo do data science se expandiu, também se expandiu a percepção de que os dados podem ser uma força poderosa quando aplicados não apenas a jogos como xadrez e *go*, ou ao distinguir fotografias de cães e gatos, mas quando aplicados a problemas humanos quando danos e justiça estão em risco. Dito o contrário, parte da expansão de "entender o mundo através de dados" sob a bandeira de data science tem sido o crescente reconhecimento dos impactos éticos, políticos e sociais dos dados.

Ética sem Expertise

"Como cientista no campo da mineração de dados", Sergey Brin, então na pós-graduação, mais tarde cofundador do Google, fez uma lista (listserv) em 10 de novembro de 1997, "é importante para nós dar um passo atrás de tempos em tempos na tecnologia e considerar a ética de usá-la". Ele deu alguns exemplos:

> as seguradoras de automóveis analisam os dados de acidentes e definem as taxas de seguro dos indivíduos de acordo com idade, sexo, tipo de veículo, ... Se fosse permitido por lei, elas também usariam raça, religião, deficiência física e quaisquer outros atributos que considerassem relacionados à taxa de acidentes. Os planos de saúde também usam dados semelhantes. ... Tudo isso pode ser visto como resultado da mineração de dados e eles têm um impacto significativo [*sic*] na vida das pessoas.[63]

Ele pediu aos seus colegas: "Por favor, tragam suas opiniões e quaisquer exemplos ou estudos relevantes." A mineração de dados e, posteriormente, o data science eram altamente interdisciplinares; eles tinham limites para a expertise na qual se baseavam. Embora as reuniões de Stanford fossem muitas vezes interdisciplinares, parece que ninguém treinado em ética comparecia, assim como engenheiros de construção ou biólogos participavam das sessões dedicadas a suas disciplinas. Só resta imaginar se a conclusão da discussão era "Não seja mau". A ética, não importa se bem considerada e bem intencionada, tende a não acompanhar bem. As pessoas da cultura da mineração de dados em Stanford sabiam bem como escalar os algoritmos; sabiam como elaborar o setor; sabiam como estimular a pesquisa acadêmica para fins práticos. Quanto a escalar a ética, é certo dizer que foi bem menos coberta.

PARTE III

11.

A Batalha pela Ética dos Dados

> Três princípios básicos, entre os geralmente aceitos em nossa tradição cultural, são bem relevantes para a ética da pesquisa envolvendo seres humanos: os princípios do respeito às pessoas, da beneficência e da justiça.
>
> — *Relatório Belmont, 1978*

> O que sempre vejo na literatura de IA hoje é "ética". Eu quero estrangular a ética.
>
> — *Philip G. Alston, professor de Direito em John Norton Pomeroy, NYU, AI Now 2018 Symposium*[1]

No início de 2020, o Google formou uma equipe de pesquisa de ética em IA, liderada por duas estudiosas de destaque em início de carreira no campo. Com importantes publicações acadêmicas e populares, as Dras. Margaret Mitchell e Timnit Gebru eram conhecidas por ilustrar os danos potenciais e reais da inteligência artificial, e sugerir maneiras construtivas de atenuar esses danos. Entre outros trabalhos inovadores, Gebru havia mostrado anteriormente, junto com a Dra. Joy Buolamwini, que vários "sistemas de classificação de gênero comercial" comuns exibem "disparidades substanciais na precisão da classificação" de diferentes grupos demográficos, em particular do "sexo feminino de pele mais escura... o grupo mais mal classificado".[2] Mitchell era muito conhecida por projetos sobre "remover o viés" do aprendizado de máquina, bem como colaborações com Gebru, incluindo seu trabalho em "Model Cards for Model Reporting... como um passo em direção à democratização responsável do aprendizado de máquina e da inteligência artificial afim".[3] No verão de 2020, a empresa estava pronta para oferecer a abordagem do Google para a ética da IA como um serviço: "O Google se oferece para ajudar os outros com a ética complicada da IA", de acordo com um título da *Wired*, "Depois de aprender suas próprias lições de ética da maneira mais difícil, a gigante da tecnologia oferecerá serviços como detectar preconceitos raciais ou desenvolver diretrizes em torno de projetos de IA."[4]

O Google teve sucesso com muitos problemas de dados antes intransponíveis: pesquisa, visão computacional e até mesmo tradução automática. Poderá em breve fazer progressos neste tópico espinhoso? Quando 2020 chegou ao fim, a visão de uma equipe ética de IA esclarecida, harmoniosamente integrada à estrutura de tomada de decisão da corporação, entrou em colapso. Em novembro daquele ano, Gebru anunciou que havia sido demitida pelo Google; no início de 2021, Mitchell fez um anúncio semelhante. O Google alegou que Gebru havia se demitido por uma disputa sobre a qualidade de uma publicação de pesquisa; ela respondeu que foi demitida por exigir que o Google admitisse os potenciais danos éticos de grandes modelos de linguagem, uma de suas principais tecnologias.[5] Uma enxurrada de pronunciamentos públicos dessas pesquisadoras e seu ex-empregador expôs o grande abismo entre os modos como os pesquisadores de IA, até na mesma empresa, podem esperar que uma empresa integre a ética na pesquisa de IA e as realidades do desenvolvimento de produtos em uma corporação cujo modelo de lucro se baseava precisamente no uso em massa de dados sobre pessoas.

"Evolução do IRB"

Esta não foi a primeira vez que uma empresa de plataforma sofreu uma análise pública sobre descuido ético. Um estudo de caso instrutivo chegou em 2014 com a publicação do artigo de pesquisa "contágio emocional" de pesquisadores do Facebook.[6] A reação negativa na imprensa foi condenatória, com manchetes como "Facebook deliberadamente deixou as pessoas tristes. Isso deveria ser a gota d'água"[7] e "Usuários irritados com o Estudo de Manipulação de Emoções do Facebook".[8] Uma maior preocupação material para a liderança do Facebook foram uma queixa da Federal Trade Commission (FTC) apresentada pelo Centro de Informações de Privacidade Eletrônica e um pedido formal do senador Mark Warner para que a FTC investigasse a pesquisa. De repente, o avanço rápido e a transgressão levaram à possibilidade de regulação da redução do lucro.

O Facebook respondeu com um movimento preventivo e autorregulatório: trazendo explicitamente a ética da pesquisa para o Facebook, "evoluindo" no ambiente corporativo o processo do conselho de revisão institucional (IRB) baseado em princípios acadêmicos. Como muitos pesquisadores de grandes empresas de plataformas de informação vêm da formação acadêmica, a concepção do IRB de ética aplicada, em torno de princípios abrangentes que são interpretados por um órgão jurisdicional, influenciou o pensamento de muitos na comunidade tecnológica. Como Matt Salganik, professor de sociologia e ex-membro do IRB de Princeton, escreve: "a abordagem baseada em princípios é suficientemente geral a ponto de ser útil, não importa onde você trabalha (por exemplo, universidade, governo, ONG ou empresa)."[9]

Em resposta ao debate público sobre o estudo de contágio emocional, Molly Jackman e Lauri Kanerva do Facebook publicaram em 2016 "Evolving the IRB: Building Robust Review for Industry Research" [Evolução do IRB: Criando uma revisão robusta para pesquisa do setor, em tradução livre], documentando uma abordagem que expande a ética aplicada dos conselhos de revisão institucional. Com base nos 10 anos de experiência de Kanerva liderando o IRB fora da área médica em Stanford, o artigo estabelecia um processo de revisão organizacional para o Facebook. Com certeza, criar um IRB não cura todos os males nem impede todos os debates éticos. De fato, no estudo de contágio emocional, um IRB da universidade considerou que a pesquisa não era necessária para a revisão, pois não envolvia "seres humanos", pelo menos nenhum visível na maneira entendida pelos conselhos de revisão de pesquisa acostumados à pesquisa científica médica e social. No entanto, o processo que se seguiu dessa decisão foi tão grande que os editores da *PNAS*, uma das principais revistas científicas do mundo, emitiram uma rara "declaração de preocupação ética" sobre o artigo.[10]

Embora tenha havido muitas tentativas de definir princípios para a ética, nenhum chegou perto do impacto da abordagem de pesquisa em seres humanos, o domínio em que os IRBs foram propostos em primeiro lugar, e se desenvolveu em reação ao escândalo científico. Para entender o contexto computacional que os cientistas sociais usaram para estruturar a ética aplicada e contrastar com o conjunto diverso de princípios, posturas e produtos recentemente oferecidos pelas empresas de tecnologia dominantes, é útil revisitar sua origem nos anos 1970 no *Relatório Belmont*. Esse relatório serve como um documento fundamental para definir a ética aplicada, junto com o processo resultante para a revisão ética, a saber, a criação de conselhos de revisão institucionais (e, portanto, os conselhos de revisão organizacional inspirados no IRB, como o do Facebook). Essa institucionalização da ética tem sido um cenário influente para discussões mais recentes sobre como definir a ética dos algoritmos habilitados por dados.

De Tuskegee a Belmont

O caminho para Belmont foi pavimentado com as aspirações de pesquisa de médicos e cientistas do Serviço de Saúde Pública dos EUA; e terminaria na primeira página do *New York Times*, exposto como um fracasso ético tão racista e cientificamente falho que precisaria de anos de trabalho por uma equipe interdisciplinar para elaborar uma resposta legislativa federal destinada a garantir que o dinheiro dos contribuintes nunca mais financiaria tal catástrofe.[11]

Em 26 de julho de 1973, "U.S. Public Health Service Syphilis Study at Tuskegee" [Estudo da Sífilis no Serviço de Saúde Pública dos EUA em Tuskegee] apareceu na primeira página do *New York Times*, com o título "Syphilis Victims in U.S. Study Went Untreated for 40 Years" [Vítimas de sífilis em estudo nos EUA não foram tratados por 40 anos]. O público norte-americano soube que o financiamento dos contribuintes tinha, durante décadas, apoiado um estudo que sistematicamente negou aos homens afro-americanos em Tuskegee, Alabama, o tratamento para a sífilis. O experimento era cientificamente inútil, bem como profundamente racista. O fim de Tuskegee coincidiu com um momento de profunda desconfiança no governo dos EUA.

A reunião da Associação Médica Americana em maio de 1936 apresentou uma palestra sobre sífilis não tratada em homens negros norte-americanos. Uma população de pessoas não tratadas da área de Tuskegee, nas palavras do diretor médico do Serviço de Saúde Pública dos EUA, "parecia oferecer uma oportunidade incomum para estudar o paciente com sífilis não tratada desde o início da doença até a morte da pessoa infectada".[12] Os resultados eram claros: o tratamento teve efeitos extremamente positivos. Aproveitar essas "oportunidades" experimentais significou décadas de sofrimento. Os homens não tratados foram mantidos assim, recebendo placebo, impedidos de receber tratamento por várias décadas, até tiveram o recrutamento adiado para impedi-los de receber tratamento durante a Segunda Guerra Mundial.[13] No "estudo Tuskegee", à medida que esse esforço ficou conhecido na comunidade médica, uma lógica científica inexorável, priorizando o conhecimento científico em potencial, entrou em conflito com considerações éticas de justiça e respeito pela autonomia informada do indivíduo. As decisões de iniciar e continuar o experimento refletiam também o apoio de longo prazo do racismo estrutural e do pensamento eugênico no século XX. O projeto continuou, publicando seus resultados regularmente até 1972, quando um delator, consciente das experimentações nazista e japonesa dos tempos de guerra, tornou pública a história.

Como resultado de seu reconhecimento explosivo, o Congresso dos EUA criou uma comissão "para identificar os princípios éticos básicos que devem fundamentar a condução da pesquisa biomédica e comportamental envolvendo seres humanos". O grupo diverso de encarregados incluía pesquisadores, advogados, filósofos e um ex-padre católico.[14] Eles foram encarregados de elaborar uma estrutura ética para a pesquisa, bem como elaborar um processo para garantir que essa estrutura orientasse e limitasse o comportamento dos pesquisadores. O relatório resultante estabelecia uma abordagem ética que combinava filosofia acadêmica, normas sociais e as realidades do processo de pesquisa. Embora a motivação da época, como pesquisa sobre crianças, pesquisa fetal e pesquisa sobre encarcerados, possa parecer diferente dos sistemas de decisão algorítmica habilitada por dados, a comissão tinha como objetivo fornecer uma estrutura útil em pesquisas mais gerais. O relatório entrou no *Registro Federal* em 18 de abril de 1979, quase 6 anos após as primeiras denúncias jornalísticas sobre Tuskegee.

O relatório insistia que os estudos de pesquisa envolvendo pessoas não poderiam mais ser simplesmente justificados por seus benefícios de longo prazo para a sociedade como um todo. Os protocolos de pesquisa deveriam pesar com cuidado o impacto do estudo em cada pessoa envolvida: "os riscos e os benefícios que afetam o objeto de pesquisa imediata normalmente terão um peso especial." E a comissão advertiu sobre tirar vantagem de grupos oprimidos e desprovidos de poder:

> Certos grupos, como as minorias raciais, os economicamente desfavorecidos, os muito doentes e os institucionalizados podem ser procurados continuamente como sujeitos de pesquisa, devido à sua disponibilidade em ambientes onde a pesquisa é realizada. Dado o seu status de dependente e sua capacidade muitas vezes comprometida de consentimento livre, eles devem ser protegidos contra o perigo de se envolver na investigação apenas por conveniência administrativa ou porque são fáceis de manipular como resultado de sua doença ou condição socioeconômica.[15]

O relatório levou a limites na pesquisa sobre seres humanos e fez com que muitas instituições os implementassem, embora não de forma ideal. Colocar a ética em vigor significava que o governo primeiro tinha que sancionar alguma consideração à ética, em seguida, elaborar um processo, imposto por lei e burocracias robustas, que guiaria e limitaria a pesquisa ética, e sancionaria o uso indevido e o abuso.

A estruturação resultante da experimentação ética foi descrita no *Relatório Belmont*.[16] A ética, tal como definida pelos encarregados, previa a tensão entre os meios contra os fins (ou como estruturas filosóficas, a *deontologia* contra o *consequencialismo*) e insistia na justiça, incluindo a alocação justa de benefícios e danos nas comunidades. Em vez de estabelecer um conjunto específico de regras ou uma única máxima, o *Relatório Belmont* define a ética como uma solução negociada dessas tensões, com três *princípios* como barreira epistêmica compartilhada, ou seja, o consenso com o qual todas as partes podem concordar, mesmo quando discordam sobre aplicações específicas:

1. *Respeito à pessoa:* a ideia de que a autonomia dos indivíduos deve ser respeitada;
2. *Beneficência:* minimizar o risco de danos ao indivíduo, maximizar o benefício público;
3. *Justiça:* distribuição justa de riscos e benefícios.

Na cultura popular, a ética é muitas vezes concebida como um argumento filosófico, uma pequena checklist de itens ou talvez até mesmo uma única máxima. No entanto, a abordagem do grupo Belmont era de um "principialismo". A ideia do principialismo é definir um pequeno conjunto de princípios com generalidade suficiente para que eles sejam aplicáveis não apenas às questões atuais, mas provavelmente às futuras. No próprio *Relatório Belmon*t, os autores afirmam explicitamente que seus princípios são "abrangentes", o que significa que eles antecipam sua utilidade em todos os futuros problemas de ética aplicados na pesquisa de seres humanos. Mas cada caso é um caso. Como um conjunto de princípios pode ser aplicado?

Tal como acontece com um documento do governo, como a Constituição dos Estados Unidos, o valor do conjunto de princípios documentado está na comunidade que deve se esforçar para interpretar esses princípios como padrões mais específicos do contexto e, como consequência, criar regras inequívocas e específicas para os casos individuais. Como a Constituição, o próprio *Relatório Belmon*t funciona como um guia tão geral que todos em uma organização ou uma comunidade podem concordar com sua legitimidade. Mas o poder e a utilidade do documento são limitados pela existência de uma comunidade que faz o trabalho duro de refinar esses princípios em padrões, regras e, portanto, na prática.

O principialismo não se destina a ser um algoritmo ou uma checklist, produzindo uma decisão clara ou passível de automação. Pelo contrário, os princípios *devem* estar em tensão, uma tensão produtiva que fornece vocabulário e critério comuns para julgar as decisões difíceis. Essa linguagem e conjunto de valores comuns têm uma poderosa função social: garantir que os membros de uma comunidade, assim como os funcionários de uma empresa ou os usuários de um produto, sintam que a decisão foi tomada de forma legítima e com um processo saudável, mesmo que o resultado não seja aquele com o qual todos concordarão.

Princípios Maiores em Belmont

Embora os princípios identificados pela comissão de Belmont tenham se baseado em séculos de filosofia ética, os encarregados colocaram os princípios, com todas as suas tensões, nas normas sociais existentes. Na opinião deles, "a comissão nacional quase certamente acreditava que esses princípios já estão incorporados na moralidade pública preexistente".[17]

Uma preocupação fundamental dos encarregados de Belmont era como equilibrar o bem coletivo que poderia vir de um experimento científico e o impacto em cada um dos objetos de pesquisa individuais. O relatório da comissão foi elaborado para capturar as tensões entre fins e meios legítimos, previstos nos dois primeiros princípios de "respeito à pessoa" e "beneficência".

O respeito às pessoas exige respeito à autonomia e à dignidade dos indivíduos participantes como objetos de pesquisa. Muitas vezes instrumentalizado como "consentimento informado", o princípio deriva da tradição deontológica dentro da ética filosófica, muito associada a Immanuel Kant. No contexto da pesquisa em seres humanos, isso exige garantir o consentimento informado daqueles com menor autonomia, como crianças ou encarcerados.

A beneficência inclui ponderar benefícios e danos potenciais de um projeto de pesquisa. Muitas vezes, isso se resume a "Não fazer o mal", contudo, de forma mais geral, se refere a maximizar o benefício e minimizar os danos não apenas nos sujeitos de pesquisa, mas na sociedade. Mais recentemente, esse princípio se estendeu a danos além da sociedade humana, por exemplo, a outros seres vivos ou ao meio ambiente. Esse princípio em si vem da tradição filosófica consequencialista ou utilitarista, associada a John Stuart Mill, Jeremy Bentham e outros.

Esse princípio é particularmente desafiado pela ética algorítmica, em que algoritmos complexos dificultam especular os possíveis efeitos não intencionais e potenciais danos. Por outro lado, produtos e serviços algorítmicos, como mecanismos de recomendação, também possibilitam o monitoramento e a diminuição de tais danos à medida que são revelados. Diferente de um produto defeituoso que precisa ser devolvido e reparado, um algoritmo pode ser ajustado e reimplantado digitalmente.

O terceiro princípio de Belmont é a justiça, focada não na tensão entre fins e meios, mas nas normas da equidade. Particularmente no contexto da pesquisa sobre encarcerados, os responsáveis estavam preocupados não apenas com a igualdade de tratamento, mas com a opressão e a má distribuição. Refletindo sobre seu papel na comissão alguns anos depois, em 2004, a professora Karen Lebacqz ressaltou o compromisso da comissão com a justiça. Ela explicou que esse compromisso poderia agora ser lançado em uma linguagem mais forte. "Falamos sobre justiça e falamos sobre isso principalmente na linguagem da igualdade de tratamento e da proteção dos vulneráveis. Uma linguagem que não usávamos naquela época, mas que se tornou muito conhecida desde então e muito importante para mim, é a linguagem da opressão." Ela ressaltou que essa maneira de falar deixaria mais claro o que implicaria um compromisso com a justiça na pesquisa. "Acho que há uma diferença entre populações que são simplesmente vulneráveis e populações que são oprimidas. E a justiça requer a retificação da opressão, e isso pode definir algumas estruturas de maneira diferente do que fizemos anos atrás."[18]

Os três princípios gerais implicam normas éticas complementares. A privacidade, por exemplo, pode ser vista como um exemplo de consentimento informado, em que a privacidade é entendida como circunstância em torno da divulgação de um fato, não do fato em si. Por exemplo, podemos consentir em compartilhar um fato com um médico que não compartilharíamos com nossos professores ou alunos. Da mesma forma, a "equidade" é vista como um aspecto fundamental da justiça. A equidade visa evitar, por exemplo, experimentos médicos com os pobres e marginalizados, que sofrem os riscos desses experimentos, ao passo que os benefícios vão para os empoderados que podem pagar pelos medicamentos ou tratamentos médicos resultantes.

Esses três princípios foram elaborados para serem "abrangentes", cobrindo problemas éticos aplicados à pesquisa de seres humanos, mas aplicar a ética significa uma mudança no poder de impor. Junto com seu trabalho filosófico, os encarregados propuseram uma codificação do processo do Conselho de Revisão Institucional na lei — uma forte institucionalização da ética dentro das organizações.

Institucionalizando o Principialismo do IRB ao Vale do Silício

Junto com os princípios fundamentais, a comissão publicou — separadamente — uma proposta com 132 páginas para a elaboração do processo para operacionalizá-los.[19] Essas diretrizes moldaram a criação dos conselhos de revisão institucional que regeriam a pesquisa de seres humanos em todas as universidades dos EUA como uma condição do financiamento federal. Os fundos federais poderiam ser direcionados para um projeto somente após serem aprovados por tal conselho, cujas deliberações são orientadas por esses princípios compartilhados. O controle dos financiamentos dá poder aos IRBs, um poder que meros regulamentos podem não ter nunca. Por mais imperfeitos que sejam, e não há dúvidas de que a história dos IRBs está repleta de imperfeições, esses conselhos são elaborados para garantir que os pesquisadores ajam de acordo com os princípios. Nos anos seguintes, os IRBs tiveram que aplicar esses princípios a novos assuntos técnicos, incluindo engenharia genética e, mais recentemente, pesquisa em ciências sociais computacionais.

O modelo IRB continua sendo importante para institucionalizar a ética. Embora possamos discordar da estrutura ética, das regras ou da institucionalização do sistema do IRB contemporâneo, o principal é que o sistema reúne um bom relato filosófico da ética, um meio de colocar essa reflexão filosófica em prática em casos sutis e meios institucionais para fazer cumprir a estrutura. A ética por si só é impotente; regulações sem ética são mera burocracia.

Elaborar é “a solução intencional para um problema dentro de um conjunto de restrições”.[20] O IRB é um exemplo de elaboração de processo. Claro, todos os exemplos também são declarações de poder: quem tem a intenção respeitada, quem resolve o problema e quem define as restrições. A elaboração resultante, sendo um produto ou um processo, também afeta o poder, reorganizando quem pode fazer o quê e para quem.

Conforme cientistas sociais, ativistas, cientistas da computação e jornalistas começaram a sinalizar cada vez mais o potencial e os perigos percebidos dos sistemas de decisão automatizados em larga escala — o aprendizado de máquina na prática — para as comunidades e a democracia, os princípios de Belmont e a estrutura do IRB ofereceram um poderoso sistema existente para qualquer um que quisesse medir o impacto das tecnologias e organizá-las para outros fins que não, digamos, o lucro. Para empresas como o Facebook, eles ofereciam uma estrutura para a autorregulação, em vez da regulação do governo. Como sugere o caso da "evolução do IRB" do Facebook, o primeiro desafio para as empresas que pretendem adotar esses princípios é o de recontextualizar: Como esses princípios, desenvolvidos no caso da pesquisa de seres humanos, se aplicam às empresas de plataforma da informação? O segundo desafio para as empresas que pretendem adotar esses princípios é o da elaboração e da distribuição de poder na tomada de decisão: Como as empresas institucionalizam os designs organizacional e de processo de forma que esses princípios restrinjam e orientem significativamente as decisões?

A evolução do IRB provou não ser direta nem eficaz. Em particular, a centralização das questões éticas em um grupo que "possui" a ética no Facebook não impediu o coro crescente por anos, desde o pedido de uma ética de dados que rege tais empresas, onde os algoritmos habilitados por dados têm o maior impacto. A estruturação da ética na última década em termos de "princípios" não significou que as empresas de plataforma habilitada por dados se articularam, organizando seus negócios com a contratação de filósofos. Nem está claro se isso teria algum efeito prático. O principialismo pressupõe que os princípios podem estar em tensão, exigindo um julgamento de boa-fé por indivíduos que compartilham os princípios como seu vocabulário e valores comuns. Embora os princípios éticos comuns sejam fundamentados em uma tradição filosófica, Jacob Metcalf, Emanuel Moss e danah boyd concluem, a partir de um estudo etnográfico de funcionários em empresas de plataforma, que a ética deve ser mais bem compreendida "como um fenômeno social, não como abstrações principalmente filosóficas".[21] A realização do processo ético requer ampla adesão dos membros da organização e capacitação para fazer com que as organizações se comportem com os princípios aplicados às suas práticas comerciais. Sem ligação com a estrutura do IRB e seu papel central como uma "pausa" no controle do financiamento da pesquisa, não está claro como convencer os colegas a valorizar os princípios éticos e elaborar organizações e processos dentro dos quais os princípios possam servir como alguma restrição, sobretudo se essas restrições reduzirem o lucro.

Em pelo menos um aspecto a abordagem do Facebook acabou sendo um grande sucesso. Examinando o estado da ética da IA em 2019, o pesquisador de Oxford, Brent Mittelstadt, descobriu uma "convergência da ética da IA em torno dos princípios da ética médica... historicamente a abordagem mais conhecida e bem estudada da ética aplicada". Também foi uma abordagem bem-sucedida para o Facebook, na medida em que "fornece[u] aos legisladores um motivo para não buscar uma nova regulamentação".[22]

Quando os desafios do comportamento "antiético" chamaram a atenção dos cientistas sociais e cada vez mais da imprensa, os estudiosos questionaram se a ética, muitas vezes na base estabelecida pelos princípios de Belmont, e sua elaboração institucional subsequente para orientar a pesquisa de seres humanos, poderia fornecer alguma proteção contra os crescentes danos e injustiças dos usos corporativos dos dados pessoais.

Ter Ética: Processo, Organização e Poder

Indo além dos apelos por princípios éticos, os últimos anos têm visto um apelo crescente para explicar o que um *processo* ético significativo dentro de uma corporação pode implicar. Como exemplo, Inioluwa Deborah Raji e coautores, incluindo Margaret Mitchell e Timnit Gebru, com quem começamos este capítulo, defendem um processo de auditoria algorítmica.[23] Antes, o filósofo Shannon Vallor, então do Centro de Ética Aplicada Markkula, com base na literatura da ética em negócios, desenvolvera um conjunto de pontos de verificação no desenvolvimento de um produto digital, em que diferentes perguntas são feitas em diferentes pontos do desenvolvimento do produto.[24] Esses processos (auditorias e pontos de verificação) unem o interrogatório ético e os momentos de decisão, quando a escala de impacto (incluindo os danos) aumenta e vai além. Esses momentos de decisão também podem ser estruturados como momentos onde o poder é exercido, onde a ética fica "mais eficiente". E vão além de considerar a empresa como um todo uniforme. Sem uma forte união entre tomada de decisão ética e os objetivos dos indivíduos nas corporações, como promoções ou lançamentos de produtos bem-sucedidos, não está claro como a ética se torna parte integrante da comunidade.

Empresas complexas incluem necessariamente equipes separadas com interesses diversos. Esses interesses podem incluir "propriedade", ou seja, responsabilidade por determinado fluxo de receita ou comportamento do usuário. Muitas vezes não está claro onde localizar em uma organização uma equipe responsável por, em linguagem corporativa, "ter" ética.[25] Garantir que os indivíduos integrarão auditorias, pausas ou outras verificações éticas na prática requer alinhamento entre os princípios compartilhados e os incentivos dos diversos atores na empresa. Para citar um técnico anônimo, "o sistema que você cria tem que ser algo que as pessoas sentem que agrega valor e não é um grande obstáculo que não agrega nada, porque se é um obstáculo sem valor, as pessoas literalmente não o farão, porque não precisam".[26] Esse alinhamento bem-sucedido é o que os estudiosos de ética nos negócios Theodore Purcell e James Weber descreveram em 1979 como "[a] institucionalização da ética... colocando uma ética formal e explícita na vida corporativa diária... na formação da política da empresa... em todas as decisões diárias e práticas de trabalho na linha de produção, em todos os níveis".[27]

O caso do Google ressalta a lacuna entre aspiração e implementação. Mesmo antes da reorganização de alta visibilidade na equipe de IA Ética do Google, a empresa já havia hesitado ao se posicionar como uma empresa ética. Por exemplo, em março de 2019 ela criou um conselho externo para falar sobre as implicações éticas da IA, em seguida, o dissolveu no mês seguinte, após críticas internas e públicas sobre sua composição, bem como sua integração nos processos de tomada de decisão da empresa. Em 2018, a ex-funcionária do Google, Meredith Whittaker, repudiou esses movimentos como sendo um "teatro de ética", perguntando: "Eles podem cancelar uma decisão de produto? Eles têm poder de veto?"[28]

O Google não está sozinho. O advogado Ben Wagner acusou as empresas de tecnologia de "lavagem ética", trabalhando para evitar a regulamentação sem definir significativamente a ética e elaborar processos para orientar as decisões usando a ética. Em "Ethics as an Escape from Regulation: From Ethics-Washing to Ethics-Shopping?" [A ética como fuga da regulação: da lavagem ética à compra ética?, em tradução livre]", Wagner propõe seis critérios para os processos éticos nas empresas:

1. Participação externa dos interessados relevantes.
2. Supervisão externa e independente.
3. Processo decisório transparente.
4. Uma lista fixa de padrões, valores e direitos.
5. Garantir que a ética não substitua os direitos fundamentais ou os direitos humanos.
6. "Uma declaração clara sobre a relação entre os compromissos assumidos e as estruturas legais ou regulatórias existentes, em particular sobre o que acontece quando os dois estão em conflito."[29]

O critério final compara ética e lei: enquanto a tradição jurídica se estende por milhares de anos e molda o processo e a legitimidade do governo, a ética aplicada visa ter consenso entre as partes interessadas quanto à legitimidade das decisões, em particular as tomadas por aqueles no poder. Cada vez mais, o poder está nas mãos de empresas de tecnologia internacionalmente ativas e capacitadas por dados; as partes interessadas incluem cidadãos em todo o mundo, bem como líderes de Estado que buscam criar regulamentação para responder a essa mudança de poder.

Como veremos em nosso capítulo final, os funcionários individuais que defendem a ética têm muitas ferramentas de "poder das pessoas" à sua disposição. Muitas vezes, eles acham que as práticas éticas entram em conflito com os objetivos financeiros de seus empregadores. No entanto, as corporações estão cada vez mais interessadas na aparência da ética. Como Metcalf e colegas escrevem, "A ética é, sem dúvidas, o produto mais popular no modismo do Vale do Silício hoje".[30] Muito disso é uma reação às ameaças de aumento da regulação e do "poder do Estado", bem como ao "poder das pessoas", como as críticas internas de seus funcionários.

Os Limites das "Correções Tecnológicas"

E se as questões éticas pudessem ser abordadas por correções tecnológicas, em vez de ações deliberativas sociais e complexas? Muitos na comunidade técnica têm buscado exatamente essas soluções. Na comunidade de tecnólogos que esperam avançar a ética algorítmica, duas facetas particulares, justiça e privacidade, evoluíram nas áreas da pesquisa técnica nas últimas décadas.

A maioria dos estudantes de pós-graduação do MIT em ciência da computação não publica no *Journal of Law, Medicine & Ethics*. Latanya Sweeney claramente não era limitada por convenções. Preocupada com a ilusão do anonimato proporcionada pela simples remoção do campo "nome" de bancos de dados divulgados publicamente, ela mostrou de forma convincente em uma série de artigos como um banco de dados considerado "anônimo", graças aos nomes editados, pode ser combinado com um segundo banco de dados e outros identificadores exclusivos para identificar de novo os indivíduos e, assim, expor informações confidenciais. Documentos revisados por pares podem ter valor no ambiente acadêmico, mas nem de perto têm o impacto de um experimento no mundo real: para isso, Sweeney ilustrou identificando de novo o governador de seu Estado usando o prontuário "anônimo" dele, revelado combinando com registros públicos de votação.[31] Os identificadores comuns a ambos (data de nascimento, sexo e CEP) juntos formavam a chave dessa fechadura. Alguns anos depois, Arvind Narayanan e Vitaly Shmatikov mostraram igualmente como tirar do anonimato pelo menos alguns revisores no conjunto de dados do Prêmio Netflix usando dados de outro banco de dados, fazendo com que a Netflix extraísse o conjunto de dados.[32] Tal falta de anonimato ameaçava revelar preferências altamente pessoais que poderiam envergonhar, e até mesmo colocar em perigo, os usuários.

Sweeney propôs uma defesa técnica contra tal ataque: *k*-anonimato, um atributo do banco de dados no qual nenhum registro é único, mas é idêntico a pelo menos *k*-1 outros registros.[33] Por exemplo, no registro de votação poderíamos divulgar apenas o mês de nascimento (não a data) ou apenas os primeiros três ou quatro dígitos do CEP (não todos), até garantir que um registro não possa ser identificado exclusivamente. Por intuição, esse processo fornece um nível de negação aceitável: "Não era eu; era um dos registros *k*-1 idênticos no banco de dados!"

Uma forma de negação tecnicamente aceitável e semelhante é a da *privacidade diferencial*, uma abordagem aleatória para fornecer privacidade. Motivada em parte pelos "espetaculares compromissos de privacidade alcançados por Sweeney", Cynthia Dwork propôs a privacidade diferencial em 2006 como uma técnica geradora de ruído, de modo que o banco de dados original nunca seja revelado.[34] Como acontece com *k*-anonimato, no qual devemos escolher a granularidade *k* desejada, a privacidade diferencial tem opções de design subjetivas imediatas quanto à intensidade do ruído a ser injetado, bem como o próprio modelo de ruído (por exemplo, se quiséssemos consultar um banco de dados para obter as palavras contidas em um documento, em vez das alturas dos pacientes, escolheríamos um modelo matemático de injeção de ruído diferente). A escolha da granularidade ilustra a tensão entre privacidade e utilidade. Como Dwork escreveu no trabalho original propondo a técnica, a privacidade "requer alguma noção de utilidade, afinal, um mecanismo que sempre gera uma string vazia, ou uma string puramente aleatória, preserva claramente a privacidade".[35] A privacidade diferencial continuou a ser refinada, desenvolvida e estendida, com muita atenção nos últimos anos graças à decisão do Departamento de Censo dos EUA de usá-la ao divulgar os registros do censo de 2020.

Em nosso primeiro capítulo, conhecemos a pesquisadora de ciência da computação Hanna Wallach com sua palestra de 2014 no workshop chamado "Justiça, Responsabilidade e Transparência no Aprendizado de Máquina" (originalmente FAT-ML, agora FAccT). Nos anos seguintes, à medida que essa comunidade crescia, os profissionais mais técnicos da ciência da computação se concentraram no desenvolvimento de abordagens altamente matemáticas e técnicas para definir e quantificar a *equidade*: mais código, menos filosofia e lei. Paralelamente ao desenvolvimento dessa literatura técnica, uma literatura sobre os perigos dos algoritmos cresceu, incluindo as obras iniciais de Cathy O'Neil, Virginia Eubanks e Ruha Benjamin, entre outros.[36] Embora as noções de equidade façam parte da lei dos EUA há décadas (sobretudo após a Lei dos Direitos Civis de 1964), a equidade aparecia apenas de leve na literatura técnica até recentemente. À medida que essa literatura se expandiu rapidamente, algumas surpresas particulares moldaram o objetivo de aplicar a mentalidade de engenharia nos problemas da equidade. A primeira foi que existem muitas definições quantitativas aceitáveis de equidade; a segunda foi que algumas dessas definições são mutuamente incompatíveis, formalmente e na prática.

Para ilustrar o desafio de quantificar a equidade, considere o caso "Machine Bias" de maio de 2016.[37] A reportagem da ONG ProPublica investigava o COMPAS, um algoritmo patenteado desenvolvido pela empresa Northpointe para prever a reincidência criminal no condado de Broward, Flórida. Um trabalho cuidadoso mostrou que o algoritmo era injusto no sentido de que o grupo de réus brancos classificados algoritmicamente como de "alta criminalidade" eram, de fato, mais propensos a cometer crimes do que os réus negros com pontuação semelhante. No entanto, três pesquisadores em Northpointe publicaram sua própria análise apenas dois meses depois, mostrando que seus métodos eram justos no sentido de que o algoritmo é "igualmente preciso para negros e brancos". O cientista da computação de Princeton, Arvind Narayanan, mostrou como diferentes definições técnicas têm políticas radicalmente diferentes, usando 21 relatos alternativos de equidade.[38] Junto com Narayanan, Solon Barocas e Moritz Hardt, dois dos co-organizadores do workshop original FATML, resumem três medidas essenciais de equidade, que podem ser aplicadas a questões de discriminação racial:

> Independência: o resultado do modelo é independente da (na linguagem do século XIX de Galton, "não correlacionado") raça
>
> Separação: dado o verdadeiro resultado (por exemplo, quando os réus que, de fato, cometeram ou não crimes posteriores são considerados como grupos separados), a pontuação do algoritmo é independente de sua raça
>
> Suficiência: dada a pontuação do algoritmo (por exemplo, quando os réus que foram previstos como cometendo ou não crimes posteriores são considerados como grupos separados), o verdadeiro resultado é independente da raça.

Essas condições podem ser declaradas mais matematicamente e para os casos gerais de atributos protegidos (isto é, não necessariamente a raça) e resultados gerais.*

A ambiguidade sobre *qual* definição de equidade usar complica o que seria um caminho claro para o aprendizado de máquina: a otimização estatística. Como vimos em nosso capítulo sobre aprendizado de máquina, os métodos computacionais em aprendizado de máquina já estão bem comprovados ao aprender quais políticas podem otimizar um objetivo desejado, mesmo em ambientes complexos combinando algoritmos, produtos digitais e sociedade. Esses métodos podem funcionar mesmo quando o objetivo inclui uma competição, por exemplo, entre uma "métrica" (como a precisão estatística) e uma "métrica contrária" (por exemplo, a complexidade do modelo).[39] Os pesquisadores de ciência da computação Michael Kearns e Aaron Roth defendem essa abordagem em seu recente livro *The Ethical Algorithm* [sem publicação no Brasil]. "A única resposta sensata a esse fato, de uma perspectiva científica, regulatória, legal ou moral, é reconhecê-lo e tentar medir e gerenciar diretamente as concessões entre precisão e justiça."[40] No entanto, as correções técnicas só vão até certo ponto. Por exemplo, mesmo um algoritmo ideal, otimizado para ter equidade e precisão, não corrigirá problemas como o autorreforço estatístico do policiamento em excesso, no qual a previsão de "crime" e "prisões" é confundida, enviando mais policiais para uma área onde mais prisões foram observadas anteriormente.[41] Como Kearns e Roth observam, o algoritmo é apenas uma parte do sistema sócio-técnico: "Um bom design de algoritmo pode especificar muitas soluções, mas as pessoas ainda têm que escolher uma delas."[42]

E mesmo quando essas abordagens técnicas funcionam, e muitas vezes funcionam, elas necessariamente exigem poder na (ou sobre) organização, com autoridade para impor e dirigir, não apenas criticar. Como ilustra o colapso da equipe de IA ética no Google, não está claro onde, dentro do organograma, alguém poderia ter uma ação para tomar tais decisões.

---

* Para as definições em termos mais matemáticos, veja Solon Barocas, Arvind Narayanan e Moritz Hardt, "Fairness and Machine Learning", 2019, https://fairmlbook.org/ [conteúdo em inglês].

Apesar de sua importância, tais soluções técnicas se concentram em reformular as facetas dos sistemas algorítmicos e a coleta de dados para minimizar a parcialidade e os efeitos da desigualdade estrutural, mas não funcionam para alterar as estruturas sociais que direcionam e mantêm a desigualdade. Elas lutam por equidade, em vez de buscar uma justiça mais robusta. "Um foco mais amplo na *justiça de dados*", escrevem Catherine D'Ignazio e Lauren Klein, "em vez de apenas na *ética dos dados*, pode ajudar a garantir que as desigualdades do passado não sejam refinadas em algoritmos obscuros."[43]

E dada a crescente centralidade dos sistemas automatizados de algoritmos, a justiça em nossas próprias sociedades depende cada vez mais da justiça dos dados. Em sua crítica das abordagens técnicas para a ética, Safiya Noble e Matthew Le Bui também afirmam: "Simplesmente lutar por equidade diante desses sistemas de poder é pouco para abordar as maneiras como as tecnologias digitais são cada vez mais centrais para outras formas de poder estrutural."[44] Na elaboração da ética da IA, muitos pesquisadores se voltaram para o lado mais processual do relatório de Belmont, não se preocupando com a justiça real diante das disparidades socioeconômicas, sexuais e raciais.

> No final é sempre "corrigir" os sistemas IA e nunca usar um sistema diferente ou nenhum sistema.
>
> — *Julia Powles e Helen Nissenbaum*[45]

A aspiração de aplicar uma correção técnica aos problemas na IA pressupõe que o uso da IA deve ser melhorado, não rechaçado ou mesmo resistido por completo. O advogado e estudioso de tecnologia Frank Pasquale identifica o movimento para questionar até mesmo a criação de sistemas como uma "segunda onda" da responsabilidade algorítmica: "Enquanto a primeira onda de responsabilidade algorítmica se concentra na melhoria dos sistemas existentes, uma segunda onda de pesquisas perguntou se eles devem ser usados e, em caso afirmativo, quem os governa."[46] Um número crescente de tecnólogos está se juntando a advogados, sociólogos e ativistas ao colocar essas questões mais estruturais e tomar medidas para promulgar uma reordenação do poder como pessoas físicas, muitas vezes trabalhando juntas para pressionar corporações e governos para ter maior equidade e justiça.

Captura (Auto)Regulatória

O ordenamento privado de indivíduos é cada vez mais ressonante com um número crescente de instituições que buscam abordar as questões éticas nos algoritmos, por meio de correções ou desafiando o uso da IA. No entanto, muitas dessas organizações "autorregulatórias" são financiadas pelas empresas que procuram criticar, levando a um conflito que pode retardar, sufocar e sutilmente direcionar tal crítica. Em "The Invention of 'Ethical AI': How Big Tech Manipulates Academia to Avoid Regulation" [A invenção da 'IA Ética': Como a big tech manipula a academia para evitar a Regulamentação, em tradução livre], Rodrigo Ochigame, agora professor da Universidade de Leiden, mas candidato a doutorado no Instituto de Tecnologia de Massachusetts, traçou o fluxo de financiamento das empresas de tecnologia para as instituições de pesquisa com o objetivo de criar um campo de "IA Ética" que criticaria e limitaria os produtos e serviços das empresas que dão lucro.[47] Pesquisadores de IA e muitos (talvez a maioria) pesquisadores da IA ética se viram profundamente dependentes de uma pequena variedade de corporações. "Seduzir pesquisadores", afirmaram recentemente vários estudiosos australianos, "para que se tornem exemplos de virtude e possam ser facilmente demitidos ou incorporados... oferece pouca resistência às formas existentes de organização corporativa ou modelos de negócios."[48] E como já sugerimos antes, a ética sem poder pode ser inerte, e o poder sem ética carece de qualquer direção social e política positiva.

A falta de transparência dos produtos algorítmicos e seus danos e impactos, bem como as complexidades organizacionais de longa data nas empresas, dificultam "fazer a ética". Os desafios só aumentam com a tensão entre as questões éticas de longo prazo difíceis de quantificar e as questões quantitativas de curto prazo, em geral expressas como um princípio organizador em torno da otimização das chamadas "métricas". Por exemplo, os compromissos com a privacidade podem ser desafiados pela rentabilidade do "capitalismo de vigilância", para usar uma frase defendida por

Shoshana Zuboff: o rastreamento aprimorado de indivíduos e a demanda econômica desses dados granulares para uso em marketing e outros.[49] Como tecnologia, os algoritmos orientados por tais dados constituem o que Zeynep Tufekci denomina "arquiteturas de persuasão", usadas de forma igualmente eficaz, sendo a persuasão em apoio a um produto ou a um candidato político. Para entender o poder e a rentabilidade dessas arquiteturas, devemos abandonar a visão do homem como decisor ético e vê-lo como fonte valiosa de atenção. Nessa área, como os artistas Carlota Fay Schoolman e Richard Serra escreveram em 1973, "você é o produto".

12. Persuasão, Publicidade e Capital de Risco

> Em um mundo cheio de informação, essa abundância significa... escassez do que quer que seja que a informação consome. O que a informação consome é bastante óbvio: consome a atenção de seus destinatários.
>
> — *Herbert Simon, 1971*[1]

> O tempo de observação era a prioridade... Tudo mais era considerado distração.
>
> — *Guillaume Chaslot, (ex)-engenheiro do Google, descrevendo, em 2018, o único KPI do mecanismo de recomendação do YouTube*[2]

"As calçadas eram uma mistura brilhante de cores" na Quinta Avenida no Desfile de Páscoa de domingo, 31 de março de 1929, com a "moderna e próspera Nova York comemorando". De acordo com a primeira página do *New York Times*, "Cerca de uma dúzia de mulheres jovens passeava entre St. Thomas e St. Patrick enquanto o desfile estava no auge, fumando cigarros ostensivamente. Uma no grupo explicou que os cigarros eram 'tochas da liberdade', iluminando o caminho para o dia em que as mulheres fumariam na rua tão casualmente quanto os homens."[3] O que o jornal relatou, de forma crédula, não era de fato uma revolta espontânea de mulheres fumantes promovendo a igualdade de gênero através dos produtos de tabaco. A performance fora elaborada por Edward Bernays, "o pai das relações públicas", com financiamento da American Tobacco Company. Bernays passou a criar o campo das relações públicas e defender o livro *Propaganda* (como ele o intitulou sobre o assunto em 1926, ainda não era um termo exclusivo de escárnio) para garantir o funcionamento da democracia.[4] Circulando perfeitamente entre os mundos da política e do marketing, e astutamente consciente da dinâmica aberta e encoberta de "A Engenharia do Consentimento", sua visão estava um século à frente de seu tempo. Neste capítulo, traçaremos o aumento dos esforços ao longo do século passado para monetizar a atenção, incluindo as forças corporativas que foram recentemente exercidas nesse movimento. Tal como o fertilizante e a gasolina, o investimento em publicidade e o capital de risco (VC) podem parecer muito banais separados; no entanto, como veremos, eles dão origem a uma combinação explosiva quando misturados.

Monetizando a Atenção

Como a epígrafe sugere, o economista e pioneiro da IA Herbert Simon logo percebeu o que a ascensão dos computadores e do processamento de informações traria: uma economia de atenção. Simon afirmou que, à medida que os computadores tornavam o armazenamento e a transmissão de informações quase livres, uma maior escassez de atenção acumularia mais valor e, assim, surgiria uma economia para a atenção das pessoas. "Não basta saber quanto custa produzir e transmitir informação; é preciso também saber quanto custa, em termos de atenção escassa, recebê-la."[5] Esse primeiro dilúvio digital bateu de frente com a indústria existente: o negócio da publicidade. Pouco tempo depois da profecia de Simon, os artistas Richard Serra e Carlota Fay Schoolman criticaram a visão de mundo envolvente, patrocinada por empresas, montada, vendida e imposta às pessoas pelo mecanismo dominante de transmissão de informações da época: a televisão. Serra explicou que eles se esforçaram "para tornar explícito" o "*status quo* capitalista" da transmissão televisiva e seu modelo de negócio: um serviço gratuito é fornecido às pessoas em troca de interrupções ocasionais financiadas por aqueles que desejam persuadir. Em seu vídeo "Television Delivers People" [A televisão apresenta as pessoas, em tradução livre], eles afirmavam

> Televisão comercial chega a 20 milhões de pessoas por minuto.
>
> Na transmissão comercial, o espectador paga pelo privilégio de se vender.
>
> O consumidor que é consumido.
>
> Você é o produto da TV.
>
> Você é apresentado ao anunciante que é o cliente.
>
> Ele consome você.
>
> O espectador não é responsável pela programação...
>
> Você é o produto final.[6]

Nos anos 1980, Neil Postman, mais tarde presidente do Departamento de Cultura e Comunicação da NYU, fez um aviso sobre como esse modelo poderia dar errado.[7] Ou seja, mostrou como esse modelo de publicidade perverte a relação entre patrocinador e produtor de conteúdo, e especificamente no caso da transmissão televisiva dos anos 1980, a relação entre anunciantes e mídia. Postman afirmava que a mídia cria um conteúdo que é mais atraente do que factual, já que o número real de espectadores capturados gera mais dinheiro para a emissora. Na verdade, isso traz um perigo: os criadores de conteúdo em geral são incentivados a criar o conteúdo mais divertido possível; ele intitulou seu livro sobre o assunto de *Divertindo-nos Até A Morte* (1985).[8] Um limite para o impacto negativo de tal perversão era a influência finita (embora grande) que a televisão aberta tinha como principal fonte confiável na definição da visão de mundo do público.

Dito de outro modo: o tamanho dos danos era limitado pela dimensão da visualização do público.

A Rede

> O projeto WorldWideWeb (WWW) visa permitir que sejam feitos links para qualquer informação em qualquer lugar... Se você estiver interessado em usar o código, envie um e-mail. Ainda é um protótipo [*sic*]...
>
> — *Sir Tim Berners-Lee, 06/08/1991 14:56:20 GMT, anunciando a WWW no alt.hypertext*[9]

Como essa dinâmica — a nascente "economia da atenção", na qual "você é o produto" — mudou conforme nossa dieta de informação (e a economia da publicidade junto com ela) foi para a World Wide Web? O nascimento da "Web" muitas vezes é atribuído ao dia 6 de agosto de 1991, quando Tim Berners-Lee postou em um grupo Usenet sobre o "projeto WorldWideWeb". Em 1994, várias empresas se formaram simplesmente para tentar organizar a complexidade crescente da web, à medida que crescia rápido sem qualquer controle centralizado, dificultando a navegação pelos usuários. A publicidade online data da época do e-mail (anos 1970) e dos grupos de discussão Usenet, mesmo antes da web. Em 1996, várias empresas vendiam online "anúncios em banner" e "pop-ups" intrusivos.[10] Em meados de 1990, a publicidade abundante floresceu junto com as empresas de "e-commerce" (agora simplesmente chamadas de "commerce"), incluindo os sites eBay e Amazon, ambos fundados em 1995, bem como inúmeras empresas que faliram na primeira crise das "pontocom".

Nesse cenário, o ex-físico de partículas que virou estudioso da mídia, Michael Goldhaber, atualizou a observação de Simon sobre a escassez de atenção em uma nova revista de estudos da internet chamada *First Monday* (criada em 1996):

> Contudo, a informação seria uma base impossível para a economia, por uma simples razão: a economia é governada pelo que é escasso, e a informação, especialmente na Web, não é só abundante, mas transborda.[11]

A informação não é escassa. E assim, o que flui ou é restrito é a atenção.

Goldhaber estava escrevendo em um momento particular sem crise; ele escreve que "sobra tempo para o lazer e ainda todos nos sentimos ocupados" porque "todos os confortos da criatura são levados em conta" (obviamente, escrevia da perspectiva do Primeiro Mundo de afluência e conforto). "E assim, temos muito tempo para navegar na web."[12] Uma observação semelhante foi feita uma década depois por Jonah Peretti, fundador da BuzzFeed; ele chamou o mercado-alvo da BuzzFeed de "Entediado na rede corporativa", se referindo a milhões de pessoas nos empregos que forneciam acesso à internet, mas que ficavam entediadas, com excesso de atenção: tempo para navegar.[13] No início, a BuzzFeed era suficiente, com gatinhos fofos e fotos picantes de celebridades; depois passou a ser um "unicórnio", uma startup avaliada em mais de um bilhão de dólares.

Goldhaber percebeu que, embora a atenção já fosse valiosa, a web possibilitou que qualquer pessoa consumisse a atenção de qualquer um (online). O artifício da Páscoa de 1929 de Bernays exigiu uma tremenda coordenação e um desfile para chamar a atenção, e que poderia ser explorado; com a web, qualquer um pode publicar e, assim, potencialmente consumir a atenção de qualquer pessoa online. Goldhaber afirmava que essa mudança aumentaria a importância da marca do indivíduo em relação à do empregador ou de qualquer corporação. Da mesma forma como os jornalistas de sucesso podem sair de um jornal para ter seu próprio blog ou mais tarde sua própria newsletter (ou, mais recentemente, seu próprio Substack), a web permite que os indivíduos desenvolvam seu próprio comando de atenção online sem o apoio de um titular bem financiado ou poderoso.[14]

É útil refletir sobre as diferenças nas relações entre economia e atenção antes da web. Em 1997, sobre livros eletrônicos, Goldhaber escreveu: "No momento, é impraticável distribuir livros diretamente pela internet, embora seja fácil prever que isso não será assim por muito tempo, e os livros físicos serão vistos como pesados e pitorescos." De fato, durante a pandemia da COVID-19, a dependência que os acadêmicos tinham de seus livros e bibliotecas deu lugar a cópias eletrônicas e digitalizações, auxiliando na escrita do livro em mãos (ou do e-book na palma da sua mão) — ainda assim as vendas de livros impressos explodiram. Da mesma forma, a relação entre as normas de acessos pagos claramente evoluiu nas décadas seguintes. Goldhaber aconselhou: "Se você tem um site, não cobre por ele, porque isso só diminuirá a atenção. Se não consegue descobrir como prover sem cobrar, você está fazendo algo errado."

No entanto, 20 anos depois, escrevemos este livro ouvindo música através de um serviço de assinatura digital (pago) e observamos que o *New York Times* tem um negócio em crescimento baseado em um acesso pago digital. "A informação quer ser livre e gratuita", como muitas pessoas acreditavam nos anos 1990, mas as empresas produtoras de informação agora dependem da informação ser, de fato, cara, requerendo uma infraestrutura pesada para armazenar e processar. Assim como as informações na web podem ser organizadas de várias maneiras, sua infraestrutura pode ser paga de várias maneiras, incluindo, mas não se limitando, a publicidade. Porém, alguns interesses adquiridos há tempos afirmam que há realmente um modo sustentável de pagar pelas informações na internet: anúncios baseados na vigilância das atividades dos usuários. A mentira da afirmação não nega sua importância histórica.

A economia da atenção, como outras, não é uma mão puramente invisível; por exemplo, o governo impõe restrições de direitos autorais que limitam a cópia e a distribuição de algumas informações, mantendo sua escassez e, portanto, seu valor. O papel do Estado ao estabelecer do equilíbrio de poderes será essencial no próximo capítulo.[15]

Se a Informação Quer Ser Gratuita, Quem Paga? E Quem a Cria?

> A informação quer ser gratuita porque ficou muito barato distribuir, copiar e recombinar, muito barato medir. Ela quer ser cara porque pode ser imensuravelmente valiosa para o destinatário. Essa tensão não desaparecerá.
>
> — *Stewart Brand*[16]

Goldhaber fez suas profecias na época em que o BackRub/Google em Stanford era um mero projeto de estudante de pós-graduação apoiado pela NSF para transformar o trabalho dos autores de sites em um algoritmo de classificação para as páginas da web. Mas logo depois, esse projeto se tornou uma startup com capital de risco (Google), nascida em uma garagem em Palo Alto. O artigo original descrevendo o algoritmo PageRank, o avanço técnico que diferencia o Google de dezenas de outros inovadores contemporâneos que organizam a web, não incluía nenhuma menção de monetizar a infraestrutura necessária do algoritmo por meio de publicidade. Muitos outros modelos de renda poderiam ser imaginados, como assinaturas, taxas de afiliação ou links patrocinados. A publicidade ganhou.[17]

O início dos anos 2000 viu o surgimento de uma norma tecnológica denominada "Web 2.0": a ideia de que todos os usuários poderiam se tornar editores, fornecendo conteúdo gerado pelo usuário (UGC) para sites que hospedariam o conteúdo em troca do trabalho e da criatividade dos usuários, monetizando cada vez mais. A frase "Web 2.0" de 1999, ganhou mais destaque após a "Web 2.0 Conference" iniciada em 2004 pela O'Reilly Media.[18] Tim O'Reilly, fundador da empresa, começou sua carreira escrevendo livros técnicos, mas após o "fracasso das pontocom" de 2000, ele diversificou seu modelo de negócios para incluir conferências, bem como livros técnicos; mais tarde, fundou sua própria empresa de capital de risco. Inúmeros sites proliferaram para hospedar o UGC, incentivando ainda mais a explosão de tal conteúdo. Esses sites exigiam uma combinação de design e otimização algorítmica para navegar, bem como recursos para pagar pelo espaço do servidor e pela largura de banda (especialmente conforme o vídeo ficava conhecido). O uso crescente do conteúdo criado pelo usuário — a continuação da promessa da democratização da criação na internet — veio ironicamente com a produção de novos intermediários que organizaram, mas também buscaram lucrar com a criatividade de seus usuários.

Organizar a avalanche de informações na internet não tinha uma solução única. Em sites como o Reddit, as comunidades são organizadas em subgrupos dinâmicos (ou "subreddits") de diferentes tópicos, com postagens classificadas por algoritmos com base na votação do usuário. Mas sem restrições de design e trabalho comunitário, houve uma oportunidade de classificar um feed sem estrutura de postagens por algoritmos. Enquanto alguns sites, como o Pinboard, o "site de bookmarking antissocial", escolheram um modelo de assinatura para a receita, a norma dominante no final dos anos 2000 era a publicidade. Os sites de hospedagem de UGC patrocinados por anúncios assumiram o desafio algorítmico de escolher qual dos bilhões de conteúdos apresentar. Como todo aprendizado de máquina, são algoritmos de otimização, exigindo que tecnólogos se comprometam com uma escolha de design subjetiva: Qual é a função a ser otimizada? Cada vez mais, os designers escolhiam o tempo gasto em um site — portanto, nos anúncios — como a função a ser otimizada. Esse mundo, com um UGC otimizado por algoritmos e sustentado por anúncios, satura nossa vida diária. Você está mergulhado nele. Embora alguns leitores, sem dúvida, tenham crescido com isso, sua penetração não deve ser confundida com necessidade. As coisas não eram assim na primeira década da World Wide Web. A vitória dos anúncios sobre outras formas de pagar por serviços de internet é hoje vista como natural, talvez até inevitável. Grupos constituintes poderosos trabalharam duro para nos fazer pensar assim.

Para entender o crescimento da publicidade na internet, precisamos notar que os principais anunciantes viam a web como muito menos responsável do que a televisão ou a mídia impressa. É muito contraditório para nós hoje, mas eles acreditavam que entendiam o sucesso dos anúncios de mídia tradicionais muito melhor do que a atuação deles na publicidade online. Nos anos 1980 e 1990, as empresas de publicidade competiam com base em seus modelos computacionais de como melhor alcançar o público, o que "serviu como um campo de testes para a próxima era da mídia digital onipresente".[19] Um artigo em 1998 na *Advertising Age* observou: "A falta de medição precisa e a dificuldade em rastrear o retorno no investimento são citadas como as maiores barreiras para comprar mídia online em uma pesquisa realizada pela Associação de Anunciantes Nacionais no início deste ano."[20] Os anunciantes tradicionais ajudaram a criar uma web muito diferente, exigindo métricas e utilizando tecnologias para permitir o rastreamento, como o historiador Joseph Turow documentou. "Os anunciantes ficarão animados para gastar mais dinheiro online", disse um dos principais diretores da agência, que trabalhava com a Proctor & Gamble e a Dell, "quando a mídia provar que é responsável."[21] Com a chegada da internet, os anunciantes pressionaram por mais responsabilidade, exigindo mais dados sobre o público, usando técnicas que poderiam rastrear sua atenção. A vigilância não era uma qualidade externa enxertada no capitalismo pelas novas empresas de internet; foi algo que surgiu como uma dança entre as demandas dos principais anunciantes tradicionais e as empresas de publicidade, levando os tecnólogos a atender essas métricas para fornecer responsabilidade sobre a eficácia dos anúncios online, cada vez mais desenvolvendo perfis granulares de usuários.

Rastrear usuários exigia que os navegadores da web incluíssem tecnologias que permitem a vigilância, principalmente cookies e pixels de rastreamento ocultos. A perda de privacidade rapidamente ficou óbvia para muitos tecnólogos responsáveis pelos padrões subjacentes da web, e alguns procuraram alterar os padrões dos navegadores da web para oferecer aos usuários mais proteção por padrão. A nascente indústria de publicidade na internet lutou com agressividade, inclusive pressionando os fabricantes de navegadores. Eles finalmente venceram, deixando milhões de cookies aparecer (assar?) em seu computador. "Parece-me uma reação extrema", afirmou um executivo, "de um grupo de pessoas que está dizendo... 'Vamos convencer as pessoas de que há um problema de privacidade na web'".[22]

Naturalmente, *havia* um problema de privacidade na web, que era o ponto principal. Retratados com sucesso como radicais contra o comércio, tecnólogos e ativistas de privacidade perderam a batalha. A oposição do setor enfatizou a ideia de que a web precisava de publicidade, e a publicidade precisava rastrear os usuários. Mais uma vez, o ônus de proteger a privacidade ficou com os usuários individuais. Em um relatório de 1998, a Federal Trade Commission explicou que "a escolha pode ser facilmente feita apenas clicando em uma caixa na tela do computador que indica a decisão de um usuário em relação ao uso e/ou disseminação das informações sendo coletadas".[23]

A mais notória, a DoubleClick, fundada em 1995, conectou a venda de anúncios à coleta de dados de milhões de usuários. O presidente e CEO da DoubleClick, Kevin O'Conner, explicou: "O grande paradoxo com anúncios segmentados é que quanto mais você microssegmenta, mais alcance tem que ter" — quanto mais quer focar os anúncios, mais precisa coletar grandes quantidades de dados sobre cada usuário.[24] Embora os defensores da privacidade e os reguladores do governo tenham desafiado a DoubleClick por volta de 2000, a empresa resistiu muito bem às restrições limitadas em suas práticas.[25] Com certeza, a empresa tornou possível a recusa, mas, como observa Matthew Crain, o pequeno número de "recusas era uma gota no oceano da vigilância" por padrão.[26] No final dos anos de 1990, a publicidade na web tornou-se a norma, assim como a falta de privacidade do usuário ao navegar. Na próxima década, o padrão do modelo de anúncio se tornaria a norma comum em uma enxurrada de "disruptores", com o Facebook e muitas outras empresas agora bem-sucedidas escolhendo o modelo de anúncio como sua força vital do pós-capital de risco.

A publicidade no Google focava originalmente os termos de pesquisa e contexto, não a vigilância dos usuários. Todo o seu modelo de negócios logo passou por uma transformação radical. Em 2005, o Google comprou uma empresa criada para fornecer infraestrutura e monetizar a rede de anúncios e usuários, uma startup que já havia sido adquirida por uma empresa de capital privado, a DoubleClick. Em 11 de março de 2009, o Google anunciou que a publicidade de vigilância seria seu futuro: os anúncios baseados em interesses "associarão categorias de interesse, como esportes, jardinagem, carros e animais de estimação, ao seu navegador, com base nos tipos de sites que visita e nas páginas que visualiza. Podemos então usar essas categorias de interesse para lhe mostrar textos mais relevantes e exibir anúncios".[27]

Em meados dos anos 2000, ficou claro que ter tecnologia para permitir que qualquer pessoa comprasse e vendesse anúncios em outras plataformas seria extremamente lucrativo para quem pudesse dominar como intermediário. A essa altura, o modelo de anúncio era aceito pelas partes relevantes na troca de conteúdo entre produtor/consumidor: fundadores, investidores e usuários (embora com relutância). Tornou-se normal para os fundadores das empresas; por exemplo, Larry Page e Sergey Brin do Google e Mark Zuckerberg do Facebook tiveram que concordar que ganhariam dinheiro principalmente vendendo anúncios. Em pouco tempo, eles se tornaram as plataformas dominantes para publicidade na web. Os investidores tiveram que considerar isso primeiro aceitável, depois normativo. E os usuários tiveram que consentir, mesmo que inconscientemente. Se os usuários rejeitassem coletivamente um site patrocinado por anúncios, porque havia anúncios neles, era o fim do site; se, em vez disso, eles dessem de ombros e aceitassem que é normal que os sites mostrem anúncios, apesar do efeito nocivo e descontínuo na experiência do usuário, então seria um modelo de negócios aceitável. Da mesma forma, se os produtores de conteúdo, todos aqueles que postam, tuítam e enviam suas esperanças, memes e medos, concordassem em fazê-lo gratuitamente, então o UGC continuaria a prosperar como um modelo de negócio com tecnologia e produto. Todos nós fazemos essas escolhas, e a continuação de tais modelos de negócio exige que nossas normas e mercados públicos evoluam, acompanhando as mudanças das empresas privadas na arquitetura técnica.

DADOS E ANÚNCIOS

Veremos com atenção o desafio tecnológico da segmentação do anúncio mencionada antes: Como você faria isso? O que é necessário para criar uma troca de anúncios como a DoubleClick? Requer software para exibir anúncios, mas também um investimento em aprendizado de máquina para determinar para quem exibir anúncios e como precificá-los. No final dos anos 1990, grandes anunciantes como a Proctor & Gamble temiam que as empresas de publicidade na internet prometessem muito, mas entregassem pouco. Os anunciantes estavam mais preocupados em conhecer o público da mídia tradicional do que os usuários da web. "Para provar seu valor", explica o estudioso de comunicação Matthew Crain, "a indústria de publicidade na internet precisava melhorar sua capacidade de segmentar grupos específicos de consumidores e demonstrar que os anúncios online poderiam fazer a diferença no comportamento do consumidor".[28] Para demonstrar que poderiam fornecer mais retorno no investimento, essas empresas alegaram que precisavam de mais dados sobre os usuários, bem como um aprendizado de máquina melhor.

Os sites experimentam mostrando anúncios diferentes para pessoas diferentes e aprendendo quais anúncios produzirão os resultados desejados pelos profissionais de marketing, geralmente um clique ou uma compra. Fazer esses experimentos e colocá-los em prática exigia dados abundantes, algoritmos de desempenho e uma engenharia de software robusta. Uma pessoa que escreveu sobre isso na época foi Jeff Hammerbacher, com uma breve passagem (2006-2008) pelo Facebook. Ele estudou em Harvard com seu fundador, Mark Zuckerberg, originalmente em sua turma de 2004. Depois de se formar, Hammerbacher foi para Bear Stearns, ficou profundamente entediado com as finanças e depois foi para o Facebook por 2 anos, ajudando seu então chefe Adam D'Angelo. D'Angelo é atribuído à criação da "equipe de crescimento" do Facebook, que mais tarde descreveu como "uma equipe de engenheiros que mudou o produto de várias maneiras para torná-lo mais viral, fazendo com que mais usuários se inscrevessem".[29] Como visto no Capítulo 10, Hammerbacher descreveu esse momento em 2011 em uma entrevista: "as melhores mentes da minha geração estão pensando em como fazer as pessoas clicarem em anúncios. Isso é péssimo".[30] Facebook e Google se tornariam duas das maiores empresas atuais, dominando juntos a publicidade digital.

"Na publicidade estou desperdiçando metade do meu dinheiro. O problema é que eu não sei qual metade." Muitas vezes atribuído ao anunciante John Wanamaker, o impacto cultural dessa brincadeira pode ser medido pelo nome de rua em sua homenagem em Nova York, mais tarde sede da AOL e Nielsen, e o site do escritório do Facebook em Nova York. No domínio digital, no entanto, os profissionais de marketing lutaram muito para saber qual metade estavam desperdiçando: desde o final dos anos 1990, os cliques são fáceis de registrar e os usuários de rastrear, e um software pode ser implantado para usar a mesma ciência exaltada por R. A. Fisher em 1925: o teste controlado e randomizado, para aprender qual dos vários "tratamentos" (aqui, anúncios) otimiza o engajamento. Na verdade, apenas um pouco mais de esforço algorítmico permite aos profissionais de marketing não apenas descobrir o que é melhor (uma análise descritiva), mas de preferência oferecer o anúncio com maior engajamento (uma análise prescritiva). Métodos simples para fazer isso são agora comuns na programação da web, explorando métodos matemáticos que datam de 1933.[31]

O que é necessário para "fazer as pessoas clicarem em anúncios"? Acima de tudo, uma enorme abundância de conteúdo novo e variado, fornecido agora em grande parte pelo conteúdo gerado pelo usuário. Escolher qual dessas bilhões de fontes compartilhar é a principal saída desses algoritmos em produtos digitais como o Newsfeed do Facebook, o TikTok ou os vídeos recomendados do YouTube. Isso também requer dados históricos sobre engajamento, ou seja, a resposta de usuários anteriores semelhantes ao conteúdo anterior (cliques, compartilhamentos, curtidas etc.). Lembre-se que um avanço ao armazenar e tornar úteis as informações utilizáveis foi alcançado desde 1945, quando os tecnólogos tentaram se afastar dos cartões perfurados. A personalização dessa otimização requer informações sobre os usuários; embora as informações "brutas", como o tipo de dispositivo ou a localização geográfica, possam ser úteis para a otimização, as informações demográficas como entendidas na publicidade há décadas não só são úteis para a otimização, como são também comercializáveis para os profissionais de marketing. Ou seja, os profissionais de marketing que possuem uma intuição no ofício e de domínio esperam gastar em um "segmento de clientes" específico, como "mães da NASCAR" ou "pais do futebol", para usar exemplos de um profissional de marketing político no *New York Times*, portanto, é útil para plataformas de publicidade descrever os usuários nessa linguagem e modelar preditivamente se eles se enquadram nesses grupos.

Publicidade e Realidade

O que a publicidade e, em particular, sua recente forma otimizada de aprendizado de máquina significam para como todos nós construímos a realidade a partir do mundo que percebemos? O que significa o fato de nossa principal fonte confiável, colocada na palma de nossas mãos, ser financiada e otimizada para o modelo de anúncio de vigilância? Não temos que aceitar uma visão fácil do poder da publicidade nem da propaganda para reconhecer a necessidade de compreender os sistemas de mediação cultural e seleção no trabalho.

Para entender melhor isso, primeiro veremos o que significa otimização da informação e da persuasão. Esse tópico reúne design, dados e incentivos; em última análise, também envolve a discussão de quem está fazendo a otimização e por que, o que nos levará a entender como os objetivos comerciais impulsionam as escolhas de design, que por sua vez moldam nossa percepção da realidade.

Como as estruturas de tarefas comuns introduzidas para otimizar o reconhecimento da caligrafia ou prever críticas de filmes na Netflix, a redução da publicidade a métricas simples permitiu que cientistas de dados e desenvolvedores de produtos transformassem o arsenal do aprendizado de máquina para otimizar métricas de publicidade acordadas. Um exemplo dessa dinâmica é ilustrado pela métrica comum de publicidade digital CPM ou "custo por mil impressões". Os profissionais de marketing, que compram pixels, optam por colocar seus anúncios em diferentes plataformas com base em parte nos CPMs baixos; os anunciantes, que vendem esses pixels, buscam maximizar o número total de impressões (para ser claro, nem todos os negócios de publicidade digital têm esse tipo de preço e negociação, mas essa estrutura é uma simplificação útil da publicidade programática e das redes de troca de anúncios).

Otimizar impressões significa fazer com que os usuários visualizem o máximo de conteúdo possível e voltem a usar o produto o máximo possível. Como qualquer outra estrutura de tarefas comum, isso muda o que é valorizado — não a felicidade do usuário ou a veracidade das informações, simplesmente o número total de impressões. Da mesma forma, se as impressões de anúncios são entregues em um ritmo regular à medida que o usuário usa o produto, isso significa otimizar uma métrica "Estrela-guia" para o uso, geralmente chamada de "engajamento". Para as plataformas de informação, mais engajamento significa mais dinheiro, independentemente da natureza da informação mostrada ao usuário.

Em particular, com a mudança para o celular em relação ao computador de mesa, a ascensão das plataformas de informação exigiu escolhas de design visual que facilitassem o fluxo máximo de informações em um espaço pequeno, muitas vezes na palma da mão. Isso inclui retirar dicas contextuais, como os detalhes da fonte da informação quando colocada em um feed agregador de conteúdo, bem como, o mais importante, combinar tipos de conteúdo: notícias, entretenimento, postagens de amigos, postagens de desconhecidos e, claro, anúncios. O Feed de Notícias do Facebook, que estreou em 2006, exemplifica essa agregação. O conteúdo pode ser originado de bilhões de posts criados por usuários da web. Este é o ápice do estado que Postman advertiu: as "notícias", no sentido de tentativas de boa fé em fornecer informações factuais e úteis para todos em uma comunidade, não estão mais separadas do conteúdo patrocinado, do conteúdo persuasivo, do conteúdo falso ou satírico nem do entretenimento.[32]

Essas decisões de design podem ser otimizadas, da mesma forma como Fisher defendeu em 1925, usando testes controlados randomizados para conduzir uma métrica Estrela-guia. O ganho real em engajamento vem da escolha algorítmica de qual conteúdo mostrar a quais usuários. O design do feed acaba com as restrições de programação de mídias como rádio ou televisão, apresentando qualquer forma de conteúdo de engajamento próximo de qualquer outro conteúdo patrocinado. Uma restrição adicional enfrentada pela mídia tradicional era a restrição de "um para muitos", o que significa que todos viam o mesmo conteúdo. As plataformas de informações são otimizadas sem essa restrição, proporcionando realidades perfeitamente envolventes, distintas e personalizadas para cada indivíduo.

Cada vez mais, tecnólogos e não tecnólogos notaram padrões ao longo dos anos nos *tipos* de conteúdo mais envolventes. Como Postman avisou, o conteúdo mais envolvente não é necessariamente o mais factual ou útil. Citando a famosa máxima de Marshall McLuhan, "o meio é a mensagem", o professor de direito James Grimmelmann investigou essa dinâmica em seu ensaio "The Platform Is the Message" [A plataforma é a mensagem, em tradução livre] (2018). As plataformas "estão atentas e observando constantemente para saber qual conteúdo supera os rivais em chamar a atenção", explica Grimmelmann. "Essas plataformas priorizam e promovem o conteúdo com maior probabilidade de atrair os usuários." Embora Udny Yule tivesse apenas dados observacionais para fundamentar a política, os sites podem fazer, constantemente, intervenções e registrar os efeitos resultantes, em vez de apenas observar as atividades. Quando você usa um produto digital, está passando por uma experiência que o envolve o tempo todo. No caso do conteúdo criado pelo usuário (UGC), as escolhas de qual conteúdo fornecer a um feed são imensas, em bilhões. Quando você é um YouTuber profissional (e são uma legião), observa com cuidado seus números. Imagine que você ache que seus vídeos sobre um novo tópico chamam muita atenção. É um incentivo para sair e produzir mais sobre esse assunto. O resultado é ampliar quase qualquer gosto de qualquer segmento de usuário. Como Grimmelmann observa, "Os mecanismos de recomendação só podem fornecer acidentes de carro no sentido de sugerir que, como você viu este, aqui está outro. Você pode estar interessado em ver isso."[33] E o conteúdo, ele observa, agora será produzido automaticamente para atender aos interesses recém-criados. Mesmo que não trabalhem para vender bens ou influenciar nossa política de uma maneira simples, as plataformas organizadas em torno do engajamento alteram nosso mundo informacional de maneiras imprevisíveis.

NÃO SE PODE CURAR A IA COM MAIS IA?

Por que não podemos usar o aprendizado supervisionado, que prevê um resultado na ausência de tratamento, ou o aprendizado por reforço, que escolhe o melhor tratamento para maximizar um resultado, para corrigir o problema do "conteúdo problemático" (por exemplo, fake news, desinformação/falta de informação, discurso de ódio e abuso)? Os desafios incluem os incentivos das empresas para eliminar esse conteúdo envolvente (novamente Grimmelmann: "Reclamar também não ajuda. Cliques de ódio ainda são cliques"), mas também a falta de rótulos claros. Mesmo com milhares de moderadores, como no caso do Facebook, ou mesmo com um "trabalho fantasma" abundante, diferentes leitores muitas vezes discordam quanto à natureza da sátira, da paródia e dos argumentos de boa ou má fé online. Por exemplo, o "Conselho de Supervisão" do Facebook muitas vezes é chamado para decidir sobre um conteúdo particularmente preocupante. Como um problema de "IA", estamos limitados pela falta de um julgamento claro de inteligências *reais*.

Outro dilema na moderação de conteúdo: mesmo quando as empresas de plataforma tomam uma posição, banindo ou simplesmente ponderando a frequência com a qual o conteúdo preocupante é mostrado, tais ações recebem acusações de preconceito ou censura que, por sua vez, podem chamar a atenção, ou seja, amplificam o conteúdo que elas procuravam não distribuir. As escolhas de design que rotulam o conteúdo como problemático também têm desvantagens, incluindo a atenção atraída para esses rótulos e o "tiro pela culatra", um fenômeno às vezes observado em experimentos em que a correção da informação resulta em maior fé na alegação contraditória.

PERSUASÃO DEMOCRATIZADA, DO MARKETING À POLÍTICA

A "arquitetura de persuasão" composta, como Zeynep Tufekci diz, inclui o algoritmo de aprendizado de máquina, bem como o produto que instancia os algoritmos. Essas arquiteturas ficaram tão otimizadas no desempenho estatístico, e na facilidade de uso, que qualquer pessoa pode fazê-lo. Como um exemplo, o "público semelhante" do Facebook permite que os profissionais de marketing peçam ao Facebook para encontrar outras pessoas que se pareçam com quem realizou determinada ação. Os profissionais de marketing podem, assim, direcionar um conteúdo para novos usuários que se assemelham demográfica ou comportamentalmente a usuários anteriores que realizaram uma ação, como clicar em um link particularmente provocador. Isso pode ser feito sem qualquer conhecimento ou intuição particular sobre pesquisa de mercado ou psicologia do usuário; só uma pequena soma em dinheiro para o comprador individual, mas enorme coletivamente para o Facebook ou o Google.

Bernays percebeu, já nos anos 1920, que as leis da persuasão se aplicam igualmente ao marketing ou à política. Antes de Bernays aperfeiçoar a mensagem para o tabaco, ele moldava a percepção pública na política. Em 1924, organizou um grupo de celebridades populares para aparecer com o presidente "bem desarticulado", Calvin Coolidge, e melhorar sua imagem. Hoje, políticos aspirantes se beneficiam dos mesmos métodos estatísticos que os profissionais de marketing, utilizando ferramentas digitais nas pesquisas de mercado para criar campanhas e mensagens, bem como direcionar a mensagem ideal para o usuário ideal. Bernays não via separação entre publicidade e política; de fato, ele via essa engenharia do consentimento como uma coisa boa para a democracia. "Bernays via isso como uma parte inevitável de qualquer democracia", segundo Zeynep Tufekci. "Ele acreditava, como Dewey, Platão e Lippmann, que os poderosos tinham uma vantagem estrutural sobre as massas. ... Ele pedia que os políticos bem-intencionados, tecnológica e empiricamente capacitados, se tornassem 'filósofos reis' por meio de técnicas de manipulação e engenharia do consentimento."[34]

Embora essas técnicas possam e devam ser usadas para o bem, Bernays foi claro: elas "podem ser subvertidas; demagogos podem utilizar as técnicas para fins antidemocráticos com tanto sucesso quanto aqueles que as empregam para fins socialmente desejáveis". Um líder que busca bons objetivos, Bernays afirmava, deve "aplicar suas energias para dominar o *know-how* operacional da engenharia do consentimento e superar seus oponentes no interesse público".[35] Mesmo quando o uso honesto do termo "propaganda" de Bernays caiu em desuso durante a Guerra Fria, a eficiência do "consentimento da engenharia" aumentou radicalmente com o uso crescente de dados e algoritmos para informar e otimizar mensagens persuasivas. Não demorou muito para que as técnicas aperfeiçoadas da publicidade digital online chegassem a informar mensagens políticas.

Em 2007, Rayid Ghani, então funcionário do Accenture Technology Labs, descreveu um "sistema de Planejamento Individualizado da Promoção". Ele comemorava como os dados permitiriam formas radicalmente novas de segmentação individualizada. "Além de usar jornais, vitrines em lojas e expositores de canto para iluminar seus produtos e fazer promoções, os varejistas podem influenciar os indivíduos de uma maneira muito diferente usando modelos de consumidores individuais."[36] As metas comerciais podem ser atendidas por clientes em um nível granular. Essa tecnologia permite que cada empresa direcione cada cliente como uma pessoa separada, não apenas um representante de uma categoria estatística. Tal segmentação está na essência das campanhas de marketing e políticas.[37] Ghani foi cientista-chefe de Obama na eleição de 2008, em parte usando essas visões capacitadas por dados do eleitorado como segmentos de clientes.

Em um artigo no *New York Times* logo após a reeleição de Obama em 2012, Ethan Roeder concluiu com uma celebração do indivíduo no centro da estratégia de dados da campanha de Obama. "As campanhas estão... caminhando no sentido de tratar cada eleitor como uma pessoa separada."[38] Esse quadro cor-de-rosa da persuasão é interpretado mais sombriamente após as preocupações dos últimos anos em que essa tecnologia foi caracterizada como muito persuasiva. Granularidade ilimitada, informações contextuais profundas sobre indivíduos e arquiteturas de persuasão personalizadas que otimizadas para o engajamento criaram um sucesso muito grande para a democracia funcionar de forma saudável, como muitos temiam.

Essa visão de um público fabricado enche alguns de esperança, e outros com a preocupação de que o consentimento informado foi violado por aqueles no poder. Tais ferramentas poderiam facilmente ser mal utilizadas, e agora sabemos que isso aconteceu. Tufekci alertou em 2018: "Para microssegmentar indivíduos com anúncios, as plataformas de hoje vigiam muito seus usuários; então usam algoritmos de engajamento para manter as pessoas no site o maior tempo possível. Agora está claro que esse sistema serve a usos autoritários, manipuladores e discriminatórios", dos quais ela deu inúmeros exemplos.[39] Mas você não pode microssegmentar alguém, a menos que diferencie as pessoas com base em quem elas são ou o que fizeram. E isso exige que tenha muitos dados e aprendizado de máquina. Embora muitos sintam que nossas normas de livre mercado não são ameaçadas por empresas poderosas que oferecem uma publicidade profundamente personalizada, nossas preocupações com o poder aumentam quando essas habilidades capacitam o Estado. Porém, o algoritmo funciona para Estados e corporações igualmente.[40] Matthew Salganik nos adverte: "Essas capacidades estão mudando mais rápido do que nossas normas, regras e leis."[41] Devemos acrescentar: provavelmente estão mudando mais rápido do que nossas ferramentas analíticas para entender a relação entre nossas realidades sociais e econômicas, e os mundos conceituais, mediados em plataformas, através das quais experimentamos e agimos.

A eleição do Quênia em 2017, o Brexit e a eleição dos EUA em 2016 ampliaram, e popularizaram, muito as preocupações sobre a manipulação algorítmica. Um ponto crítico de preocupação foi a empresa Cambridge Analytica; o então CEO Alexander Nix compartilhou uma visão de mundo em 2017 que ecoou e atualizou a de Bernays:

> Não há dúvidas de que o mundo do marketing e da publicidade está à frente do mundo do marketing político e

> das comunicações políticas. E há algumas coisas que eu certamente [diria] que estou muito orgulhoso do que estamos fazendo, que são inovadoras. E há coisas que são as práticas recomendadas da publicidade digital, as práticas recomendadas da comunicação que estamos tirando do mundo comercial e trazendo para a política.[42]

Os pesquisadores não chegaram a um consenso sobre os efeitos finais dessa tentativa de manipulação.

Preocupar-se com os efeitos das arquiteturas de adtech (tecnologia da publicidade) e persuasão não exige que acreditemos nas afirmações de anunciantes e vendedores técnicos charlatões sobre a eficácia de seus anúncios. Tim Hwang e Cory Doctorow destacaram com brilhantismo os limites profundos e as decepções em torno da publicidade segmentada.* Embora a adtech, para comércio ou política, certamente não funcione da maneira como os vendedores sugerem, ela transformou radicalmente a paisagem da mídia e consolidou um cenário de anunciantes digitais em um duopólio próximo (Facebook e Google), com efeitos imprevisíveis. O Facebook e o Google não precisam que os anúncios funcionem como o prometido, eles precisam que os anunciantes acreditem que funcionam. Talvez seja um jogo de aparências, mas um que domina nossa paisagem informacional cada vez mais, para melhor e para pior.

Em seguida, veremos o que acontece quando o modelo de publicidade, uma norma para receita, atende ao modelo de capital de risco, um processo para acelerar a inovação do mercado que, veremos, se move mais rápido do que as normas e as leis se adaptam.

---

* Cory Doctorow escreve: "Os capitalistas de vigilância são como mentalistas no palco que afirmam que seus conhecimentos extraordinários sobre o comportamento humano lhes permitem adivinhar a palavra escrita e dobrada no seu bolso, mas na verdade usam figurantes, câmeras escondidas, truques de mão e uma memorização brutal para surpreendê-lo." "How to Destroy 'Surveillance Capitalism'", *OneZero* (blog), 26 de agosto de 2020, https://onezero.medium.com/how-to-destroy-surveillance-capitalism-8135e6744d59; veja Tim Hwang, *Subprime Attention Crisis: Advertising and the Time Bomb at the Heart of the Internet* (Farrar, Straus & Giroux, 2020).

Movimento Rápido: Capital de Risco

> O negócio de capital de risco é mais que um gol de placa. É ganhar a copa do mundo.
>
> — *Bill Gurley, sócio geral da empresa de capital de risco Benchmark*[43]

A Ford Automotive Company introduziu carros produzidos em massa em 1916, mas levou anos para desenvolver normas sobre a integração dos carros na sociedade e décadas para a regulamentação sobre proteção ao consumidor, como as leis dos cintos de segurança. Esse prazo para a inovação, no qual tecnologia, mercados, normas e leis levam décadas para se equilibrarem, parece curioso em comparação com a forma como o software e a tecnologia da informação rapidamente superam nossas normas hoje. O capital de risco (VC) ajudou a acelerar essa disrupção na medida em que o crescimento em massa pode preceder a receita e, no caso das empresas voltadas para o consumidor, as normas (e, mais ainda, a regulamentação) que retardam a adoção de um novo produto.

O capital de risco está conosco desde sempre? Embora os investimentos tenham estado, muitas pessoas apontam a Segunda Guerra Mundial como um momento em que, entre outras coisas, o modelo de risco nasceu.[44] Como exemplo, em 1946, George Doriot, mais tarde professor da Harvard Business School, era o intendente geral encarregado da logística durante a Segunda Guerra Mundial. Após a guerra, Doriot criou a ARDC, uma empresa de capital aberto para investir em desenvolvimentos de pesquisa de longo prazo, incluindo muitos desenvolvimentos na nascente indústria da computação. Nas décadas seguintes, os microprocessadores e a computação pessoal foram, em grande medida, financiados inicialmente pelo capital de risco; dadas as mudanças positivas, por exemplo, da computação pessoal na sociedade e na economia, o VC foi amplamente celebrado. O que falta nesse cronograma de comemoração são as décadas de financiamento militar da computação, atravessadas por capítulos anteriores, bem como o grande apoio a pequenas empresas inovadoras com os programas SBIR, nos quais o governo efetivamente atuou como capital de risco.[45] O e-commerce, destacamos, cresceu como resultado do eBay e da Amazon, empresas apoiadas pelo capital de risco que se saíram muito bem. O autor e investidor-anjo Jerry Neuman aponta um aumento de 16 vezes em 5 anos entre 1970 e 1983 em capital de risco, de US$218 milhões para US$2,6 bilhões.[46] Isso é financiado por parceiros limitados (empresas, Estados, fundos soberanos e, especialmente, grandes fundos de pensão) que, por sua vez, investem nas empresas de capital de risco. O histórico é confuso quanto ao fato desses parceiros limitados estarem investindo com sabedoria: como Tom Nicholas aponta em *VC: An American History* [sem publicação no Brasil], no conjunto, o capital de risco não retorna muito mais do que outras formas de investimento.[47] No entanto, os capitalistas de risco individuais muitas vezes acreditam que *eles* são os capitalistas que farão isso direito. O capital de risco tem sido uma grande parte da economia de atenção orientada por dados nas últimas duas décadas, incluindo empresas de tecnologia de publicidade, bem como startups de notícias voltadas para o consumidor, como Vice e BuzzFeed.

Sem riscos no capital de risco: os investidores fornecem muitos recursos que permitem que as startups façam uma busca por um modelo de negócios replicável e escalável. Para ser claro, o risco continua inerente ao modelo: os VCs esperam que a grande maioria de suas empresas de portfólio fracasse, desde que as poucas que têm sucesso retornem um grande lucro financeiro para compensar o investimento perdido no resto do portfólio. Em muitos casos famosos, como a contribuição da Fairchild Semiconductor para o aumento da computação, o risco é técnico, por exemplo, "um circuito integrado pode ser criado de forma barata e confiável a partir do silício?" Um risco separado que o VC pode evitar é o do mercado: encontrar a adequação do produto/mercado significa criar um produto que as pessoas pagarão a um preço que permite que uma empresa se sustente. No entanto, os investimentos em capital de risco permitem que uma empresa cresça para encontrar novos usuários antes mesmo de decidir sobre um modelo de receita. Esse foi o caminho percorrido, por exemplo, pelo Facebook e pelo Google, que produziram uma enorme base de usuários, pessoas dispostas a integrar o produto em suas vidas e hábitos, antes de estabelecer um modelo de receita e impor aos usuários.

Mais recentemente, os capitalistas de risco têm defendido uma escala de investimento, o chamado blitzscaling, que permite que as empresas tentem passar da pré-receita para o domínio do mercado, efetivamente comprando um mercado inteiro. Em vez de competir com outras empresas no mercado, essa estratégia fornece investimento suficiente simplesmente para comprar o mercado. Como um exemplo, a Uber poderia se dar ao luxo de reduzir todo o mercado de táxis e limusines existente, em cada município, sem as restrições por regulações que forneciam proteções de segurança a motoristas e passageiros. Da mesma forma, a empresa de coworking WeWork tentou inundar as cidades com espaços de escritório baratos e flexíveis, em uma escala que superaria os concorrentes dependentes de uma escala lucrativa de receita dos consumidores. De acordo com a *Fast Company*, o capitalista de risco Masayoshi Son usou o modelo blitzscaling, investindo no CEO fundador Adam Neumann, sem muito cuidado:

> No banco de trás, Son pegou um iPad e escreveu os termos para um investimento de US$4,4 bilhões na empresa. Ele fez duas linhas horizontais na parte inferior, assinou seu nome em uma, em seguida, entregou o iPad a Neumann, então com 37 anos, para escrever seu nome na outra. Neumann manteria uma foto do acordo em seu telefone. "Quando Masa escolheu investir em mim pela primeira vez, ele só me conhecia há 28 minutos. Certo?"[48]

Monopólios podem ser comprados, mas também criados com efeitos de reforço e vários ciclos. Muitas vezes, as empresas capacitadas por dados fornecem um modelo específico para isso. Na linguagem do capitalista de risco Kai-Fu Lee, "mais dados levam a melhores produtos, que por sua vez atraem mais usuários, que geram mais dados que melhoram ainda mais o produto. Essa combinação de dados e dinheiro também atrai os principais talentos de IA para as principais empresas, ampliando a lacuna entre os líderes do setor e os retardatários".[49] Esse modelo, junto com o investimento, ajudou a tornar serviços como Google, Facebook e outros muito melhores do que seus concorrentes, devido a uma enorme abundância de dados usados para treinar algoritmos de aprendizado de máquina, que claramente dominam os mercados atuais em busca e rede social, respectivamente.

Consequências da Economia de Atenção e do Capital de Risco

Antes, afirmamos que as preocupações com a economia da atenção têm, pelo menos, 50 anos, que o capital de risco pode ser rastreado há quase 75 anos e as relações públicas estão conosco há pelo menos um século. A combinação de influência computacional otimizada e a rápida escalada fornecida pelo capital de risco contemporâneo, no entanto, é bem potente e ainda estamos aprendendo a integrar em nossas realidades políticas e pessoais. Para ilustrar: o primeiro CTO do Facebook já tinha criado uma equipe secundária em 2006 chamada "crescimento", essencial para entender como o Facebook funciona. Eles são uma equipe de alguns dos melhores engenheiros, destacando-se em garantir o crescimento de novos serviços para usuários cada vez mais ativos. Isso requer a identificação de indicadores-chave de desempenho (KPIs) e a utilização de dados e da infraestrutura computacional necessários para otimizar esses KPIs. O vice-presidente do Facebook, Andrew Bosworth, escreveu em um memorando em junho de 2016: "A verdade dura é que acreditamos em conectar as pessoas tão profundamente que qualquer coisa que nos permita conectar mais pessoas com mais frequência é *de fato* bom. Talvez seja a única área em que as métricas contam a história verdadeira, no que nos diz respeito."[50] Outros engenheiros, incluindo aqueles antes em empresas de plataforma de informação, apontaram problemas lá. O ex-engenheiro do YouTube, Guillaume Chaslot, escreve: "o tempo de exibição era uma prioridade. Todo o resto é considerado distração."[51] O crescimento a todo custo é bom para o CEO, mas nem sempre é bom para o lugar. Em *The Nature of Economies* [sem publicação no Brasil], Jane Jacobs adverte sobre o crescimento de empresas que, como uma espécie no ecossistema, podem crescer de maneiras que prejudicam o próprio ecossistema. Quais poderes existem para controlar tal crescimento quando os danos são no mercado e no próprio ecossistema social?[52]

13.

Soluções além do Solucionismo

Poder e Previsões

O objetivo deste livro foi entender os dados pela lente da história. Este capítulo nos leva ao futuro dos dados. A maneira corajosa, mas especulativa, de cobrir o futuro, a longo prazo, é prevê-lo; neste caso, permaneceremos em terreno mais firme, prevendo como as disputas atuais podem moldar o futuro próximo. Em suma, perguntamos: Quais são as atuais disputas entre os poderes cuja resolução ajudará a determinar o futuro dos dados? Ao lado dos dados e da verdade, os dados e o poder têm sido nosso tema constante.

> A sociedade civil também pode desempenhar um papel importante [além de] os outros dois caminhos da sociedade: governo e negócios.
>
> — *Karl Manheim e Lyric Kaplan*[1]

De todas as várias maneiras de pensar sobre o poder, pela lente de Michel Foucault até a de Gordon Gekko, nos baseamos na metáfora de um jogo instável com três jogadores, inspirado pelo relato de

William Janeway das três forças que impulsionam a inovação tecnológica, embora expandida além das forças econômicas para descrever o poder de forma mais geral: focamos as relações mutáveis entre os poderes corporativo, do Estado e do povo.[2] A propósito dessa metáfora, os vencedores do jogo instável com três jogadores ainda são imprevisíveis. Tornar os dados compatíveis com a democracia e fazer com que sirvam à criação de uma sociedade justa e próspera exigirá encontrar conformidade entre esses poderes que possibilite, não incapacite, os cidadãos, que melhore a justiça, que ajude a superar as disparidades de poder, em vez de fortificá-las.

Poder, Primeira Parte: Poder Corporativo

Focamos os aspectos tecnológicos e sociotecnológicos levantados pelo uso de dados e pelos algoritmos capacitados por dados; a parte final do livro centrou-se no poder corporativo, em particular nas grandes empresas de tecnologia atualmente dominantes. É natural perguntar: Por que as empresas e os tecnólogos que criaram esses problemas também não os resolvem? Uma pergunta um pouco mais sutil seria: Dado o escopo dos problemas, mesmo se eles quisessem consertar tudo, poderiam? Não está claro se as empresas estão motivadas a mudar sua relação com os dados, pelo menos não com os lucrativos. Mesmo antes da era da Web 2.0, muitas empresas tinham um histórico misto de privacidade. Em 2010, o CEO do Facebook, Mark Zuckerberg, se gabou:

> Muitas empresas ficariam presas nas convenções e nos legados que criaram, fazendo uma mudança de privacidade — fazer uma mudança de privacidade para 350 milhões de usuários não é o tipo de coisa que muitas empresas fariam. Mas vimos isso como algo realmente importante, mantendo sempre a mente de um iniciante e o que faríamos se estivéssemos começando a comunicação agora, e decidimos que essas seriam as normas sociais atuais, e simplesmente seguimos em frente.[3]

Eles, de fato, fizeram isso. As normas, no entanto, não respondem necessariamente mudando a chave, mesmo quando essa chave controla quase 3 bilhões (em janeiro de 2022) de usuários. Em contrapartida, e possivelmente em resposta, algumas empresas assumiram a proteção do consumidor não apenas como uma proposta de valor, mas uma vantagem competitiva. Tim Cook, CEO da Apple, declarou em 2015 que "a privacidade é um direito humano fundamental" — uma posição de proteção ao consumidor e uma poderosa cópia de marketing que agora o cumprimenta quando você inicializa muitos produtos da Apple.[4] Como a Apple permanece sendo predominantemente uma empresa de hardware, não uma empresa de publicidade, não enfrenta a tensão direta entre a privacidade do consumidor e a receita experimentada pelas empresas de plataforma de informação cuja renda primária é pela publicidade segmentada.

ÉTICA COMO SERVIÇO

Recentemente, várias grandes empresas fizeram movimentos para mostrar que podem fornecer soluções técnicas para os problemas éticos que descrevemos. Algumas delas são esforços internos, ou seja, tentativas sociotécnicas de alinhar as políticas da empresa com os princípios éticos; outras são esforços externos, ferramentas computacionais e serviços de consultoria, para ajudar pesquisadores e outras empresas a colocar a ética em prática. Um exemplo de destaque de esforço interno foi a equipe de IA Ética do Google, cuja implosão vimos anteriormente.

ÉTICA CORPORATIVA INTERNA VERSUS EXTERNA

A ética corporativa externa como serviço deve ser comparada com a ética interna. Os esforços internos incluem, como discutido acima, a criação da equipe de IA Ética dentro do Google, encarregada de pesquisar o impacto ético das práticas de IA, incluindo as de outros grupos de pesquisa do Google. Pode ser extremamente difícil, em termos de dinâmica de poder organizacional, criticar diretamente o trabalho feito dentro de uma empresa, ainda mais quando esse trabalho está relacionado a fontes de receita. Um ex-engenheiro de software do Google resumiu a função de tal equipe e sua diretora, Dra. Margaret Mitchell:

> Eu interagi como se eles fossem um grupo de especialistas para uma consulta. Na verdade, o que ela [Mitchell] estava criando era um modelo de como cada equipe de IA deve trabalhar, com a mente voltada para a ética como uma preocupação primária do desenvolvimento tecnológico.[5]

Mais tarde, ele descreveria a equipe de ética como "uma folha de figueira", cujo impacto foi secundário nos "ganhos trimestrais";[6] danah boyd foi mais poética em 2016, citando a poeta e professora Audre Lorde:

> Embora pensemos que entendemos a ética da guerra e as experiências psicológicas, não acho que tenhamos a menor ideia de como realmente gerenciar a ética nas organizações... Audre Lorde disse: "as ferramentas do mestre nunca derrubarão a casa-grande." E, em alguns sentidos, eu concordo. Mas também não vejo uma maneira de atirar pedras em um sistema complexo que permita a ética.[7]

Resumindo, o desafio de integrar a ética por meio da autocrítica corporativa ainda não foi resolvido. Nas universidades, os conselhos de revisão institucional controlam o poder controlando o dinheiro, e podem ditar as pesquisas éticas. As corporações não têm algo parecido e óbvio: estruturas internas realmente eficientes, finanças e outros.

Já a ética corporativa externa tem uma política menos complicada e permite que as empresas de tecnologia avancem, em particular, a tese implícita de que a ética é fundamentalmente um problema técnico mais bem atendido com soluções técnicas. Exemplos recentes incluem:

- A IBM criou o "AI Fairness 360", um kit de ferramentas de código aberto com "9 algoritmos e muitas métricas";
- O Google lançou a "Ferramenta What-If", junto com "Facets", relativo aos aspectos da equidade;
- A Microsoft tem seu próprio conjunto de ferramentas para aprender, "Fairlearn" (um módulo Python); e

- O Facebook tem seu próprio conjunto de ferramentas chamado "Fairness Flow".

A Accenture, uma empresa de consultoria, também desenvolveu suas próprias ferramentas para acabar com o viés nos algoritmos; há muitas oportunidades para as empresas de consultoria ajudarem outras empresas a estruturar e manifestar a ética tecnológica. A cientista de dados e autora Cathy O'Neil, por exemplo, tem uma empresa de consultoria para isso; Rumman Chowdhury, um dos especialistas em ética tecnológica da Accenture, deixou a empresa em 2020 para criar uma empresa de consultoria baseada em ferramentas, a Parity, um pouco antes de se juntar ao Twitter para liderar sua equipe META (sigla para Machine Learning, Ética, Transparência e Responsabilidade), agora descontinuada.[8] É claro que as grandes empresas de tecnologia também gostam dos frutos da consultoria, como quando o Google anunciou em agosto de 2020 que explorava a consultoria ética em tecnologia como serviço, alguns meses antes de demitir os cofundadores da equipe de IA Ética.

Tudo isso contribui para um posicionamento variado das empresas de tecnologia de que estão "fazendo" ética, em particular no que diz respeito às abordagens técnicas para a equidade. Mas há uma reformulação implícita do problema quando as empresas desenvolvem soluções *tecnológicas*, como a ferramenta de equidade acima. Enfatizamos que entender como produtos e serviços com poder de dados violam nossas normas e valores requer uma visão ampla e sociotécnica. Dentro dessa complexidade sociotécnica está o tema da ética aplicada; e dentro dele, a justiça; e dentro da justiça, a equidade; e dentro da equidade, a quantificação da equidade; e dentro dela, o equilíbrio entre a equidade e os outros interesses dos indivíduos e objetivos das organizações. Elevar a técnica é natural para os tecnólogos. Como exemplo, os cientistas da computação Michael Kearns e Aaron Roth escrevem no livro *The Ethical Algorithm* (2019, sem publicação no Brasil):

> Nós... acreditamos que reduzir o mau comportamento algorítmico exigirá mais e melhores algoritmos que possam ajudar reguladores, grupos de vigilância e outras organizações humanas a monitorar e medir os efeitos indesejáveis e não intencionais do aprendizado de máquina.[9]

Essa visão analisa o problema nos elementos técnicos, tais como, "algoritmos" que "ajudarão" os elementos sociais, as "organizações humanas", os "grupos de vigilância". De fato, o aprendizado de máquina provou ser uma abordagem poderosa para a otimização estatística e computacional ligada a ambientes complexos. "Conceitualmente", escrevem os especialistas em aprendizado de máquina Michael Jordan e Tom Mitchell, "os algoritmos de aprendizado de máquina podem ser vistos como uma busca por um grande espaço de programas candidatos, guiados pela experiência de treinamento, para encontrar um programa que otimize a métrica de desempenho".[10] Muitas vezes, essa métrica expressa uma compensação entre precisão e complexidade, embora os mesmos métodos funcionem se maximizamos uma combinação de precisão e, por exemplo, equidade. "Versões desse problema de otimização", escreve a cientista da computação Cynthia Rudin, "são alguns dos problemas fundamentais da inteligência artificial". Reformular a ética como uma troca entre precisão (o lucro ou alguma outra meta quantificada) e complexidade (o mal ou algum substituto quantificável) ainda requer que alguém especifique a troca. No contexto de evitar a complexidade do modelo, definir esse parâmetro para 1% significa, como explica Rudin, "sacrificar 1% de precisão do treinamento para reduzir o tamanho do modelo em um".[11] O campo técnico da equidade atrai os tecnólogos provenientes dessa estrutura de estatística como otimização computacional, que domina o que entendemos por "aprendizado de máquina" no século XXI. Embora possa melhorar alguns aspectos dos sistemas algorítmicos, tais soluções tecnológicas muitas vezes evitam as questões maiores do poder e da incorporação social desses sistemas, como críticos desde Helen Nissenbaum a Safiya Noble documentaram há anos.

AMEAÇAS E FALTA DE DIREÇÃO

Restringir a discussão dos perigos da IA àqueles que podem ser resolvidos alterando o algoritmo de otimização é uma falta de visão nas discussões sobre a natureza do problema. Um segundo ponto é permitir que sonhos e pesadelos de ficção científica futuristas dominem, levando-nos a ignorar as preocupações e os danos atuais dos sistemas existentes, chamando a atenção para o estado futuro conjecturado da IA hiperinteligente e da "IA geral" (GAI) cuja incrível onipotência exige uma defesa contemporânea. Os profetas desse destino particular incluem alguns formadores de opinião mais presentes no Vale do Silício, como Elon Musk da Tesla ou Ray Kurzweil do Google. No entanto, como Annette Zimmermann, Elena Di Rosa e Hochan Kim apontam:

> Não importa o espetáculo distante do juízo final; a IA já está aqui, trabalhando nos bastidores de muitos de nossos sistemas sociais... Devemos resistir ao discurso saturado de apocalipse sobre IA que incentiva uma mentalidade de desamparo aprendido.[12]

O espetáculo brilhante dos robôs exterminadores, afirmam esses autores, não deve desviar a atenção do papel que as decisões humanas, incluindo as tomadas por desenvolvedores de produtos corporativos, desempenham ao provocar danos e desafios atuais aos direitos, à justiça e à democracia.

> Desenvolver sistemas algorítmicos implica fazer muitas escolhas deliberadas... O algoritmo não define os conceitos em si; os seres humanos (desenvolvedores e cientistas de dados) escolhem por quais conceitos se interessar, pelo menos como um ponto de partida inicial.[13]

Aqui, Zimmermann, Di Rosa e Kim ecoam um ponto visto por Gina Neff e coautores de que a prática de data science, em particular ao desenvolver e implantar produtos de aprendizado de máquina, envolve inúmeras escolhas subjetivas de design, cada uma sendo uma oportunidade para reflexão e crítica, interna e externa.[14] O uso dos termos "dados" ou "algoritmo" não libera tal trabalho de sua subjetividade e política. De forma mais ampla, não podemos permitir que CEOs ou departamentos de comunicação corporativa definam para nós quais ameaças sobre a IA devem chamar mais nossa atenção.

REMOÇÃO DAS PLATAFORMAS CORPORATIVAS E ALIANÇAS

O aumento das preocupações dos consumidores em relação ao uso corporativo de algoritmos capacitados por dados coincidiu com os movimentos corporativos que, embora possam ser apresentados como proteção ao consumidor, podem ser caracterizados com mais precisão como competições entre empresas em nome dessa proteção. Algumas dessas disputas colocam hoje as empresas de tecnologia mais poderosas umas contra as outras. Outras envolvem não apenas confrontos individuais entre titãs, mas alianças mais complexas, nas quais as empresas formam alianças mutáveis que desempenham papéis tão diversos como provedores de dados, mecanismos de busca, geradores de perspectiva de venda ou, no caso das lojas de aplicativos, pontos de estrangulamento capazes de bloquear os usuários e, assim, a receita de outras empresas.

Como as empresas privadas passaram a formar a infraestrutura necessária para os ecossistemas tecnológicos, elas dependem umas das outras e, assim, se coagem mutuamente. Por exemplo, a Apple tem o poder surpreendente de influenciar outras empresas que desejam ter seu app disponível no iPhone. Na série *Super Pumped - A Batalha pela Uber*, Mike Isaac descreve uma visita do então CEO da Uber a Tim Cook, CEO da Apple, que explica em termos inequívocos quais políticas de dados serão permitidas no app se a Uber quiser permanecer na App Store.[15] Da mesma forma, o Facebook e outras empresas habilitadas por dados desejam permanecer na loja de aplicativos da Apple, que funciona como uma infraestrutura. De fato, essas empresas podem ter a plataforma removida, como quando o Google pune uma empresa alterando o algoritmo de pesquisa de maneiras que prejudicam o ranking de pesquisa dela, levando a uma enorme perda financeira. Essas corporações têm a oportunidade de se afetar mutuamente, se posicionando, quando a Apple celebra a privacidade como um direito humano fundamental para atingir o Google e o Facebook, e realmente removendo a plataforma uma da outra. Mudanças que melhoram a privacidade em uma empresa podem levar a um prejuízo de bilhões de dólares em outras.[16] Em nossa análise de poder, isso representa um importante conjunto de setas entre os poderes corporativos.

Algumas disputas envolvem alianças complexas e mutáveis de poderes corporativos. Um exemplo de uma década atrás combinava diferentes partes do setor com alguns dos lobbies mais tradicionalmente poderosos em Washington: a indústria do entretenimento (em particular, a Motion Picture Association, junto com a Walt Disney Company) se posicionou contra um grande número das chamadas plataformas de conteúdo. Isso se tornou uma briga em torno de um projeto de lei em 2012 chamado Stop Online Piracy Act (SOPA), que vislumbrava uma expansão drástica da aplicação de propriedade intelectual em vários conteúdos, incluindo o streaming de mídia. Em 18 de janeiro de 2012, uma aliança de empresas de tecnologia colaborando, de forma incomum, com organizações de liberdades civis, como a Electronic Frontier Foundation, realizou uma espécie de apagão virtual. O Google, por exemplo, censurou seu próprio nome corporativo na página inicial de busca. Para o público parecia uma coalizão *ad hoc* de pessoas com interesses diversos, mas comuns o suficiente para rejeitar o projeto de lei.[17]

É compreensível ser cínico sobre os motivos das várias organizações envolvidas, mas são precisamente essas alianças de pessoas com diversos interesses que podem afetar os tipos de mudança. A Apple e outras empresas introduziram diversas inovações que melhoram nossa privacidade; a privacidade diferencial, decorrente da Microsoft Research, é outra. Um exemplo: a Apple travou uma batalha prolongada com o Departamento de Justiça dos EUA sobre o que eles são obrigados a fazer pelo governo federal para desbloquear os iPhones, com um nível sem precedentes de proteção. Diversas alianças podem canalizar o poder corporativo em direções específicas que combinam capacidades corporativas com poder mais democratizado. O consenso total não é um requisito para uma ação potente possibilitada por solidariedades complexas.

ORGANIZAÇÕES AUTORREGULADORAS

Uma resposta do poder corporativo à ascensão do poder estatal é a formação e a promoção de organizações autorreguladoras (SROs). As SROs não são novas nos dados: o termo se origina na lei de valores mobiliários e nas reformas dos anos 1930. Atualmente, muitas dessas parcerias são descritas pelo termo, apesar da sua falta de função regulamentar efetiva; ou seja, o termo se refere a organizações que não regulam estritamente, mas sim pesquisam, convocam reuniões e escrevem relatórios que explicam e, às vezes, criticam o trabalho das empresas relacionadas. Embora independentes na governança, muitas vezes dependem financeiramente das empresas cujo trabalho pesquisam. Um exemplo conhecido do mundo da IA corporativa é a Partnership on AI, uma ONG fundada em 2016. Tais grupos cruzam as linhas entre a sociedade civil (incluindo instituições educacionais e de pesquisa), o poder corporativo e o financiamento, e o tipo de verificações e equilíbrios regulatórios normalmente associados à regulação real, isto é, com poder de Estado. Essa relação conflituosa entre crítica e financiamento levou os críticos a pensarem em tais organizações como "capturadas" por seus patrocinadores, desfigurando qualquer poder dentro do jogo tripartido.

Poder, Segunda Parte: Poder do Estado

À medida que as corporações se tornam uma infraestrutura crítica, seu poder é muitas vezes comparado ao dos Estados-nação. Quando pensamos em como melhor responder ao excesso corporativo, muitas vezes pensamos primeiro no poder estatal como a melhor verificação — a melhor regulação — do poder corporativo.[18]

Muitas vezes as corporações retratam os limites estatais sobre o poder corporativo como um obstáculo imponente contra a inovação. Tal visão puramente "repressiva" da regulação é inadequada, pois o poder estatal molda o poder corporativo de forma mais positiva e construtiva, no financiamento, na regulação e na lei. Em 2020, a professora de direito de Yale, Amy Kapczynski, explicou:

> a visão de que as operações do Google e do Facebook ocorrem em uma zona livre da lei, ou mesmo que essas empresas desejariam isso, é errada. Oculta o grau em que essas empresas dependem da lei para o seu poder e as muitas decisões legais que poderiam ser alteradas para aumentar o poder público.[19]

O poder estatal, portanto, não é meramente um limite para o poder corporativo. Ele *cria* condições sob as quais as estruturas corporativas se desenvolvem. Da falta de leis gerais sobre privacidade nos Estados Unidos às particularidades do tratamento fiscal de ganhos de capital ou imóveis, o poder do Estado torna possível certos modelos de negócio, certos usos de dados em massa e certos desafios à ordem democrática. Sem dúvidas, não podemos imaginar a regulação federal como uma panaceia para os males algorítmicos, mesmo que incluísse uma possível proibição ampla da tecnologia. Após a ascensão da regulamentação de proteção à privacidade do consumidor nos anos 1970, historicamente, nos Estados Unidos, quando a regulação federal ocorre, costuma acontecer em uma abordagem "setorial", que é regulada por setor e não por capacidade, ou seja, limitando o uso de uma tecnologia dentro do setor, em vez de, digamos, proibir completamente o reconhecimento facial. Por conseguinte, é pouco provável que os EUA adotem uma regulação federal ampla comparável ao Regulamento Geral sobre Proteção de Dados da Europa. Manheim e Kaplan fazem um balanço na abordagem dos EUA:

> Muitas empresas dos EUA preferiram inicialmente a aproximação setorial para adaptar as regulações a suas necessidades diferenciadas. Embora haja alguma validade nesse modelo, ele também facilita a captura regulatória, o lobby da indústria e os abusos de privacidade, muitas vezes passando por brechas regulatórias.[20]

Kearns e Roth também enfatizam o risco de brechas regulatórias nesta abordagem.[21] À medida que novos modelos de negócio são formados, devemos perguntar: Em uma abordagem setorial, o Facebook é um editor ou uma empresa de publicidade? Diferentes jurisdições podem ter considerações conflitantes nessas decisões, como quando o Facebook foi forçado a desfazer a aquisição do Giphy, com base em preocupações anticompetitivas, conforme regulado pela Autoridade de Concorrência e Mercados do Reino Unido.[22] Sob a abordagem setorial dominante nos EUA, as respostas a essas questões aparentemente acadêmicas têm um tremendo impacto regulatório. E as corporações rivais são propensas a questionar os esforços de um setor para capturar as regulações às custas de outros, como vimos no exemplo da reforma de direitos autorais do SOPA. O "sistema fragmentado de leis estaduais e federais que 'se sobrepõem, se encaixam e se contradizem'", dificultou aprovar leis que protegem os direitos de forma ampla, como Manheim e Kaplan afirmam:

> o "capitalismo de vigilância" prospera porque os direitos à privacidade são extremamente pouco protegidos e nossas leis não conseguiram acompanhar o ritmo da tecnologia. Nossa última grande lei federal de privacidade (ECPA) foi promulgada em 1986, antes do Facebook, antes do Google

e do YouTube, na verdade antes da World Wide Web. As empresas de dados e IA cresceram e prosperaram nesse meio-tempo, agora com poder desproporcional sobre a economia, as políticas públicas e nossas vidas.[23]

A DESFIGURAÇÃO — E A POSSÍVEL DESFIGURAÇÃO — DO ESTADO REGULATÓRIO

Uma forma de regulação federal multissetorial é a regulação antitruste. Nos Estados Unidos, essa regulação se desenvolveu no final do século XIX e início do século XX em resposta aos grandes trustes, com a mais notória sendo a Standard Oil Company de J. D. Rockefeller, que desfrutou de um incrível acúmulo de poder e domínio sobre os mercados.[24] Os abusos desse poder não controlado foram muito além do aumento dos preços aos consumidores. No final do século XX, no entanto, a regulação antitruste foi extensamente reinterpretada como limitada aos casos em que o poder corporativo poderia estar ligado ao aumento dos preços enfrentados pelos consumidores.[25] Claro, essa estrutura não se aplica se você é o produto, usando o serviço gratuitamente, pagando apenas com seu tempo e dados.

O "poder do Estado" não deve ser equiparado à regulamentação do governo federal nos EUA. O impacto dos dados pessoais e dos algoritmos capacitados por dados é atualmente contestado por várias regulações internacionais, limitando as ações das empresas de tecnologia globalmente ativas que moldam nossos futuros digitais. O exemplo recente mais visível é o Regulamento Geral sobre Proteção de Dados (GDPR) da UE, que entrou em vigor em 25 de maio de 2018. O GDPR desafia fundamentalmente o capitalismo de vigilância como um modelo de negócios. Um princípio de alto nível no GDPR, o Artigo 22, determina que os europeus "têm o direito de não estar sujeitos a uma decisão baseada apenas no processamento automatizado".[26] Tal como acontece com os princípios éticos ou constitucionais, o trabalho deliberativo entre legisladores, lobistas e tribunais começa separando esses princípios em padrões e regras. Entre outras normas, o GDPR estabelece uma série de "direitos dos titulares de dados" (ou seja, pessoas), incluindo o "direito de ser esquecido".[27] Transformar esse princípio em política tem desafiado as corporações a padronizar e melhorar sua governança de dados; ter uma infinidade de registros desconectados referentes aos usuários, com diferentes identificações de usuários, aumenta muito o tempo (e, portanto, o custo) necessário para uma empresa identificar e excluir os registros de indivíduos que fazem tais solicitações.

A regulação nos Estados Unidos também ocorre nos níveis do Estado e local, muitas vezes com efeitos semelhantes de obrigar as empresas a obedecerem globalmente, mesmo com padrões aplicáveis apenas em algumas regiões em que operam. Operacionalmente, fazer o contrário exigiria sistemas e processos separados ativos em cada região, uma complexidade logística que raramente vale qualquer lucro adicional obtido pela regionalização. Um exemplo no nível estadual dos EUA é a Lei de Privacidade do Consumidor da Califórnia (CCPA), que entrou em vigor em 28 de junho de 2018, às vezes chamada de "GDPR da Califórnia". Escrita com mais precisão que o GDPR, em termos ou regras em vez de princípios, a CCPA especifica multas, por exemplo, de "US$100 a US$750 por residente e incidente na Califórnia, ou danos reais, o que for maior, e qualquer outro recurso que o tribunal considere adequado, sujeito a uma opção da Procuradoria-Geral da Califórnia de processar a empresa em vez de permitir processos civis contra ela" (Código Civ. Cal. §1798.150). Dado o número de residentes da Califórnia e as interpretações de "incidente", essas multas podem ser um tremendo fardo financeiro para uma empresa cujos dados pessoais alimentam o modelo de negócios. Assim como a Califórnia já indicou o caminho com regulações ambientais de automóveis, o Estado tenta mostrar o caminho em regulações de privacidade.

Em um nível mais local, os municípios têm estado na vanguarda da regulação de algumas tecnologias de vigilância. Em julho de 2019, Oakland aprovou uma portaria impedindo a tecnologia de reconhecimento facial quanto a "aquisição, obtenção, retenção e acesso". Leis semelhantes foram aprovadas em São Francisco em maio de 2019; Somerville, Massachusetts, em junho de 2019; e Minneapolis em fevereiro de 2021.

Essas tendências fazem parte de uma recaptura do Estado, pelo menos nos Estados Unidos, como uma verificação do poder corporativo em torno dos dados. A vasta área de ação antitruste, com vários setores, foi recentemente contestada, com defensores como Tim Wu e Lina Khan da Columbia defendendo uma visão mais antiga, "neo-

-brandeisiana", que engloba uma compreensão muito mais ampla dos perigos da concentração econômica: monopólios ou quase monopólios.[28] (A visão de Louis Brandeis é muitas vezes oposta à de Robert Bork; seus detratores descartam esse movimento como "antitruste hipster".) Em 2021, Khan ingressou na Comissão Federal do Comércio (FTC), antecipando um tempo de contestação renovada do que significa antitruste quando o modelo de negócios depende da coleta de nossos dados e o produto é gratuito.

"AS VINTE E SEIS PALAVRAS QUE CRIARAM A INTERNET"

A regulação antitruste neo-brandeisiana é um dos dois tópicos que podem mudar em breve o equilíbrio entre os poderes do Estado e corporativo; o segundo, mais específico dos dados, está aumentando os pedidos para uma reinterpretação da "Seção 230". Essa seção se refere a uma frase de 26 palavras (em inglês) dentro da Lei de Decência das Comunicações de 1996:

> Nenhum provedor ou usuário de um serviço interativo de computador deve ser tratado como editor ou porta-voz de qualquer informação fornecida por outro provedor de conteúdo de informação.

Esse breve texto aborda um ponto mencionado antes: para um novo negócio, em uma abordagem setorial, importa muito se, por exemplo, um provedor de serviço de internet (ISP) é considerado "editor" ou "distribuidor" de conteúdo. A Seção 230 foi escrita em uma época anterior às empresas de plataforma de informação, como Twitter e Facebook, cujo negócio inclui classificação algorítmica e priorização do conteúdo apresentado. No entanto, suas proteções foram interpretadas para abranger essas empresas também, dando-lhes imunidade legal de responsabilidade pelo conteúdo que elas amplificam, classificam e distribuem online usando algoritmos, e lucrando. Com efeito, a Seção 230 permitiu que certos negócios existissem e prosperassem.

Essa imunidade tem limites: as empresas de plataforma ainda moderam o conteúdo, incluindo o conteúdo relacionado a terrorismo, sexualmente explícito e em violação de direitos autorais. Nem toda moderação é algorítmica; revisores humanos, em geral chamados de "moderadores de conteúdo", não editores, são uma parte vital desse processo.[29] Um relatório recente da NYU estimou:

> Hoje, 15 mil trabalhadores, a grande maioria empregada por fornecedores terceirizados, policiam a principal plataforma do Facebook e sua subsidiária, o Instagram. Cerca de 10 mil pessoas examinam o YouTube e outros produtos do Google. O Twitter, uma empresa muito menor, tem cerca de 1.500 moderadores.[30]

Nos últimos 25 anos, corporações e defensores da liberdade de expressão celebraram as proteções da Seção 230. Mas nos últimos anos os pedidos de reavaliação dessa proteção cresceram recentemente tanto na esquerda quanto na direita (no momento da escrita deste livro, a página "Seção 230" da Wikipédia tinha uma seção chamada "revisão do Departamento de Justiça 2020").

Apesar da aplicabilidade da Seção 230, as empresas de plataforma de informações não estão apenas "fornecendo" informações; as inúmeras escolhas subjetivas de design feitas por cientistas de dados, engenheiros e designers de produto ao longo do caminho estão realizando uma função editorial otimizada e personalizada, mesmo quando essas decisões editoriais são implantadas por algoritmos. Não há como apresentar esse volume de conteúdo gerado pelo usuário de uma maneira que seja simultaneamente útil e "neutra". Conforme cidadãos e senadores se conscientizam cada vez mais e se preocupam com o impacto na sociedade dessa edição e amplificação algorítmica, a amplitude das proteções gerais da Seção 230 pode, em breve, levar a uma reinterpretação nos tribunais ou mesmo a uma nova legislação. O efeito pode ser mudar a maneira como esses algoritmos são implantados pelas empresas de conteúdo. Em um uso irônico da privacidade, normalmente associado à proteção do consumidor, as plataformas de informação que usam criptografia de ponta a ponta são protegidas da responsabilidade legal pelo conteúdo, uma vez que são criptograficamente incapazes de visualizar e, portanto, moderar o conteúdo. Assim como a Seção 230 "criou a internet", prevemos que a resolução dessas disputas legais terá um tremendo efeito em como essas empresas operam e, portanto, em seu impacto na sociedade.[31]

Poder, Terceira Parte: O Poder do Povo

Descrevemos as disputas atuais entre os poderes corporativos e a natureza mutável do poder do Estado e da regulação em relação a dados e algoritmos capacitados por dados. A sociedade civil tem suas próprias formas de regular. Na linguagem dos estudiosos jurídicos, isso forma uma "ordem privada"; chamaremos isso mais vagamente de o poder do povo.

O PODER DO POVO: DENTRO DAS ORGANIZAÇÕES

A forma mais visível de "ordem privada", em que os indivíduos podem ter o impacto mais direto, ocorre dentro de comunidades separadas, como uma empresa. Em "Employees as Regulators: The New Private Ordering in High Technology Companies" [Funcionários como reguladores: A nova ordem privada em empresas de alta tecnologia, em tradução livre], Jennifer Fan descreve vários mecanismos que podem efetuar essa ordem.[32] A defesa escrita, agora ampliada pela democratização da publicação via web e redes sociais, é um desses mecanismos. Isso pode incluir o papel de se comunicar diretamente com a imprensa, muitas vezes a uma velocidade que faz com que o impacto seja em "tempo real". Um desses exemplos é citado em *The Atlantic*, como parte de uma cronologia de vazamentos:

> dia 17 de agosto de 2018, Google para o *New York Times*: Alguns funcionários do Google fornecem as falas de Kate Conger do *The Times* em relação a uma palestra que Sundar Pichai dava sobre o projeto Dragonfly. Conger tuitou isso, levando o funcionário do Google a dizer [um palavrão] no microfone aberto, que também vazou.[33]

Essa publicidade pode ser particularmente útil como parte da ação coletiva, por exemplo, uma entrevista recente da CNN com um analista de dados do *New York Times*, explicando o interesse dos funcionários em sindicalizar.

Outra forma de ordem privada que exige ação coletiva envolve a coleta de informações privadas de colegas. As informações salariais, informações fechadas de empresas que desejam equilibrar os incentivos dos funcionários com igualdade salarial, podem ser uma ferramenta bem poderosa para a ação coletiva. Tais práticas expõem a desigualdade entre grupos demográficos, como foi o caso quando Erica Baker, do Google, começou a coletar uma planilha de dados salariais em 2015.[34]

Em maior escala, nas empresas de capital aberto, o ativismo acionista oferece outro mecanismo de ordem privada. Em muitas empresas, os funcionários também são acionistas, o que deu origem a momentos de poder, como o ativismo dos funcionários nas reuniões de acionistas da Amazon em relação a várias questões éticas. Dito isso, as empresas de tecnologia adotaram cada vez mais o modelo de ações mais antigo em dois níveis, entre outros, o *New York Times*, com certas ações tendo mais direitos de voto que outras. Por exemplo, esse sistema dá aos fundadores do Facebook, da Amazon e do Snapchat o controle de suas empresas, apesar delas serem "públicas".

Alianças entre empresas, como Tech Workers Coalition (fundada em 2014), Tech Solidarity (2016), Neveragain.tech (2016) e Carceral Tech Resistance Network (CTRN, 2020) estão instruindo e organizando trabalhadores de tecnologia para exigir mudanças nas empresas afins. ONGs que facilitam a ação coletiva, como a Coworker.org, permitem que os funcionários de tais empresas pressionem a gerência. À medida que a demanda por talentos de engenharia aumenta a pressão nas empresas, a ameaça da dificuldade de recrutar e reter esses trabalhadores aumenta cada vez mais. Em *Data Feminism* [sem publicação no Brasil], D'Ignazio e Klein observam: "As pessoas que trabalham com dados, genericamente falando, têm escolha — escolha para quem trabalham, em quais projetos trabalham e quais valores rejeitam."[35] Mais do que muitos funcionários, elas podem insistir em futuros de dados alternativos. Uma forma de ação coletiva para aqueles que não estão prontos para deixar seus empregadores é a paralisação, com exemplos notáveis no Google, onde mais de 20 mil funcionários realizaram um protesto de grande visibilidade na manhã de 1º de novembro de 2018.* Em última análise, essas paralisações

* Para um cronograma de exemplos de ordem privada de 2016 a 2018, junto com entrevistas com nove funcionários de tecnologia, incluindo da Tech Workers Coalition e a paralisação do Google em 2018, veja Cameron Bird *et al.*, "The Tech Revolt", *California Sunday Magazine*, 23 de janeiro de 2019, https://story.californiasunday.com/tech-revolt/.

não trouxeram as mudanças que os organizadores defendiam, e duas das principais organizadoras (Claire Stapleton e Meredith Whittaker) renunciaram, citando retaliação do Google. No entanto, elas persistiram, fazendo declarações públicas sobre suas escolhas e discutindo com a imprensa suas reclamações.

Atualmente, os funcionários de tecnologia estão cada vez mais se voltando não apenas para a ação coletiva, mas especificamente para a sindicalização. Isso inclui a sindicalização de 2020 no Kickstarter e no Glitch, e os esforços de sindicalização de 2021 por trabalhadores de tecnologia, entre outras empresas, na Alphabet, Amazon, Dow Jones e *New York Times*.

Embora tais ações, individuais ou coletivas, não tenham o impacto imediato das mudanças regulatórias abrangentes como o GDPR, elas podem ter grandes efeitos, em particular para empresas em que grande parte de uma equipe crítica, como engenheiros de software, participa. Como Sarah T. Hamid da CTRN escreve: "Os sistemas pelos quais lutamos existem há tempos... Mas se você puder causar um pouco de atrito, poderá abrir algum espaço para respirar."[36] Em seu livro *Race After Technology* [sem publicação no Brasil], Ruha Benjamin, contra correções tecnológicas fáceis, observa: "devemos exigir que os designers de tecnologia e os tomadores de decisão se tornem administradores responsáveis da tecnologia, capazes de promover o bem-estar social", usando o exemplo da Promessa de Rosto Seguro da Liga da Justiça Algorítmica.[37] Esses esforços podem acontecer interna e externamente.

O PODER DO POVO: EXTERNO

> Está mais do que na hora de nós, como público, levarmos a sério nossas responsabilidades pelas consequências sociais atuais e iminentes da IA... A responsabilidade não pode ser simplesmente transferida e terceirizada para desenvolvedores de tecnologia e empresas privadas... Os cidadãos devem ver as questões que envolvem a IA como um problema coletivo *de todos nós*, em vez de um problema técnico *só deles* [empresas e Estado].
>
> — *Annette Zimmermann, Elena Di Rosa e Hochan Kim*[38]

O público em geral interage com essas empresas também, como usuários, provedores de trabalho livre na forma de dados de treinamento e fornecedores de nossos valiosos dados comportamentais e pessoais de forma mais ampla. Para empresas como Spotify ou Netflix, o público fornece o financiamento da empresa diretamente por meio de assinaturas. Nas empresas em que somos o produto e não o cliente, desfrutamos da conveniência do serviço, mas raramente "fazemos perguntas desconfortáveis sobre nosso próprio papel como público", apontam Zimmermann, Di Rosa e Kim, "ao autorizar e contestar o uso das tecnologias de IA por empresas e pelo Estado".[39] A ação externa dos indivíduos, mesmo quando generalizada, raramente tem um impacto visível na empresa. O movimento #DeleteUber em janeiro de 2017 levou "milhares" de usuários a excluir seu aplicativo, de acordo com os documentos da IPO (oferta pública inicial) da empresa. Na verdade, isso aconteceu no início de um ano terrível para eles, incluindo a substituição do CEO fundador, embora tenha sido um dos vários problemas nela. Tal ação pública nega a receita de uma empresa, mas também dados valiosos — um "boicote de dados"; as demissões de talentos fornecem um "boicote de talentos". Cada um causa um pequeno "atrito", para usar a linguagem de Hamid. Uma questão crucial no futuro dos dados será se o atrito coletivo interno ou externo suficiente faz retardar o crescimento do alcance e do poder das empresas de tecnologia orientadas por dados.

Os maiores perigos dessas empresas podem ser o de minar a possibilidade do seu próprio processo democrático. "O capitalismo informacional de hoje", escreve a professora de direito de Yale, Amy Kapczynski, "traz uma ameaça não apenas às nossas subjetividades individuais, mas à igualdade e à nossa capacidade de autonomia. As questões de dados e democracia, não apenas de dados e dignidade, devem ser nossa preocupação central".[40] A ordem privada, incluindo a ação coletiva, às vezes alianças cínicas, em todos os níveis de governança, com todas as diversas formas de poder, pode se tornar o caminho que nos permitirá transformar sistemas algorítmicos em aprimoramento da autogestão com o objetivo de alcançar a justiça, não destruir ainda mais nossa governança, aumentando as desigualdades existentes.

De Volta à Instabilidade

Nunca profetize, em especial sobre o futuro.

— *Atribuída a Samuel Goldwyn e/ou Niels Bohr*

Em vez de tentar profetizar ou defender a revolução, focamos as disputas entre os poderes: corporativo, do Estado e do povo. As forças entre esses poderes atuam em escalas muito diferentes de tempo e eficácia, embora cada uma tenha o potencial de moldar o futuro dos dados. Os dados continuam sendo uma maneira tremendamente eficaz de os poderes em exercício manterem controle sobre seus domínios, particularmente os estatais e os corporativos. No caso das tecnologias habilitadas para dados, pode ser difícil lembrar de uma época anterior, antes dos smartphones, antes da WWW, antes dos dispositivos de vigilância 24h em nossas casas. Uma visão histórica torna o presente estranho, pois acaba com a ilusão do determinismo tecnológico: a crença de que a tecnologia causa transformação social, econômica e cultural. Para que as tecnologias tenham o impacto que têm, elas requerem decisões legais, de infraestrutura e sociais que as permitam crescer e se tornar parte de nossas normas. Esses efeitos não acontecem por acaso.

Esperamos que a visão do possível futuro apresentado aqui, como um jogo instável, lembre-o de que o presente não é uma sentença de prisão, mas apenas nosso retrato atual: não *temos* que usar sistemas de decisão algorítmicos antiéticos ou sem transparência, mesmo em contextos onde seu uso pode ser tecnicamente viável. Anúncios baseados em vigilância em massa não são os elementos necessários da nossa sociedade. Não precisamos criar sistemas que aprendam as estratificações do passado e do presente, e as reforcem no futuro. A privacidade não morreu por causa da tecnologia; não é verdade que a única maneira de apoiar o jornalismo, a escrita de livros ou qualquer ofício que importa para você é espioná-lo para veicular anúncios. Mas há alternativas. Muitos desses sistemas incorporam elementos que queremos em nossa sociedade, e muitos não. Levará tempo. O trabalho será granular. Nada disso terá correções rápidas. Não será tão simples como adicionar um novo termo a uma função de custo. Não será uma decisão regulatória. É provável que envolva alianças estranhas e às vezes cínicas, até mesmo desconfortáveis. As tecnologias emergentes normalmente estão disponíveis primeiro para quem está no poder; outras vezes são usadas para capacitar os oprimidos e destituídos de direitos, mas em geral são usadas para defender e estender seu próprio poder e controle. Portanto, leva um tempo para reorientar normas, leis, arquitetura e mercados de uma forma que aproveite essas capacidades emergentes para capacitar os indefesos, mas isso pode ser feito.[41] Tecnologia significa mudança, mas a mudança social leva tempo: como vimos, às vezes leva décadas para que uma tecnologia se integre à sociedade antes de se comportar com nossos valores e normas, se é que isso acontece. Muitas forças em potencial, grandes e pequenas, estão a nosso dispor, direta e indiretamente, para moldar as relações entre tecnologia e normas, leis e mercados, e o papel dos dados em tudo isso.

AGRADECIMENTOS

ESTE LIVRO SURGIU de uma aula que desenvolvemos para alunos de Columbia e Barnard. Primeiro pensamos em ensinar instigando um grupo de alunos de Columbia e com o apoio financeiro, moral e burocrático fornecido pelo centro Collaboratory em Columbia, chefiado por Richard Witten e Jeanette Wing, então diretor do Instituto de Ciência de Dados da Columbia. Se não fosse por nossos alunos de 2017 a 2022, este trabalho seria muito mais restrito e limitado no escopo. Eles consistentemente nos levaram a aguçar nossa consideração dos conflitos persistentes entre os dados, a verdade e o poder, do século XVIII até hoje. Somos gratos por seu foco, engajamento e curiosidade. Suas perguntas moldaram o material e nos inspiraram a trabalhar mais para encontrar as raízes históricas e tecnológicas que ajudam a "explicar" o presente, embora o tornem estranho ao imaginar as realidades contrafactuais que facilmente poderiam ter ocorrido. Esses outros mundos, aqueles que poderiam ter sido, também inspiraram nossas discussões sobre os futuros possíveis que todos nós ainda podemos criar e desfrutar.

MINHA COMPREENSÃO PESSOAL (Wiggins) das realidades do desenvolvimento e da implantação do aprendizado de máquina no setor foi moldada por meus fantásticos colegas, antigos e atuais, na equipe Data Science do *New York Times*, junto com tecnólogos igualmente qualificados em várias plataformas de informação que provavelmente prefeririam que eu não os citasse, mas sabem quem são.

Minha compreensão de ética foi inicialmente moldada a partir de discussões com Matt Salganik sobre seu livro *Bit by Bit* [sem publicação no Brasil] e refinada por muitos debates com Robin Berjon, diretor de governança de dados do *The Times*, em particular durante o ano do professor Salganik como acadêmico residente no *The Times*. Agradeço a David Blei, David Donoho, Gerd Gigerenzer, Mark Hansen, Gina Neff, Peter Norvig, Cathy O'Neil, Deb Raji, Ben Recht, Alfred Spector, Latanya Sweeney, Anne Washington, Hadley Wickham e Jeanette Wing pelos insights adicionais e perguntas sobre dados, data science e ética. Entender como os algoritmos moldam e distorcem a realidade foi aperfeiçoado por conversas durante anos com David Carroll, Renee DiResta, Joan Donovan e Justin Hendrix. O maior impacto dos dados na nossa verdade coletiva, sobretudo nas áreas da mídia e da política, foi bastante esclarecido por muitas conversas com Mark Thompson.

Agradeço a Matt Jones, Ariel Kaminer, Rob Phillips e Allison Schrager pelos conselhos ilimitados sobre como realmente escrever um livro. E obrigado, claro e sempre, aos meus pais, Richard e Carolyn Wiggins.

TENTAMOS EXPRESSAR BEM nossa dívida com estudiosos, legisladores e tecnólogos que transformaram nosso pensamento. Eu (Jones) tirei a sorte grande por trabalhar com Stephanie Dick, Richard Staley, Mustafa Ali, Jonnie Penn e Sarah Dillon no projeto de dois anos intitulado History of Artificial Intelligence: A Genealogy of Power [História da inteligência artificial: Uma genealogia do poder, em tradução livre], em um seminário em Mellon-Sawyer e antes disso com Dick, Penn e Aaron Mendon-Plasek em um workshop sobre a história da IA. Ao longo do processo, acadêmicos inspiradores de todo o mundo nos desafiaram e inspiraram. Eu me beneficiei muito de uma bolsa em Data & Society, onde tive a grande sorte de trabalhar especialmente com danah boyd, Darakhshan Mir, Jeanna Matthews, Seth Young e Claudia Haupt. Além de grande companheirismo, Seth Young forneceu muita orientação para pensar sobre responsabilidade, um projeto inacabado com ele tornou possível um dos capítulos aqui. Em Columbia, Eben Moglen gentilmente me permitiu fazer dois cursos de Direito, Rachel Schutt e Cathy O'Neil me permitiram assistir seu primeiro curso de data science. Chris Wiggins participou da minha primeira palestra preliminar sobre esses assuntos: a clareza de pensamento e generosidade que encontrei pela primeira vez lá estiveram presentes em toda a nossa colaboração, culminando neste livro.

Os principais aspectos da história de data sciences apresentadas aqui se reuniram em workshops no Instituto Max Planck de História da Ciência em Berlim e em Huntington, organizado pela UCLA. Iterações mais acadêmicas de ideias aqui se beneficiaram muitíssimo das perguntas e dos comentários de um público inteligente na Universidade de Michigan – Ann Arbor; Universidade de Indiana; UC Berkeley, UCLA, UCSB, UCSD; Universidade Tecnológica de Nanyang, Sciences Po; Cornell Tech; Universidade de Cambridge; Instituto Universitário Europeu; Universidade de Chicago; Universidade de Siegen; Universidade da Pensilvânia; Universidade Rutgers; Departamento de Ciências da Computação em Columbia. Aproveitei muito as comunidades em torno de David Isenberg. Meu aluno de pós-graduação Aaron Mendon-Plasek vem trabalhando profundamente na história do aprendizado de máquina; seu trabalho em breve ofuscará os relatos fornecidos aqui.

Realizar este projeto significou voltar à escola, algo possibilitado pelas fundações Mellon e Guggenheim. A Fundação Sloan financiou uma série de workshops em Columbia sobre histórias de dados e inteligência artificial.

Arquivistas do Acervo Especial de Stanford, da Biblioteca Britânica, da Sociedade Filosófica Americana, do Acervo Especial de Columbia, da Universidade Massachussetts Amherst, da Biblioteca Baker em Princeton e do Acervo Especial Reno da Universidade de Nevada possibilitaram a pesquisa. Os muitos funcionários do governo que responderam às solicitações da FOIA também garantiram que grande parte da história pudesse ser contada aqui.

Com seu grande amor por livros, minhas três filhas poderão ler este um dia e, sem dúvidas, descobrir os erros e as infelicidades que restaram. A visão, o amor e a inteligência de Elizabeth Lee ecoam em tudo o que escrevo e faço. 我愛妳們!

AGRADECEMOS A Ella Coon e Susannah Glickman, que foram muito além do dever ao editar, revisar e melhorar o rascunho final do livro. Os colegas generosos Stephanie Dick, danah boyd, Theodore Porter, David Sepkoski e Sarah Igo leram atentamente e melhoraram muito os capítulos rascunhados, observando nossos erros e incentivando o trabalho. Excelentes comentários críticos sobre os rascunhos deste livro também foram fornecidos por Chris Eoyang, Su Hang, Willian Janeway, DJ Patil e JB Rubinovitz. Todos os erros que passaram são inteiramente nossa culpa. A Fundação Sloan apoiou a conclusão deste livro; um agradecimento especial a Josh Greenberg por seu encorajamento.

Cathy O'Neil e Mark Hansen nos convidaram em 2014 para ensinar jornalistas de dados como parte do Programa Lede da Escola de Jornalismo de Columbia e, assim, colocar em prática o data science crítico. Foi nossa primeira oportunidade para desenvolver um currículo e ensinar juntos; a estrutura — combinando palestra e engajamento funcional com material em Python —, as perguntas feitas sobre o papel dos dados na sociedade e a produção da verdade fundamentaram nosso curso posterior.

Nosso agente Eric Lupfer moldou nossas ideias principais iniciais em uma proposta, depois em um livro com um forte foco narrativo e argumentativo. Com sua visão e precisão, nosso editor John Glusman ajudou a transformar o primeiro rascunho no livro diante de você.

NOTAS

PRÓLOGO

1. Kevin Roose e Cecilia Kang, "Mark Zuckerberg Testifies on Facebook Before Skeptical Lawmakers", *New York Times*, 11 de abril de 2018, sec. US, https://www.nytimes.com/2018/04/10/us/politics/zuckerberg-facebook-senate-hearing.html.

2. O ritmo semanal da aula envolvia duas reuniões separadas, com debates às terças-feiras e uma interação funcional com o material às quintas-feiras: isto é, interação computacional em Python fazendo as análises de dados e os modelos de aprendizado de máquina discutidos nas terças. Neste livro não tentamos capturar a parte aplicada da aula, mas convidamos os leitores interessados em uma leitura mais atenta do material interajam diretamente com os dados e o código online no site do curso: https://data-ppf.github.io/ [conteúdo em inglês].

3. Nossa linguagem aqui vem de Phillip Rogaway, "The Moral Character of Cryptographic Work" (2015), 1, https://web.cs.ucdavis.edu/~rogaway/papers/moral-fn.pdf.

01: OS ENVOLVIDOS

1. Hanna Wallach, "Big Data, Machine Learning, and the Social Sciences", Medium, 23 de dezembro de 2014, https://medium.com/@hannawallach/big-data-machine-learning-and-the-social-sciences-927a8e20460d.

2. Wallach.

3. danah boyd e Kate Crawford, "Critical Questions for Big Data", *Information, Communication & Society* 15, nº 5 (1º de junho de 2012): 663, https://doi.org/10.1080/1369118X.2012.678878.

4. Tal defesa ecoa os movimentos nos anos 1960 entre engenheiros buscando mais tecnologias com consciências social e ambiental, registrado em Matthew H. Wisnioski, *Engineers for Change: Competing Visions of Technology in 1960s America* (Cambridge, MA: MIT Press, 2012).

5. Safiya Umoja Noble, "Google Search: Hyper-Visibility as a Means of Rendering Black Women and Girls Invisible". *InVisible Culture*, nº 19

(29 de outubro de 2013), http://ivc.lib.rochester.edu/google-search-hyper-visibility-as-a-means-of-rendering-black-women-and-girls-invisible/. Ela desenvolveu os argumentos em seu livro *Algorithms of Oppression: How Search Engines Reinforce Racism* (New York: New York University Press, 2018).

6. Cathy O'Neil, *Weapons of Math Destruction: How Big Data Increases Inequality and Threatens Democracy* (New York: Crown, 2016), 48.

7. Ruha Benjamin, *Race after Technology: Abolitionist Tools for the New Jim Code* (Cambridge, UK; Medford, MA: Polity Press, 2019), 44–45.

8. Meredith Whittaker, "The Steep Cost of Capture", *Interactions* 28, nº 6 (novembro de 2021): 50–55, https://doi.org/10.1145/3488666.

9. Virginia Eubanks, "Public Thinker: Virginia Eubanks on Digital Surveillance and People Power", entrevista a Jenn Stroud Rossman, *Public Books* (online), 9 de julho de 2020, https://www.publicbooks.org/public-thinker-virginia-eubanks-on-digital-surveillance-and-people-power/.

10. Lisa Nakamura, *The Internet Is a Trash Fire. Here's How to Fix It*, 2019, https://www.ted.com/talks/lisa_nakamura_the_internet_is_a_trash_fire_here_s_how_to_fix_it.

11. Zeynep Tufekci, "Engineering the Public: Big Data, Surveillance and Computational Politics", *First Monday*, 2 de julho de 2014, https://doi.org/10.5210/fm.v19i7.4901.

12. Renee DiResta, "Mediating Consent", *ribbonfarm* (blog), 17 de dezembro de 2019, https://www.ribbonfarm.com/2019/12/17/mediating-consent/.

13. Virginia Eubanks, *Automating Inequality: How High-Tech Tools Profile, Police, and Punish the Poor* (New York: St. Martin's Press, 2017).

14. Brianna Posadas, "How Strategic Is Chicago's 'Strategic Subjects List'? Upturn Investigates", Medium, 26 de junho de 2017, https://medium.com/equal-future/how-strategic-is-chicagos-strategic-subjects-list--upturn-investigates-9e5b4b235a7c.

15. Veja Martha Poon, "Corporate Capitalism and the Growing Power of Big Data: Review Essay", *Science, Technology, & Human Values* 41, nº 6 (2016): 1088–1108.

16. Whittaker, "The Steep Cost of Capture"; Rodrigo Ochigame, "The Invention of 'Ethical AI': How Big Tech Manipulates Academia to Avoid Regulation", *The Intercept* (blog), 20 de dezembro de 2019, https://theintercept.com/2019/12/20/mit-ethical-ai-artificial-intelligence/; Thao Phan *et alii*, "Economies of Virtue: The Circulation of 'Ethics' in Big Tech", *Science as Culture*, 4 de novembro de 2021, 1–15, https://doi.org/10.1080/09505431.2021.1990875; Matthew Le Bui e Safiya Umoja Noble, "We're Missing a Moral Framework of Justice in Artificial

Intelligence", *The Oxford Handbook of Ethics of AI*, Markus Dirk Dubber, Frank Pasquale, Sunit Das, eds. (Oxford: Oxford University Press, 2020), https://doi.org/10.1093/oxfordhb/9780190067397.013.9.

17. Para pedido particular, veja Jennifer S Fan, "Employees as Regulators: The New Private Ordering in High Technology Companies", *Utah Law Review*, nº 5 (2019): 55.

18. "Principles for Accountable Algorithms and a Social Impact Statement for Algorithms :: FAT ML", acessado em 1º de outubro de 2018, http://www.fatml.org/resources/principles-for-accountable-algorithms.

19. Importantes estudos críticos incorporando abordagens histórias incluem Wendy Hui Kyong Chun e Alex Barnett, *Discriminating Data: Correlation, Neighborhoods, and the New Politics of Recognition* (Cambridge, MA: MIT Press, 2021); Justin Joque, *Revolutionary Mathematics: Artificial Intelligence, Statistics and the Logic of Capitalism* (New York: Verso, 2022); Kate Crawford, *Atlas of AI: Power, Politics, and the Planetary Costs of Artificial Intelligence* (New Haven, CT: Yale University Press, 2021); Meredith Broussard, *Artificial Unintelligence: How Computers Misunderstand the World* (Cambridge, MA: MIT Press, 2018). Para "big data", veja o pioneiro Rob Kitchin, *The Data Revolution: Big Data, Open Data, Data Infrastructures & Their Consequences* (Los Angeles: SAGE Publications, 2014).

20. Melvin Kranzberg, "Technology and History: 'Kranzberg's Laws'", *Technology and Culture* 27, nº 3 (1986): 547–548.

21. Enrico Coiera, "The Fate of Medicine in the Time of AI", *The Lancet* 392, nº 10.162 (1º de dezembro de 2018): 2331, https://doi.org/10.1016/S0140-6736(18)31925-1.

22. Para a história de uma ferramenta poderosa ao ensinar ética, veja R. R. Kline, "Using History and Sociology to Teach Engineering Ethics", *IEEE Technology and Society Magazine* 20, nº 4 (2001): 13–20, https://doi.org/10.1109/44.974503.

23. Para uma excelente pesquisa dos diferentes momentos do acúmulo de dados e análise nos EUA, veja Dan Bouk, "The History and Political Economy of Personal Data over the Last Two Centuries in Three Acts", *Osiris* 32 (2017): 85–106; Martha Hodes, "Fractions and Fictions in the United States Census of 1890", em *Haunted by Empire: Geographies of Intimacy in North American History*, ed. Ann Laura Stoler (Durham, NC: Duke University Press, 2006), 240–270; Simone Browne, *Dark Matters: On the Surveillance of Blackness* (Durham, NC: Duke University Press, 2015); Khalil Gibran Muhammad, *The Condemnation of Blackness: Race, Crime, and the Making of Modern Urban America* (Cambridge, MA: Harvard University Press, 2010).

24. Sarah E. Igo, *The Averaged American: Surveys, Citizens, and the Making of a Mass Public* (Cambridge, MA: Harvard University Press, 2007); Emmanuel Didier, *America by the Numbers: Quantification, Democracy, and the Birth of National Statistics* (Cambridge, MA: MIT Press, 2020); Daniel B. Bouk, *How Our Days Became Numbered: Risk and the Rise of the Statistical Individual* (London: University of Chicago Press, 2015); Emily Klancher Merchant, *Building the Population Bomb* (New York: Oxford University Press, 2021). Em termos mais gerais, veja os estudos clássicos de Geoffrey C. Bowker e Susan Leigh Star, *Sorting Things Out* (Cambridge, MA: MIT Press, 1999) e Wendy Nelson Espeland e Michael Sauder, "Rankings and Reactivity: How Public Measures Recreate Social Worlds", *American Journal of Sociology* 113, nº 1 (1º de julho de 2007): 1–40, https://doi.org/10.1086/517897.

25. Caitlin Rosenthal, *Accounting for Slavery: Masters and Management* (Cambridge, MA: Harvard University Press, 2018).

26. Theodore M. Porter, *Trust in Numbers: The Pursuit of Objectivity in Science and Public Life* (Princeton, NJ: Princeton University Press, 1995).

27. Veja a crítica em Frank Pasquale, *The Black Box Society: The Secret Algorithms That Control Money and Information* (Cambridge, MA: Harvard University Press, 2015).

28. Martha Poon enfatiza que a aparente fatalidade dessas práticas é o que deve ser explicado, não aceito como dado: "os detalhes de como os sistemas de pontuação são feitos, como conectam, coordenam e interagem, e acima de tudo, como evoluem, devem importar em como eles reformataram e reagruparam a indústria de crédito do consumidor usando o cálculo de risco". Martha Poon, "Scorecards as Devices for Consumer Credit: The Case of Fair, Isaac & Company Incorporated", *The Sociological Review* 55, nº 2_supl (outubro de 2007): 288, https://doi.org/10.1111/j.1467-954X.2007.00740.x.

02: FÍSICA SOCIAL E *L'HOMME MOYEN*

1. Citado em Karl Pearson, *The Life, Letters and Labours of Francis Galton* (Cambridge, UK: University Press, 1914), vol. 2, 418, http://archive.org/details/b29000695_0002.

2. Nightingale para William Farr, 23/02/1874, em *Florence Nightingale on Society and Politics, Philosophy, Science, Education and Literature: Collected Works of Florence Nightingale,* Volume 5, ed. Lynn McDonald (Waterloo, ON: Wilfrid Laurier University Press, 2003), 39.

3. Ian Hacking, *The Taming of Chance* (Cambridge, UK: Cambridge University Press, 1990), 106.

4. Joseph Lottin, *Quetelet, Statisticien et Sociologue* (Louvain: Institut supérieur de philosophie, 1912), 52; Theodore M. Porter, *The Rise of Statistical Thinking, 1820–1900* (Princeton, NJ: Princeton University Press, 1986), 47.

5. David Aubin, "Principles of Mechanics That Are Susceptible of Application to Society: An Unpublished Notebook of Adolphe Quetelet at the Root of His Social Physics", *Historia Mathematica* 41, nº 2 (1º de maio de 2014): 209, 216, https://doi.org/10.1016/j.hm.2014.01.001.

6. Kevin Donnelly, *Adolphe Quetelet, Social Physics and the Average Men of Science, 1796–1874* (Routledge, 2015), 73, https://doi.org/10.4324/9781315653662.

7. Traduzido em Paul F. Lazarsfeld, "Notes on the History of Quantification in Sociology — Trends, Sources and Problems", *Isis* 52, nº 2 (1961): 293.

8. Veja Morgane Labbé, "L'arithmétique politique en Allemagne au début du 19e siècle: réceptions et polémiques", *Journal Electronique d'Histoire des Probabilités et de la Statistique* 4, nº 1 (2008): 7.

9. Peggy Noonan, "They've Lost That Lovin' Feeling", *Wall Street Journal*, acessado em 20 de novembro de 2012, http://online.wsj.com/article/SB10001424053111904800304576474620336602248.html.

10. Para análises avançadas de desenvolvimentos do século XVII em diante, veja, em uma extensa literatura, Jacqueline Wernimont, *Numbered Lives: Life and Death in Quantum Media* (Cambridge, MA: MIT Press, 2018), esp. cap. 2; Andrea Rusnock, "Quantification, Precision, and Accuracy: Determinations of Population in the Ancien Régime", em *Values of Precision*, ed. M. Norton Wise (Princeton, NJ: Princeton University Press, 1995), 17–38; William Deringer, *Calculated Values: Finance, Politics, and the Quantitative Age* (Cambridge, MA: Harvard University Press, 2018), que enfatiza as origens não governamentais do pensamento numérico muito mais antigo.

11. Lisa Gitelman, ed., *Raw Data Is an Oxymoron*. (Cambridge, MA: MIT Press, 2013). Diversas coleções maiores de ensaios desenvolvem essas ideias ao longo do tempo e no planeta: Elena Aronova, Christina von Oertzen, e David Sepkoski, eds., *Data Histories*, Osiris 32 (Chicago: University of Chicago Press, 2017); Soraya de Chadarevian e Theodore M. Porter, *Histories of Data and the Database*, vol. 48, nº 5, *Historical Studies in the Natural Sciences*, 2018; veja também Amelia Acker, "Toward a Hermeneutics of Data", *Annals of the History of Computing, IEEE* 37, nº 3 (2015): 70–75.

12. Hacking, *The Taming of Chance*, 2.

13. Para um relato detalhado da China, veja Tong Lam, *A Passion for Facts: Social Surveys and the Construction of the Chinese Nation State, 1900–1949*. (Berkeley: University of California Press, 2011), cap. 1.

14. Jacqueline Wernimont, *Numbered Lives,* 28; para o trabalho de coletar esses dados, veja Deborah E. Harkness, "A View from the Streets: Women and Medical Work in Elizabethan London", *Bulletin of the History of Medicine* 82, nº 1 (2008): 52–85.

15. Victor L. Hilts, "Aliis Exterendum, or, the Origins of the Statistical Society of London", *Isis* 69, nº 1 (março de 1978): 21–43, https://doi.org/10.1086/351931.

16. O foco no argumento é central em William Deringer, *Calculated Values.*

17. Veja David Sepkoski e Marco Tamborini, "'An Image of Science': Cameralism, Statistics, and the Visual Language of Natural History in the Nineteenth Century", *Historical Studies in the Natural Sciences* 48, nº 1 (1º de fevereiro de 2018): 56–109, https://doi.org/10.1525/hsns.2018.48.1.56; Deringer, *Calculated Values.*

18. Veja Jean-Guy Prévost e Jean-Pierre Beaud, *Statistics, Public Debate and the State, 1800–1945: A Social, Political and Intellectual History of Numbers* (Routledge, 2016), 3.

19. O trabalho internacional de Quetelet é um tema maior de Donnelly, *Adolphe Quetelet, Social Physics and the Average Men of Science, 1796–1874.*

20. Adolphe Quetelet, *A Treatise on Man and the Development of His Faculties* (Edinburgh: W. e R. Chambers, 1842), 6, http://archive.org/details/treatise onmandev00quet.

21. Quetelet, 6.

22. David Aubin, "On the Epistemic and Social Foundations of Mathematics as Tool and Instrument in Observatories, 1793–1846", em *Mathematics as a Tool*, ed. Johannes Lenhard e Martin Carrier, vol. 327 (Cham, Switzerland: Springer International Publishing, 2017), 290–91, https://doi.org/10.1007/978-3-319-54469-4_10; Porter, *The Rise of Statistical Thinking, 1820-1900*, 42; Donnelly, *Adolphe Quetelet, Social Physics and the Average Men of Science, 1796–1874*, 111–112. Aubin destaca as técnicas de observar dados; Donnelly enfatiza a crescente habilidade de Quetelet ao obter dados em fontes pela Europa.

23. Hacking, *The Taming of Chance*, 109.

24. Adolphe Quetelet, *Recherches Statistiques* (Brussels: M. Hayez, 1844), 54.

25. Hacking, *The Taming of Chance*, 107.

26. Quetelet, *A Treatise on Man*, 5.

27. Quetelet, 6.

28. Quetelet, 6.

29. Quetelet, 6.

30. Quetelet, 6.

31. Hacking, *The Taming of Chance*, 108.

32. Margaret Thatcher, Interview for Woman's Own, 23/09/1987, https://www.margaretthatcher.org/document/106689.

33. Porter, *The Rise of Statistical Thinking, 1820–1900*, 55.

34. Quetelet, *A Treatise on Man*, 7.

35. Porter, *The Rise of Statistical Thinking, 1820–1900*, 46.

36. Porter, 104.

37. Hacking, *Taming of Chance,* 108.

38. Adrian Wooldridge, *Measuring the Mind: Education and Psychology in England, c. 1860–c. 1990* (New York: Cambridge University Press, 1994), 74.

39. Citado em Pearson, *The Life, Letters and Labours of Francis Galton*, v. 2, 419.

40. Citado em Pearson, v. 2, 419.

03: A ESTATÍSTICA DO DIVERGENTE

1. Florence Nightingale, *Notes on Matters Affecting the Health, Efficiency and Hospital Administration of the British Army* (London: Harrison and Sons, 1858), 518.

2. Francis Galton, "Heredity Talent And Character", *Macmillan's Magazine* 12 (1865): 166.

3. Galton explicou que Darwin "marcou época em meu próprio desenvolvimento mental, como marcou no pensamento humano em geral". Sir Francis Galton, *Memories of My Life* (New York: Dutton, 1909), 287.

4. Galton, "Heredity Talent And Character", 157.

5. Galton, 165.

6. Chris Renwick, "From Political Economy to Sociology: Francis Galton and the Social-Scientific Origins of Eugenics", *The British Journal for the History of Science* 44, nº 3 (setembro de 2011): 352, https://doi.org/10.1017/S0007087410001524.

7. Francis Galton, *Hereditary Genius: An Inquiry into Its Laws and Consequences* (London: Macmillan, 1869), 14, http://archive.org/details/hereditarygenius1869galt.

8. Ross, citado em Thomas C. Leonard, *Illiberal Reformers: Race, Eugenics, and American Economics in the Progressive Era* (Princeton, NJ: Princeton University Press, 2016), 110.

9. Para as conexões entre eugenia e as práticas de dados contemporâneas, veja Chun e Barnett, *Discriminating Data*, cap. 1.

10. Alain Desrosières, *The Politics of Large Numbers: A History of Statistical Reasoning* (Cambridge, MA: Harvard University Press, 1998), 113; Stephen M. Stigler, *The History of Statistics: The Measurement of Uncertainty Before 1900* (Cambridge, MA: The Belknap Press of Harvard University Press, 1986), 271.

11. Francis Galton, "Typical Laws of Heredity", *Royal Institution of Great Britain. Notices of the Proceedings at the Meetings of the Members* 8 (16 de fevereiro de 1877): 291.

12. Francis Galton, *Anthropometric Laboratory; Arranged by Francis Galton, FRS, for the Determination of Height, Weight, Span, Breathing Power, Strength of Pull and Squeeze, Quickness of Blow, Hearing, Seeing, Colour-Sense, and Other Personal Data* (London: William Clowes, 1884), 3, http://archive.org/details/b30579132.

13. Galton, 4.

14. Kurt Danziger, *Constructing the Subject: Historical Origins of Psychological Research* (Cambridge, UK: Cambridge University Press, 1990), 57.

15. Danziger, 77.

16. Danziger, 110.

17. Porter, *The Rise of Statistical Thinking, 1820–1900*, 311.

18. Porter, 304–5. "Em outro sentido, Pearson foi um verdadeiro seguidor de Quetelet. Ambos concordaram com a universalidade dos números e a ausência de descontinuidade. Ambos mantiveram que a tarefa da ciência não era fazer o gráfico de um novo curso audacioso, mas estudar as leis do desenvolvimento social para que a política científica pudesse afirmá-las e remover todos os obstáculos à sua realização."

19. Theodore M. Porter, *Karl Pearson: The Scientific Life in a Statistical Age* (Princeton, NJ: Princeton University Press, 2004), 261.

20. Karl Pearson, "On the Laws of Inheritance in Man: II. On the Inheritance of the Mental and Moral Characters in Man, and Its Comparison with the Inheritance of the Physical Characters", *Biometrika* 3, nº 2/3 (1904): 136, https://doi.org/10.2307/2331479.

21. M. Eileen Magnello, "The Non-Correlation of Biometrics and Eugenics: Rival Forms of Laboratory Work in Karl Pearson's

Career at University College London, Part 1", *History of Science* 37, nº 1 (1º de março 1999): 79– 106, https://doi.org/10.1177/007327539903700103; M. Eileen Magnello, "The Non-Correlation of Biometrics and Eugenics: Rival Forms of Laboratory Work in Karl Pearson's Career at University College London, Part 2", *History of Science* 37, nº 2 (1º de junho de 1999): 123–50.

22. Porter, *Karl Pearson: The Scientific Life in a Statistical Age*, 263.

23. Pearson, "On the Laws of Inheritance in Man", 136. Sobre mulheres como computadores, veja Jennifer S. Light, "When Computers Were Women", *Technology and Culture* 40, nº 3 (1999): 455–483.

24. David Alan Grier, *When Computers Were Human* (Princeton, NJ: Princeton University Press, 2005), 111.

25. Citado em Grier, 117.

26. Pearson, "On the Laws of Inheritance in Man", 159.

27. Pearson, "On the Laws of Inheritance in Man", 159.

28. Alice Lee e Karl Pearson, "Data for the Problem of Evolution in Man. VI. A First Study of the Correlation of the Human Skull", *Philosophical Transactions of the Royal Society of London. Series A, Containing Papers of a Mathematical or Physical Character* 196 (1901): 259.

29. Karl Pearson, "On the Inheritance of the Mental and Moral Characters in Man, and Its Comparison with the Inheritance of the Physical Characters", *The Journal of the Anthropological Institute of Great Britain and Ireland* 33 (1903): 207, https://doi.org/10.2307/2842809.

30. Karl Pearson e Margaret Moul, "The Problem of Alien Immigration into Great Britain, Illustrated by an Examination of Russian and Polish Jewish Children", *Annals of Eugenics* 1, nº 1 (1925): 7, https://doi.org/10.1111/j.1469-1809.1925.tb02037.x.

31. Karl Pearson, *The Chances of Death, and Other Studies in Evolution* (London, New York: E. Arnold, 1897), 104, http://archive.org/details/cu31924097311579. Citado em Porter, *Karl Pearson: The Scientific Life in a Statistical Age*, 267.

32. Karl Pearson e Ethel M. Elderton, *A Second Study of the Influence of Parental Alcoholism on the Physique and Ability of the Offspring: Being a Reply to Certain Medical Critics of the First Memoir and an Examination of the Rebutting Evidence Cited by Them* (London, Dulau and Co., 1910), 34, http://archive.org/details/secondstudyofinf00pear; debatido em P. C. Mahalanobis, "Karl Pearson, 1857–1936", *Sankhya¯: The Indian Journal of Statistics* 2, nº 4 (1936): 368; veja também Donald A. MacKenzie, *Statistics in Britain, 1865–1930: The Social Construction of Scientific Knowledge* (Edinburgh: Edinburgh University Press, 1981), 139.

33. Michel Armatte, "Invention et intervention statistiques. Une conférence exemplaire de Karl Pearson (1912)", *Politix. Revue des sciences sociales du politique* 7, nº 25 (1994): 30, https://doi.org/10.3406/polix.1994.1823.

34. Porter, *The Rise of Statistical Thinking, 1820–1900*, 298.

35. Pearson, *The Life, Letters and Labours of Francis Galton*, IIIa:57.

36. Robert A. Nye, "The Rise and Fall of the Eugenics Empire: Recent Perspectives on the Impact of Biomedical Thought in Modern Society", *The Historical Journal* 36, nº 3 (setembro de 1993): 695, https://doi.org/10.1017/S0018246X00014369. Seal, "Meaning of Race, Tribe, Nation", 2.

37. Brajendranath Seal, "Meaning of Race, Tribe, Nation", em *Papers on Inter-Racial Problems, Communicated to the First Universal Races Congress, Held at the University of London, July 26–29, 1911*, ed. Gustav Spiller (London: P. S. King & Son; Boston, The World's Peace Foundation, 1911), 1, http://archive.org/details/papersoninterrac00univiala; nossas devidas observações a Projit Bihari Mukharji, "The Bengali Pharaoh: Upper-Caste Aryanism, Pan-Egyptianism, and the Contested History of Biometric Nationalism in Twentieth-Century Bengal", *Comparative Studies in Society and History* 59, nº 2 (abril de 2017): 450, https://doi.org/10.1017/S001041751700010X. Para seu programa estatístico maior, veja Theodora Dryer, "Designing Certainty: The Rise of Algorithmic Computing in an Age of Anxiety 1920–1970" (tese de doutorado, UC San Diego, 20194), 157–162; e veja o próximo trabalho de Sananda Sahoo, "Multiple lives of Mahalanobis' biometric data travel as biovalue to India's welfare state" (em análise).

38. Seal, "Meaning of Race, Tribe, Nation", 2.

39. Seal, 3.

40. Nikhil Menon, "'Fancy Calculating Machine': Computers and Planning in Independent India", *Modern Asian Studies* 52, nº 2 (março de 2018): 421–57, https://doi.org/10.1017/S0026749X16000135; Sandeep Mertia, "Did Mahalanobis Dream of Androids?" em *Lives of Data: Essays on Computational Cultures from India*, ed. Sandeep Mertia e Ravi Sundaram (Amsterdã: Institute of Network Cultures, 2020), 26–33.

41. Para esta ideia, veja Projit Bihari Mukharji, "Profiling the Profiloscope: Facialization of Race Technologies and the Rise of Biometric Nationalism in Inter-War British India", *History and Technology* 31, nº 4 (2 de outubro de 2015): 392, https://doi.org/10.1080/07341512.2015.1127459. "Traçar o perfil do Perfiloscópio nos permite ver um importante momento no desenvolvimento das tecnologias biométricas no Sul da Ásia em particular, mas também de forma mais geral. Ele nos mostra que no período entre guerras, os nacionalistas, não o Estado colonial enfraquecido, desenvolveram tecnologias biométricas."

42. P. C. Mahalanobis, "Analysis of Race-Mixture in Bengal", *Journal of the Asiatic Society of Bengal* 23 (1927): 323.

43. P. C. Mahalanobis *et alii*, "Anthropometric Survey of the United Provinces, 1941: A Statistical Study", *Sankhya¯: The Indian Journal of Statistics* 9, nº 2/3 (1949): 168.

44. Mahalanobis *et alii*, 180.

45. W. E. Burghardt Du Bois, "A Summary of the Main Conclusions of the Papers Presented to the First Universal Races Conference", série 1, box 007, coleções especiais e arquivos da universidade, University of Massachusetts Amherst Libraries, https://www.digitalcommonwealth.org/search/commonwealth-oai:h128q9079.

04: DADOS, INTELIGÊNCIA E POLÍTICA

1. Frederick L. Hoffman, *The Race Traits and Tendencies of the American Negro* (Publicações da Associação Econômica Americana, 1896), 2, http://archive.org/details/jstor-2560438. Para Hoffman, veja Daniel B. Bouk, *How Our Days Became Numbered: Risk and the Rise of the Statistical Individual* (London: University of Chicago Press, 2015), 48–52.

2. Hoffman, *The Race Traits and Tendencies of the American Negro*, 312.

3. Veja Beatrix Hoffman, "Scientific Racism, Insurance, and Opposition to the Welfare State: Frederick L. Hoffman's Transatlantic Journey", *The Journal of the Gilded Age and Progressive Era* 2, nº 2 (abril de 2003): 150–190, https://doi.org/10.1017/S1537781400002450.

4. W. E. Burghardt Du Bois, "Review of 'Race Traits and Tendencies of the American Negro'", *The Annals of the American Academy of Political and Social Science* 9, nº 1 (1897): 129.

5. Ayah Nurddin, "The Black Politics of Eugenics", *Nursing Clio* (blog), 1º de junho de 2017, https://nursingclio.org/2017/06/01/the-black-politics-of-eugenics/.

6. George M. Fredrickson, *The Black Image in the White Mind: The Debate on Afro-American Character and Destiny, 1817–1914* (Scranton, PA: Distributed by Harper & Row, 1987), 249.

7. Khalil Gibran Muhammad, *The Condemnation of Blackness: Race, Crime, and the Making of Modern Urban America* (Cambridge, MA: Harvard University Press, 2010), 5.

8. Desrosières, *The Politics of Large Numbers*, 139.

9. T. S. Simey, *Charles Booth, Social Scientist* (London, 1960), 48, http://hdl.handle.net/2027/uc1.b3620533.

10. Charles Booth, *The Aged Poor in England and Wales* (London: Macmillan and Co., 1894), 423, http://archive.org/details/agedpoorinengla00bootgoog.

11. Comparar com Stigler, *The History of Statistics*, 354.

12. Karl Pearson, *The Grammar of Science*, 3ª ed. (London: Adam & Charles Black, 1911), 157.

13. G. Udny Yule, "On the Theory of Correlation", *Journal of the Royal Statistical Society* 60, nº 4 (dezembro de 1897): 812, https://doi.org/10.2307/2979746.

14. G. Udny Yule, "An Investigation into the Causes of Changes in Pauperism in England, Chiefly During the Last Two Intercensal Decades (Part I.)", *Journal of the Royal Statistical Society* 62, nº 2 (1899): 249, https://doi.org/10.2307/2979889.

15. Yule, 250.

16. G. Udny Yule, "On the Correlation of Total Pauperism with Proportion of Out-Relief", *The Economic Journal* 5, nº 20 (1895): 605, https://doi.org/10.2307/2956650; debatido em C. Terence Mills, *A Statistical Biography of George Udny Yule: A Loafer of the World* (Newcastle upon Tyne: Cambridge Scholars Publisher, 2017), 43.

17. G. Udny Yule, "On the Correlation of Total Pauperism with Proportion of Out-Relief", *The Economic Journal* 5, nº 20 (1895): 606, https://doi.org/10.2307/2956650.

18. Ele chegou a notar que o "conhecimento detalhado" pode dar certa compreensão informal: "O conhecimento detalhado pode, às vezes, permitir que uma pessoa diga 'O pauperismo é baixo aqui, pois a proporção de auxílio é muito pequena' ou talvez 'A proporção de auxílio dada é grande por causa do alto pauperismo e outras condições da indústria da união': mas tais casos serão uma exceção e como regra, só farão referência aos desvios grandes da média." Yule, "On the Correlation of Total Pauperism with Proportion of Out-Relief", 1895, 605n2; debatido em Mills, *Statistical Biography*, 46.

19. Yule, "An Investigation into the Causes of Changes in Pauperism in England, Chiefly During the Last Two Intercensal Decades (Part I.)", 251.

20. "Ainda existe certa chance de erro dependendo do número de fatores correlacionados ao pauperismo e à proporção do auxílio omitidos, mas é óbvio que essa chance de erro será muito menor que antes." Yule, 251.

21. Stigler, *The History of Statistics*, 356.

22. Yule, "An Investigation into the Causes of Changes in Pauperism in England, Chiefly During the Last Two Intercensal Decades (Part I.)", 265.

23. Yule, 257n.16.

24. Yule, 277.

25. Yule, "On the Theory of Correlation", 812.

26. Arthur Cecil Pigou, "Memorandum on Some Economic Aspects and Effects of Poor Law Relief", em *Royal Commission on the Poor Laws and Relief of Distress, Appendix, Vol. 9,* Documentos parlamentares para a Sessão de 15 de fevereiro de 1910–1928, novembro de 1910, Vol. 49. (London: His Majesty's Stationery Office, 1910), 984–985.

27. Pigou, 986.

28. Pigou, 986.

29. David A. Freedman, "Statistical Models and Shoe Leather", *Sociological Methodology* 21 (1991): 291, https://doi.org/10.2307/270939.

30. Yule, "An Investigation into the Causes of Changes in Pauperism in England, Chiefly During the Last Two Intercensal Decades (Part I.)", 270.

31. Desrosières, *The Politics of Large Numbers*, 140.

32. Shivrang Setlur, "Searching for South Asian Intelligence: Psychometry in British India, 1919–1940", *Journal of the History of the Behavioral Sciences* 50, nº 4 (2014): 359–375, https://doi.org/10.1002/jhbs.21692.

33. Charles Spearman, "'General Intelligence,' Objectively Determined and Measured", *The American Journal of Psychology* 15, nº 2 (abril de 1904): 277, https://doi.org/10.2307/1412107 (our italics).

34. Adrian Wooldridge, *Measuring the Mind: Education and Psychology in England, c. 1860–c. 1990* (New York: Cambridge University Press, 1994), 74.

35. Charles Spearman, *The Nature of "Intelligence" and the Principles of Cognition* (London: Macmillan, 1923), 355; citado em Stephen Jay Gould, *The Mismeasure of Man* (New York: Norton, 1996), 293.

36. Charles Spearman, *The Abilities of Man: Their Nature and Measurement* (New York: The Macmillan Company, 1927), 379; citado em Gould, *The Mismeasure of Man*, 301, 302.

37. Spearman, *The Abilities of Man; Their Nature and Measurement*, 380.

38. John Carson, *The Measure of Merit: Talents, Intelligence, and Inequality in the French and American Republics, 1750–1940* (Princeton, NJ: Princeton University Press, 2007), 183–193 fornece uma excelente pesquisa dos debates sobre a medição da inteligência.

39. Karl Pearson e Margaret Moul, "The Mathematics of Intelligence. The Sampling Errors in the Theory of a Generalised Factor", *Biometrika* 19, nº 3/4 (1927): 291, https://doi.org/10.2307/2331962. Veja Theodore M. Porter, *Karl*

Pearson: The Scientific Life in a Statistical Age (Princeton, NJ: Princeton University Press, 2004), 270.

40. Carson, *The Measure of Merit*, 159.

41. Richard J. Herrnstein e Charles A. Murray, *The Bell Curve: Intelligence and Class Structure in American Life* (New York: Simon & Schuster, 1996).

42. Colin Koopman, *How We Became Our Data: A Genealogy of the Informational Person* (Chicago: The University of Chicago Press, 2019). Os povos escravizados passaram por uma contagem cuidadosa no século XIX, veja Caitlin Rosenthal, *Accounting for Slavery: Masters and Management* (Cambridge, MA: Harvard University Press, 2018), esp. cap. 2; Simone Browne, *Dark Matters: On the Surveillance of Blackness* (Durham, NC: Duke University Press, 2015).

43. Wangui Muigai, em Projit Bihari Mukharji *et alii*, "A Roundtable Discussion on Collecting Demographics Data", *Isis* 111, nº 2 (junho de 2020): 320, https://doi.org/10.1086/709484.

44. Wangui Muigai, em Mukharji *et alii*, 320. Para a persistência de pressupostos das categorias de gênero, veja Mar Hicks, "Hacking the Cis-Tem", *IEEE Annals of the History of Computing* 41, nº 1 (janeiro de 2019): 20–33, https://doi.org/10.1109/MAHC.2019.2897667.

45. Citado em Sandeep Mertia, "Did Mahalanobis Dream of Androids?", em *Lives of Data: Essays on Computational Cultures from India*, ed. Sandeep Mertia and Ravi Sundaram (Amsterdã: Institute of Network Cultures, 2020), 31.

46. Mertia, 31.

47. Emmanuel Didier, *America by the Numbers: Quantification, Democracy, and the Birth of National Statistics* (Cambridge, MA: MIT Press, 2020), 11.

48. J. Adam Tooze, *Statistics and the German State, 1900-1945: The Making of Modern Economic Knowledge* (New York: Cambridge University Press, 2001), 24

49. Arunabh Ghosh, *Making It Count: Statistics and Statecraft in the Early People's Republic of China* (Princeton: Princeton University Press, 2020), 283.

50. Tooze, *Statistics and the German State,* 28.

51. John Koren e Edmund Ezra Day, *The History of Statistics, Their Development and Progress in Many Countries; in Memoirs to Commemorate the Seventy Fifth Anniversary of the American Statistical Association* (New York: Pub. para a Associação Estatística Americana da Macmillan Company de Nova York, 1918), 25–26, http://archive.org/details/cu31924013894997.

52. John Stuart Mill, *Principles of Political Economy: With Some of Their Applications to Social Philosophy* (London: J. W. Parker, 1848), 375.

53. Kevin Bird, "Still Not in Our Genes: Resisting the Narrative Around GWAS", *Science for the People Magazine* 23, nº 3 (5 de fevereiro de 2021), https://magazine.scienceforthepeople.org/vol23-3-bio-politics/genetic-basis-genome-wide-association-studies-risk/.

54. Kelly Miller, *A Review of Hoffman's* Race Traits and Tendencies of the American Negro, American Negro Academy. Artigos ocasionais, nº 1 (Washington, DC: The Academy, 1897), 35, https://catalog.hathitrust.org/Record/100788175.

05: O BATISMO MATEMÁTICO DOS DADOS

1. Joan Fisher Box, "Guinness, Gosset, Fisher, and Small Samples", *Statistical Science* 2, nº 1 (1987): 48.

2. Student, "On Testing Varieties of Cereals", *Biometrika* 15, nº 3/4 (1923): 271, https://doi.org/10.2307/2331868.

3. Student, "The Probable Error of a Mean", *Biometrika* 6, nº 1 (1908): 2, https://doi.org/10.2307/2331554.

4. Box, "Guinness, Gosset, Fisher, and Small Samples". O box evoca muito bem o mundo e o trabalho de Gosset.

5. E. S. Pearson, "'Student' as Statistician", *Biometrika* 30, nº 3/4 (janeiro de 1939): 215–216, https://doi.org/10.2307/2332648.

6. Box, "Guinness, Gosset, Fisher, and Small Samples", 49.

7. Donald A. MacKenzie, *Statistics in Britain, 1865–1930: The Social Construction of Scientific Knowledge* (Edinburgh: Edinburgh University Press, 1981), 111f; para uma avaliação legível de Gosset, veja especialmente Stephen Thomas Ziliak e Deirdre N. McCloskey, *The Cult of Statistical Significance: How the Standard Error Costs Us Jobs, Justice, and Lives* (Ann Arbor: University of Michigan Press, 2008).

8. Nan M. Laird, "A Conversation with F. N. David", *Statistical Science* 4, nº 3 (agosto de 1989): 238, https://doi.org/10.1214/ss/1177012487.

9. Ronald Aylmer Fisher, *Statistical Methods for Research Workers* (London: Oliver and Boyd, 1925), vii.

10. Veja especialmente Giuditta Parolini, "The Emergence of Modern Statistics in Agricultural Science: Analysis of Variance, Experimental Design and the Reshaping of Research at Rothamsted Experimental Station, 1919–1933", *Journal of the History of Biology* 48, nº 2 (maio de 2015): 301–335, https://doi.org/10.1007/s10739-014-9394-z.

11. Box, "Guinness, Gosset, Fisher, and Small Samples", 51.

12. E. L. Lehmann, *Fisher, Neyman, and the Creation of Classical Statistics* (New York: primavera de 2011), 12.

13. R. A. Fisher e W. A. Mackenzie, "Studies in Crop Variation. II. The Manurial Response of Different Potato Varieties", *The Journal of Agricultural Science* 13 (1923): 469.

14. Fisher, *Statistical Methods for Research Workers*, vii.

15. Fisher, 4.

16. Ronald Aylmer Fisher, *The Design of Experiments* (London: Oliver and Boyd, 1935), 15–16.

117. Fisher, 49. Para o desenvolvimento da randomização, veja Nancy S. Hall, "R. A. Fisher and His Advocacy of Randomization", *Journal of the History of Biology* 40, nº 2 (1º de junho de 2007): 295–325, https://doi.org/10.1007/s10739-006-9119-z.

18. Epstein, *Impure Science: AIDS, Activism, and the Politics of Knowledge* (Berkeley: University of California Press, 1996).

19. Stephen T. Ziliak, "W.S. Gosset and Some Neglected Concepts in Experimental Statistics: Guinnessometrics II*", *Journal of Wine Economics* 6, nº2(ed.2011):252–77,https://doi.org/10.1017/S1931436100001632.

20. Fisher, *The Design of Experiments*, 10.

21. Fisher, 10.

22. Ronald Aylmer Fisher, "Some Hopes of a Eugenicist", em *Collected Papers of R. A. Fisher*, vol. 1 (Adelaide: University of Adelaide, 1971), 78. Para Fisher como eugenista, veja Alex Aylward, "R.A. Fisher, Eugenics, and the Campaign for Family Allowances in Interwar Britain", *The British Journal for the History of Science* 54, nº 4 (dezembro de 2021): 485–505, https://doi.org/10.1017/S0007087421000674.

23. Fisher, "Some Hopes of a Eugenicist", 79.

24. Ronald Fisher, "Statistical Methods and Scientific Induction", *Journal of the Royal Statistical Society: Series B (Methodological)* 17, nº 1 (1º de janeiro de 1955): 75, https://doi.org/10.1111/j.2517-6161.1955.tb00180.x.

25. J. Neyman e E. S. Pearson, "On the Problem of the Most Efficient Tests of Statistical Hypotheses", *Philosophical Transactions of the Royal Society of London. Series A, Containing Papers of a Mathematical or Physical Character* 231 (1933): 291.

26. Theodora Dryer, "Designing Certainty: The Rise of Algorithmic Computing in an Age of Anxiety 1920–1970" (tese de doutorado, UC San Diego, 2019), 81.

27. Constance Reid, *Neyman* (New York: Springer, 1998), 24–25, 48. Ela descreve um manuscrito cuja primeira parte "se refere aos princípios que justificam o uso da teoria matemática abstrata nos estudos de fenômenos naturais, em especial no domínio da experimentação agrícola".

28. J. Neyman, "'Inductive Behavior' as a Basic Concept of Philosophy of Science", *Revue de l'Institut International de Statistique / Review of the International Statistical Institute* 25, nº 1/3 (1957): 8, https://doi.org/10.2307/1401671.

29. Karl Pearson, *The Grammar of Science* (London: Walter Scott; New York: Charles Scribner's Sons, 1892), 72, http://archive.org/details/grammarofscience00pearrich.

30. Gosset para Egon Pearson, 11/05/1926, em Pearson, "'Student' as Statistician", 243. Veja Lehmann, *Fisher, Neyman, and the Creation of Classical Statistics*, 7.

31. Gosset para Egon Pearson, 11/05/1926, em Pearson, "'Student' as Statistician", 242.

32. Jerzy Neyman, *A Selection of Early Statistical Papers of J. Neyman.* (Berkeley: University of California Press, 1967), 352.

33. Lehmann, *Fisher, Neyman, and the Creation of Classical Statistics*, 37 (itálico nosso).

34. Lehmann, *Fisher, Neyman, and the Creation of Classical Statistics*; Gerd Gigerenzer, ed., *The Empire of Chance: How Probability Changed Science and Everyday Life* (Cambridge, UK: Cambridge University Press, 1989). Para o quadro geral subsequente em ciências sociais, veja Hunter Heyck, *Age of System* (Baltimore: Johns Hopkins University Press, 2015), cap. 4.

35. Neyman, *A Selection of Early Statistical Papers of J. Neyman*, 352.

36. Ronald Aylmer Fisher, "Scientific Thought and the Refinement of Human Reasoning", *Journal of the Operations Research Society of Japan* 3 (1960): 3. Justin Joque, *Revolutionary Mathematics: Artificial Intelligence, Statistics and the Logic of Capitalism* (New York: Verso, 2022), cap. 5 mostra uma relevante leitura filosófica desta disputa.

37. Ronald Aylmer Fisher, *Statistical Methods and Scientific Inference* (Edinburgh: Oliver and Boyd, 1956), 7, http://archive.org/details/statisticalmetho0000fish.

38. Gerd Gigerenzer e Julian N. Marewski, "Surrogate Science: The Idol of a Universal Method for Scientific Inference", *Journal of Management* 41, nº 2 (1º de fevereiro de 2015): 421–440, https://doi.org/10.1177/0149206314547522.

39. *Statistical Methods* de Snedecor foi um vetor essencial.

40. Christopher Phillips, "Inference Rituals: Algorithms and the History of Statistics", em *Algorithmic Modernity: Mechanizing Thought and Action, 1500–2000*, ed. Massimo Mazzotti e Morgan Ames (Oxford, UK: Oxford University Press, forthcoming).

41. Theodore M. Porter, *Trust in Numbers: The Pursuit of Objectivity in Science and Public Life* (Princeton, NJ: Princeton University Press, 1995), 206.

42. Porter, 206.

43. Gigerenzer, *The Empire of Chance*, 106.

44. W. Allen Wallis, "The Statistical Research Group, 1942–1945", *Journal of the American Statistical Association* 75, nº 370 (1º de junho de 1980): 321, https://doi.org/10.1080/01621459.1980.10477469.

45. Judy L. Klein, "Economics for a Client: The Case of Statistical Quality Control and Sequential Analysis", *History of Political Economy* 32, nº Supl. 1 (2000): 25–70; Nicola Giocoli, "From Wald to Savage: Homo Economicus Becomes a Bayesian Statistician", *Journal of the History of the Behavioral Sciences* 49, nº 1 (2013): 63–95, https://doi.org/10.1002/jhbs.21579.

46. [Mina Rees], descrição do programa matemático de ONR, 09/27/1946, documentos de Hotelling, Box 18, Contrato e renovações de ONR, coleções especiais da Universidade Columbia.

47. Harold Hotelling, "The Place of Statistics in the University (with Discussion)", em *Proceedings of the [First] Berkeley Symposium on Mathematical Statistics and Probability* (Berkeley, CA, The Regents of the University of California, 1949), 23, https://projecteuclid.org/euclid.bsmsp/1166219196.

48. Jerzy Neyman, ed., *Proceedings of the [First] Berkeley Symposium on Mathematical Statistics and Probability* (Berkeley, CA: The Regents of the University of California, 1949), https://projecteuclid.org/euclid.bsmsp/1166219194.

49. Hotelling, "The Place of Statistics in the University (with Discussion)", 23.

50. John W. Tukey, "The Future of Data Analysis", *The Annals of Mathematical Statistics* 33, nº 1 (1962): 6.

06: DADOS NA GUERRA

1. Juanita Moody, Oral History, entrevista a Jean Lichty *et al.*, 16 de junho de 1994, 26, https://media.defense.gov/2021/Jul/15/2002763502/-1/-1/0/NSA-OH-1994-32-MOODY.PDF.

2. Mark Brown, "Bletchley Discloses Real Intention of 1938 'Shooting Party'", *The Guardian*, 18 de setembro de 2018, sec.

World news, https://www.theguardian.com/world/2018/sep/18/bletchley-discloses-real-intention-1938-shooting-party-wapark-r.

3. Howard Campaigne, Oral History, interview by Robert D Farley, 29 de junho de 1983, 15–16, https://www.nsa.gov/portals/75/documents/news-features/declassified-documents/oral-history-interviews/nsa-oh-14-83-campaigne.pdf.

4. David Kenyon, *Bletchley Park and D-Day* (New Haven, CT: Yale University Press, 2019), 236.

5. Eleanor Ireland, história oral, entrevista a Janet Abbate, 23 de abril de 2001, https://ethw.org/Oral-History:Eleanor_Ireland.

6. J. Abbate, *Recoding Gender: Women's Changing Participation in Computing* (Cambridge, MA: MIT Press, 2012), 20. Veja também Mar Hicks, *Programmed Inequality: How Britain Discarded Women Technologists and Lost Its Edge in Computing* (Cambridge, MA: MIT Press, 2017), cap. 1.

7. Abbate, *Recoding Gender: Women's Changing Participation in Computing*, 22.

8. Abbate, 27. Baseado na entrevista com Ireland, história oral.

9. Citado em B. Jack Copeland, ed., *Colossus: The Secrets of Bletchley Park's Codebreaking Computers* (Oxford; New York: Oxford University Press, 2006), 171.

10. Hicks, *Programmed Inequality*, 40–41.

11. Abraham Sinkov, história oral, entrevista a Arthur J Zoebelein *et al.*, maio de 1979, 3–4.

12. Solomon Kullback, história oral, entrevista a R. D. Farley e H. F. Schorreck, 26 de agosto de 1982, 48.

13. Phillip Rogaway, "The Moral Character of Cryptographic Work" (2015), 1, https://web.cs.ucdavis.edu/~rogaway/papers/moral-fn.pdf.

14. W. J. Holmes, *Double Edged Secrets: U.S. Naval Intelligence Operations in the Pacific During World War II.* (Annapolis, MD: Naval Institute Press, 2012), p. 142.

15. Kenyon, *Bletchley Park and D-Day*, 242–243.

16. A primeira equivale à hipótese nula de Fisher ou a ambas as hipóteses nulas, e a hipótese concorrente de Neyman e sua escola.

17. Stephen M. Stigler, "The True Title of Bayes's Essay", *Statistical Science* 28, nº 3 (agosto de 2013): 283–288, https://doi.org/10.1214/13-STS438; Richard Swinburne, "Bayes, God, and the

Multiverse", em *Probability in the Philosophy of Religion*, ed. Jake Chandler e Victoria S. Harrison (Oxford, UK: Oxford University Press, 2012), 103–26.

18. Além disso, podemos discordar sobre quantas hipóteses devem ser consideradas.

19. Ian Taylor, "Alan M. Turing: The Applications of Probability to Cryptography", *ArXiv:1505.04714 [Math]*, 26 de maio de 2015, 3, http://arxiv.org/abs/1505.04714.

20. Para a abordagem de Turing, veja Sandy Zabell, "Commentary on Alan M. Turing: The Applications of Probability to Cryptography", *Cryptologia* 36, nº 3 (julho de 2012): 191–214, https://doi.org/10.1080/01611194.2012.697811.

21. F. T. Leahy, "The Apparent Paradox of Bayes Factors (U)", *NSA Technical Journal* 27, nº 3 (s.d.): 8, 9. Compare com as próprias observações de Turing, Taylor, "Alan. M. Turing", 2–3.

22. Para uma história popular de Bayes e seus sucessos, veja S. B. McGrayne, *The Theory That Would Not Die: How Bayes' Rule Cracked the Enigma Code, Hunted Down Russian Submarines, & Emerged Triumphant from Two Centuries of Controversy* (New Haven, CT: Yale University Press, 2011). E para uma leitura mais filosófica, Joque, *Revolutionary Mathematics*, cap. 6–7.

23. Quando os documentos foram divulgados, Good escreveu claramente sobre as bases de seu trabalho durante a guerra. Irving J. Good, "Turing's Anticipation of Empirical Bayes in Connection with the Cryptanalysis of the Naval Enigma", *Journal of Statistical Computation and Simulation* 66, no. 2 (2000): 101–111. Seus escritos também aparecem em periódicos sigilosos da NSA: Irving J. Good, "A List of Properties of Bayes-Turing Factors", *NSA Technical Journal* 10, nº 2 (1965), https://www.nsa.gov/Portals/70/documents/news-features/declassified-documents/tech-journals/list-of-properties.pdf.

24. Colin B. Burke, *It Wasn't All Magic: The Early Struggle to Automate Cryptanalysis, 1930s–1960s* (Fort Meade, MD: Center for Cryptological History, NSA, 2002), 277, http://archive.org/details/NSA-WasntAllMagic_2002. Para reflexões sobre a necessidade de lidar com volumes crescentes a partir dos anos 1960, veja Willis Ware, "Report of the Second Computer Study Group, Submitted May 1972", *NSA Technical Journal* 19, nº 1 (1974): 21– 63; Joseph Eachus *et alii*, "Growing Up with Computers at NSA (Top Secret Umbra)", *NSA Technical Journal* Special issue (1972): 3–14.

25. Burke, *It Wasn't All Magic*, 265.

26. Frances Allen, entrevista a Paul Lasewicz, 16 de abril de 2003, 4, https://amturing.acm.org/allen_history.pdf.

27. Allen, 4–5.

28. Frances Allen, história oral, entrevista a Al Kossow, 11 de setembro de 2008, 5. Computer History Museum X5006.2009.

29. Burke, *It Wasn't All Magic*, 264.

30. Samuel S. Snyder, "Computer Advances Pioneered by Cryptologic Organizations", *Annals of the History of Computing* 2, nº 1 (1980): 66.

31. Samuel S. Snyder, "ABNER: The ASA Computer, Part II: Fabrication, Operation, and Impact", *NSA Technical Journal*, s.d., 83.

32. Para os desenvolvimentos nos anos 1970 e 1980, ainda em grande parte sigilosos, veja Thomas R. Johnson, *American Cryptology During the Cold War, 1945– 1989, Book IV: Cryptologic Rebirth 1981–1989* (NSA Center for Cryptologic History, 1999), 291–292.

33. Editado, "Multiple Hypothesis Testing and the Bayes Factor (Secret)", *NSA Technical Journal* 16, nº 3 (1971): 63–80, p. 71.

34. F. T. Leahy, "The Apparent Paradox of Bayes Factors (U)", *NSA Technical Journal* 27, nº 3 (s.d.): 7–10, p. 8, 9. "Pois não pode existir para o criptógrafo nenhuma atribuição de probabilidades *a priori* (engenhosas ou não) que possa afetar negativamente a utilidade do nosso programa de computador."

35. Compare com vários documentos sobre análise de cluster em NSATJ; trabalho de R51.

36. Mina Rees, "The Federal Computing Machine Program", *Science* 112, nº 2921 (22 de dezembro de 1950): 735; para um forte relato do papel de Rees ao modelar o apoio para a matemática, veja Alma Steingart, *Axiomatics: Mathematical Thought and High Modernism* (Chicago: University of Chicago Press, em breve).

37. Robert W. Seidel, "'Crunching Numbers': Computers and Physical Research in the AEC Laboratories", *History and Technology* 15, nº 1–2 (1º de setembro de 1998): 54, https://doi.org/10.1080/07341519808581940.

38. Gordon Bell, Tony Hey e Alex Szalay, "Beyond the Data Deluge", *Science* 323, nº 5.919 (2009): 1297–1298.

39. Vance Packard, *The Naked Society* (New York, D. McKay Co, 1964), 41, http://archive.org/details/nakedsociety00pack.

07: INTELIGÊNCIA SEM DADOS

1. Claude Shannon para Irene Angus, 8 de agosto de 1952, Shannon Papers, box 1, citado em R. Kline, "Cybernetics, Automata Studies, and the Dartmouth Conference on Artificial Intelligence", *IEEE Annals of the History of Computing* 33, nº 4 (abril de 2011): 8, https://doi.

org/10.1109/MAHC.2010.44; para a pesquisa motivadora dos esforços de Shannon no início dos anos 1950, veja Claude E. Shannon, "Computers and Automata", *Proceedings of the IRE* 41, nº 10 (outubro de 1953): 1234–1241, https://doi.org/10.1109/JRPROC.1953.274273.

2. Grande parte da história da IA foi contada em livros populares e influentes. Para a história mais acadêmica da IA, os principais estudos incluem Margaret A. Boden, *Mind as Machine: A History of Cognitive Science* (New York: Oxford University Press, 2006); Nils J. Nilsson, *The Quest for Artificial Intelligence: A History of Ideas and Achievements* (Cambridge, UK: Cambridge University Press, 2010); Roberto Cordeschi, *The Discovery of the Artificial: Behavior, Mind and Machines Before and Beyond Cybernetics* (Dordrecht: primavera de 2002).

3. Veja o debate em Stephanie Dick, "After Math: (Re)Configuring Minds, Proof, and Computing in the Postwar United States" (dissertação de doutorado, Universidade Harvard, 2015), 2–3, https://dash.harvard.edu/handle/1/14226096.

4. Alan M. Turing, "Computing Machinery and Intelligence", *Mind* 59, nº 236 (1950): 447.

5. Turing, "Computing Machinery and Intelligence", 449.

6. Turing, "Computing Machinery and Intelligence", 449.

7. Lucy A. Suchman, *Human-Machine Reconfigurations: Plans and Situated Actions*, 2ª ed. (Cambridge and New York: Cambridge University Press, 2007), 226; veja Stephanie Dick, "AfterMath: The Work of Proof in the Age of Human–Machine Collaboration", *Isis* 102, nº 3 (2011): 495n3, https://doi.org/10.1086/661623.

8. John McCarthy *et al.*, "A Proposal for the Dartmouth Summer Research Project on Artificial Intelligence", 31 de agosto de 1955, 16, Rockefeller Archive Center, registros, projetos da Fundação Rockefeller, RG 1.2, série 200.D, box 26, pasta 219.

9. Alma Steingart, *Axiomatics: Mathematical Thought and High Modernism* (Chicago: University of Chicago Press, em breve).

10. Claude Lévi-Strauss, "The Mathematics of Man", *International Social Science Bulletin* 6, nº 4 (1954): 586. Debatido em Steingart, *Axiomatics*.

11. Lévi-Strauss, 585.

12. Bruce G. Buchanan e Edward Hance Shortliffe, *Rule-Based Expert Systems: The MYCIN Experiments of the Stanford Heuristic Programming Project* (Reading, MA: Addison-Wesley, 1984), 3, http://archive.org/details/rulebasedexperts00buch.

13. John McCarthy, em "The General Purpose Robot is a Mirage", Cotroversy Programme, BBC, 20 de agosto de 1973, disponível como The Lighthill Debate (1973) — Parte 4 de 6, https://www.youtube.com/watch?v=pyU-9pm1hmYs&t=266s, em 4:26.

14. McCarthy *et al.*, "A Proposal for the Dartmouth Summer Research Project on Artificial Intelligence".

15. O abismo entre Shannon e McCarthy é mais bem documentado em Kline, "Cybernetics, Automata Studies, and the Dartmouth Conference on Artificial Intelligence"; Jonathan Penn, "Inventing Intelligence: On the History of Complex Information Processing and Artificial Intelligence in the United States in the Mid-Twentieth Century" (tese, University of Cambridge, 2021), 123–124, https://doi.org/10.17863/CAM.63087.

16. Penn, "Inventing Intelligence", 134. Em outras áreas da computação, como a Interação entre o Ser Humano e o Computador, psicólogos profissionais tinham uma figura mais central. Veja Sam Schirvar, "Machinery for Managers: Secretaries, Psychologists, and 'Human-Computer Interaction', 1973–1983" (em análise).

17. Pamela McCorduck, *Machines Who Think: A Personal Inquiry into the History and Prospects of Artificial Intelligence*, Atualização do 25º aniversário (Natick, MA: A.K. Peters, 2004), 114.

18. Hunter Heyck, "Defining the Computer: Herbert Simon and the Bureaucratic Mind — Part 1", *IEEE Annals of the History of Computing* 30, nº 2 (abril de 2008): 42–51, https://doi.org/10.1109/MAHC.2008.18; Hunter Heyck, "Defining the Computer: Herbert Simon and the Bureaucratic Mind — Part 2", *IEEE Annals of the History of Computing* 30, nº 2 (abril de 2008): 52–63, https://doi.org/10.1109/MAHC.2008.19.

19. Allen Newell, J. C. Shaw e Herbert A. Simon, "Elements of a Theory of Human Problem Solving", *Psychological Review* 65, nº 3 (1958): 153, https://doi.org/10.1037/h0048495.

20. Penn, "Inventing Intelligence", 45.

21. Jamie Cohen-Cole, "The Reflexivity of Cognitive Science: The Scientist as Model of Human Nature", *History of the Human Sciences* 18, nº 4 (1º de novembro de 2005): 122, https://doi.org/10.1177/0952695105058473; para a relação da IA com a ciência cognitiva mais em geral, Cordeschi, *The Discovery of the Artificial.*

22. Para a heurística, compare com Ekaterina Babintseva, "From Pedagogical Computing to Knowledge-Engineering: The Origins and Applications of Lev Landa's Algo-Heuristic Theory", em *Abstractions and Embodiments: New Histories of Computing and Society*, ed. Stephanie Dick e Janet Abbate (Baltimore, MD: Johns Hopkins University Press, 2022).

23. Para uma leitura diferenciada das tensões da automação e da liberdade na IA com foco matemático, veja Stephanie Dick, "The Politics of Representation: Narratives of Automation in Twentieth Century American Mathematics", em *Narrative Science: Reasoning, Representing and Knowing since 1800*, ed. Mary S. Morgan, Kim M. Hajek e Dominic J. Berry (Cambridge University Press, forthcoming).

24. Debate de John McCarthy, "Programs with Common Sense", em *Mechanisation of Thought Processes; Proceedings of a Symposium Held at the National Physical Laboratory on 24th, 25th, 26th and 27th November 1958*, ed. National Physical Laboratory (Grã-Bretanha) (London: H.M. Stationery Office, 1961), 86–87, 88, http://archive.org/details/mechanisationoft01nati.

25. Notably, Alison Adam, *Artificial Knowing: Gender and the Thinking Machine* (New York: Routledge, 1998).

26. Marvin Minsky, "Steps toward Artificial Intelligence", em *Computers and Thought*, ed. Edward A. Feigenbaum e Julian Feldman (New York, McGraw-Hill, 1963), 428, http://archive.org/details/computersthought00feig. O documento apareceu originalmente em 1961.

27. Margaret A. Boden, "GOFAI", em *The Cambridge Handbook of Artificial Intelligence*, ed. Keith Frankish e William M. Ramsey (Cambridge, UK: Cambridge University Press, 2014), 89, https://doi.org/10.1017/CBO9781139046855.007.

28. Jon Agar, "What Difference Did Computers Make?", *Social Studies of Science* 36, nº 6 (1º de dezembro de 2006): 898, https://doi.org/10.1177/0306312706073450.

29. Penn, "Inventing Intelligence".

30. Stephanie Dick, "Of Models and Machines: Implementing Bounded Rationality", *Isis* 106, nº 3 (2015): 630.

31. Sir James Lighthill, "Lighthill Report", Artificial Intelligence: A General Survey, junho de 1972, http://www.chilton-computing.org.uk/inf/literature/reports/lighthill_report/p001.htm. Para o contexto do relatório, veja Jon Agar, "What Is Science for? The Lighthill Report on Artificial Intelligence Reinterpreted", *The British Journal for the History of Science* 53, nº 3 (setembro de 2020): 289–310, https://doi.org/10.1017/S0007087420000230.

32. David C. Brock, "Learning from Artificial Intelligence's Previous Awakenings: The History of Expert Systems", *AI Magazine* 39, nº 3 (28 de setembro de 2018): 3–15, https://doi.org/10.1609/aimag.v39i3.2809; David Ribes *et alii*, "The Logic of Domains", *Social Studies of Science* 49, nº 3 (1º de junho de 2019): 287–291,

https://doi.org/10.1177/0306312719849709; Hallam Stevens, "The Business Machine in Biology — The Commercialization of AI in the Life Sciences", *IEEE Annals of the History of Computing* 44, nº 01 (1º de janeiro de 2022): 8–19, https://doi.org/10.1109/MAHC.2021.3104868.

33. E. A. Feigenbaum, B. G. Buchanan e J. Lederberg, "On Generality and Problem Solving: A Case Study Using the DENDRAL Program", *Machine Intelligence*, nº 6 (1971): 187.

34. Marvin Minsky e Seymour Papert, "Progress Report on Artificial Intelligence", 1971, Artificial Intelligence Memo AIM-252, https://web.media.mit.edu/~minsky/papers/PR1971.html.

35. Ira Goldstein e Seymour Papert, "Artificial Intelligence, Language, and the Study of Knowledge", *Cognitive Science* 1, nº 1 (1º de janeiro de 1977): 85, https://doi.org/10.1016/S0364-0213(77)80006-2.

36. Joseph Adam November, *Biomedical Computing: Digitizing Life in the United States* (Baltimore: Johns Hopkins University Press, 2012), 259–268.

37. Buchanan e Shortliffe, *Rule-Based Expert Systems*, 16.

38. Para o gargalo, veja Stephanie A. Dick, "Coded Conduct: Making MACSYMA Users and the Automation of Mathematics", *BJHS Themes* 5 (ed. 2020): 205–224, https://doi.org/10.1017/bjt.2020.10; Edward Feigenbaum, história oral, entrevista a Nils Nilsson, 20, 27 2007, 62–63, http://archive.computerhistory.org/resources/access/text/2013/05/102702002-05-01-acc.pdf; D. E. Forsythe, "Engineering Knowledge: The Construction of Knowledge in Artificial Intelligence", *Social Studies of Science* 23, nº 3 (1º de agosto de 1993): 445–77, https://doi.org/10.1177/0306312793023003002.

39. J. R. Quinlan, "Discovering Rules by Induction from Large Collections of Examples", em *Expert Systems in the Micro-Electronic Age*, ed. Donald Michie (Edinburgh: Edinburgh University Press, 1979), 168.

40. Donald Michie, "Expert Systems Interview", *Expert Systems* 2, nº 1 (1985): 22.

41. Para os sucessos ocultos dos sistemas especializados, veja Stevens, "The Business Machine in Biology — The Commercialization of AI in the Life Sciences".

42. Jacob T. Schwartz, *The Limits of Artificial Intelligence* (New York: Courant Institute of Mathematical Sciences, New York University, 1986), 30, http:// archive.org/details/limitsofartifici00schw.

43. Comentários de Y. Bar-Hillel em McCarthy, National Physical Laboratory (Grã-Bretanha), *Mechanisation of Thought Processes; Proceedings of a Symposium Held at the National Physical Laboratory on*

24th, 25th, 26th and 27th November 1958 (London, H.M. Stationery Office, 1961), 85, http://archive.org/details/mechanisationoft01nati.

44. Para Newman, veja B. Jack Copeland, "Max Newman — Mathematician, Code Breaker, Computer Pioneer", em *Colossus: The Secrets of Bletchley Park's Codebreaking Computers*, ed. B. Jack Copeland (Oxford, UK: Oxford University Press, 2006), 176–88.

45. E. A. Newman, "An Analysis of Non Mathematical Data Processing", em *Mechanisation of Thought Processes; Proceedings of a Symposium Held at the National Physical Laboratory on 24th, 25th, 26th and 27th November 1958*, ed. National Physical Laboratory (Grã-Bretanha) (London: H.M. Stationery Office, 1961), 866, http://archive.org/details/mechanisationoft02nati.

46. Newman, 875.

47. Richard O. Duda e Peter E Hart, *Pattern Classification and Scene Analysis* (New York: Wiley, 1973).

08: VOLUME, VARIEDADE E VELOCIDADE

1. R. Blair Smith, história oral por Robina Mapstone (Charles Babbage Institute, maio de 1980), 27, 29, http://conservancy.umn.edu/handle/11299/107637.

2. Martin Campbell-Kelly, *From Airline Reservations to Sonic the Hedgehog: A History of the Software Industry* (Cambridge, MA: MIT Press, 2003), 43, http://www.loc.gov/catdir/toc/fy035/2002075351.html. Veja também https://www.ibm.com/ibm/history/ibm100/us/en/icons/sabre/team/

3. R. W. Parker, "The SABRE System", *Datamation* 11 (setembro de 1965): 49. Veja Campbell-Kelly, *From Airline Reservations to Sonic the Hedgehog*, 41–45.

4. Comissão de Estudos de Proteção à Privacidade, *Personal Privacy in an Information Society: The Report of the Privacy Protection Study Commission.* (Washington: The Commission: à venda pela Supt. of Docs., gráfica do governo dos EUA, 1977), 4.

5. Citação de Thomas J. Misa, *Digital State: The Story of Minnesota's Computing Industry* (Minneapolis: University of Minnesota Press, 2013), 64.

6. James W. Cortada, *The Digital Flood: The Diffusion of Information Technology across the U.S., Europe, and Asia* (New York: Oxford University Press, 2012), 49.

7. Samuel S. Snyder, "Computer Advances Pioneered by Cryptologic Organizations", *Annals of the History of Computing* 2, nº 1 (1980):

60–70, em 65. "SOLO holds the distinction of being the first completely transistorized computer in the United States".

8. Eckert-Mauchly Computer Corporation (EMCC), "UNIVAC System Advertisement", 1948, 2, 5, https://www.computerhistory.org/revolution/early-computer-companies/5/103/447?position=0. Veja o debate em Arthur L. Norberg, *Computers and Commerce: A Study of Technology and Management at Eckert-Mauchly Computer Company, Engineering Research Associates, and Remington Rand, 1946–1957* (Cambridge, MA: MIT Press, 2005), 185–186.

9. Norberg, *Computers and Commerce*, 191. Para saber mais sobre a falta de confiabilidade da fita, veja Thomas Haigh, "The Chromium-Plated Tabulator: Institutionalizing an Electronic Revolution, 1954–1958", *IEEE Annals of the History of Computing* 23, nº 4 (2001): 86, 88.

10. J. Abbate, *Recoding Gender: Women's Changing Participation in Computing* (Cambridge, MA: MIT Press, 2012), 37–38.

11. Para esses esforços, veja James W. Cortada, "Commercial Applications of the Digital Computer in American Corporations, 1945–1995", *IEEE Annals of the History of Computing* 18, nº 2 (1996): 18–29; Haigh, "The Chromium-Plated Tabulator".

12. J. M. Juran, citado em Richard G. Canning, *Electronic Data Processing for Business and Industry* (New York: Wiley, 1956), 316, https://catalog.hathitrust.org/Record/001118357.

13. Anúncio da Xerox, *Datamation*, 11 (setembro de 1965), p. 76.

14. Anúncio da Control Data Corporation, *Datamation*, 11 (setembro de 1965), p. 87.

15. Citado em Haigh, "The Chromium-Plated Tabulator", 97.

16. Paul Edwards, *A Vast Machine: Computer Models, Climate Data, and the Politics of Global Warming* (Cambridge, MA: MIT Press, 2010), 111.

17. Martha Poon, "Scorecards as Devices for Consumer Credit: The Case of Fair, Isaac & Company Incorporated", *The Sociological Review* 55, nº 2_supl (outubro de 2007): 284–306, https://doi.org/10.1111/j.1467-954X.2007.00740.x.

18. Josh Lauer, "Encoding the Consumer: The Computerization of Credit Reporting and Credit Scoring", em *Creditworthy* (New York: Columbia University Press, 2017), 183, https://doi.org/10.7312/laue16808-009. Para conhecer a longa história da avaliação de crédito, veja Rowena Olegario, *A Culture of Credit : Embedding Trust and Transparency in American Business* (Cambridge, MA: Harvard University Press, 2006).

19. Para os desenvolvimentos de cartões de crédito e as formas de avaliação de crédito, veja Louis Hyman, *Debtor Nation: The History of America in Red Ink* (Princeton, NJ: Princeton University Press, 2011), cap. 7.

20. "Datamation: Editor's Readout: Big Brother", *Datamation* 11 (outubro de 1965): 23.

21. Packard, *The Naked Society*, 41. Nosso trabalho sobre privacidade tem profunda gratidão por Sarah Elizabeth Igo, *The Known Citizen: A History of Privacy in Modern America* (Cambridge, MA: Harvard University Press, 2018). Os comentários da professora Igo melhoraram muito este capítulo.

22. Packard, *The Naked Society*, 41.

23. Stanton Wheeler, ed., *On Record: Files and Dossiers in American Life* (New Brunswick, NJ: Transaction Books, 1976), 19–20.

24. Arthur R. Miller, *The Assault on Privacy: Computers, Data Banks, and Dossiers* (New York: New American Library, 1972), 22.

25. Comitê do Senado dos EUA sobre Operações Governamentais do Subcomitê Ad Hoc sobre Privacidade e Informação, *Privacy: The Collection, Use, and Computerization of Personal Data: Joint Hearings Before the Ad Hoc Subcommittee on Privacy and Information Systems of the Committee on Government Operations and the Subcommittee on Constitutional Rights of the Committee on the Judiciary, United States Senate, Ninety-Third Congress, Second Session ... June 18, 19, and 20, 1974* (Washington: gráfica do governo dos EUA, 1974), I:53.

26. Dan Bouk, "The National Data Center and the Rise of the Data Double", *Historical Studies in the Natural Sciences* 48, nº 5 (1º de novembro de 2018): 627–636, https://doi.org/10.1525/hsns.2018.48.5.627; Igo, *The Known Citizen*; Priscilla M. Regan, *Legislating Privacy: Technology, Social Values, and Public Policy* (Chapel Hill: University of North Carolina Press, 1995), 71–73.

27. Comitê do Senado dos EUA sobre Operações Governamentais do Subcomitê Ad Hoc sobre Privacidade e Informação, *Senate Ad Hoc Committee Privacy*, II:1739.

28. Comitê do Senado dos EUA sobre Operações Governamentais do Subcomitê Ad Hoc sobre Privacidade e Informação, II:1741.

29. Testemunho de Alan Westin, Comitê do Senado dos EUA sobre Operações Governamentais do Subcomitê Ad Hoc sobre Privacidade e Informação, I:77-78.

30. Citado no Comitê do Senado dos EUA sobre Operações Governamentais do Subcomitê Ad Hoc sobre Privacidade e Informação, *Senate Ad Hoc Committee Privacy*, I:651.

31. Declaração do National Bank Americard, Comitê do Senado dos EUA sobre Operações Governamentais do Subcomitê Ad Hoc sobre Privacidade e Informação, *Senate Ad Hoc Committee Privacy*. I:606.

32. Comitê do Senado dos EUA sobre Operações Governamentais do Subcomitê Ad Hoc sobre Privacidade e Informação, *Senate Ad Hoc Committee Privacy*, I:658.

33. Igo, *The Known Citizen*, 362–63.

34. Subcomitê nos Tribunais, nas Liberdades Civis e na Administração da Justiça do Comitê no Judiciário, *1984, Civil Liberties and the National Security State: Hearings before the Subcommittee on Courts, Civil Liberties, and the Administration of Justice of the Committee on the Judiciary. House of Representatives, Ninety-Eighth Congress, First and Second Sessions, on 1984: Civil Liberties and the National Security State, November 2, 3, 1983 and January 24, April 5, and September 26, 1984.* (Washington, DC: US G.P.O., 1986), 267–79.

35. Subcomitê nos Tribunais, nas Liberdades Civis e na Administração da Justiça do Comitê no Judiciário, *1984, Civil Liberties and the National Security State*, 294–95.

36. Gabinete de Avaliação de Tecnologias, *Electronic Record Systems and Individual Privacy*, 11.

37. Gabinete de Avaliação de Tecnologias, *Electronic Record Systems and Individual Privacy*, 39, 40.

38. Estados Unidos e Comissão de Estudo de Proteção à Privacidade, *Personal Privacy in an Information Society*, 533 (original todo em itálico).

39. Veja, por exemplo, Eubanks, *Automating Inequality*.

40. Bobbie Johnson e Las Vegas, "Privacy No Longer a Social Norm, Says Facebook Founder", *The Guardian*, 11 de janeiro de 2010, sec. Technology, https://www.theguardian.com/technology/2010/jan/11/facebook-privacy.

41. W. Lee Burge, "The Free Flow of Information: Key to Our Credit Economy" em Comitê do Senado dos EUA sobre Operações Governamentais do Subcomitê Ad Hoc sobre Privacidade e Informação, *Privacy: The Collection, Use, and Computerization of Personal Data: Joint Hearings Before the Ad Hoc Subcommittee on Privacy and Information Systems of the Committee on Government Operations and the Subcommittee on Constitutional Rights of the Committee on the Judiciary, United States Senate, Ninety-Third Congress, Second Session ... June 18, 19, and 20, 1974* (Washington, DC: GPO (gráfica do governo dos EUA, 1974), I:650.

42. Jennifer Barrett Glasgow, "Acxiom, Letter to Representative Edward J. Markey", 15 de agosto de 2012, http://markey.house.gov/sites/markey.house.gov/files/documents/Acxiom.pdf.

43. New e Castro, “How Policymakers Can Foster Algorithmic Accountability”, 2.

44. Paul Baran, “Legislation, Privacy and EDUCOM”, *EDUCOM: Bulletin of the Interuniversity Communications Council*, 3 de dezembro de 1968, 3.

45. Paul Baran, “On the Future Computer Era: Modification of the American Character and the Role of the Engineer, or, A Little Caution in the Haste to Number”, documento da RAND (RAND Corporation, 1968), 14, https://www.rand.org/pubs/papers/P3780.html.

46. Robert Nozick, *Anarchy, State, and Utopia* (New York: Basic Books, 1974), 32–33.

47. Daniel T. Rodgers, *Age of Fracture* (Cambridge, MA: Harvard University Press, 2011), 190.

48. Milton Friedman, “The Social Responsibility of Business Is to Increase Its Profits (1970)”, em *Corporate Ethics and Corporate Governance*, ed. Walther Ch Zimmerli, Markus Holzinger, e Klaus Richter (Berlin, Heidelberg: primavera de 2007), 178, https://doi.org/10.1007/978-3-540-70818-6_14.

49. Veja Jodi L. Short, “The Paranoid Style in Regulatory Reform”, *Hastings Law Journal* 63 (2012): 633–94; Julie E. Cohen, *Between Truth and Power: The Legal Constructions of Informational Capitalism* (New York: Oxford University Press, 2019), 189; Amy Kapczynski, “The Law of Informational Capitalism”, *The Yale Law Journal*, 2020, 1491.

50. Priscilla M. Regan, *Legislating Privacy: Technology, Social Values, and Public Policy* (Chapel Hill: University of North Carolina Press, 1995), 4.

51. Oscar H. Gandy, *The Panoptic Sort: A Political Economy of Personal Information*, Estudos Críticos em Comunicação e nas Indústrias da Cultura (Boulder, CO: Westview, 1993).

52. Matthew Crain, *Profit Over Privacy: How Surveillance Advertising Conquered the Internet* (Minneapolis: University of Minnesota Press, 2021), 20.

53. Meg Leta Jones, “Cookies: A Legacy of Controversy”, *Internet Histories* 4, nº 1 (2 de janeiro de 2020): 87–104, https://doi.org/10.1080/24701475.2020.1725852.

54. Citado em Joshua Quittner, “The Merry Pranksters Go to Washington”, *Wired*, acessado em 14 de maio de 2021, https://www.wired.com/1994/06/eff/; debatido em Fred Turner, *From Counterculture to Cyberculture: Stewart Brand, the Whole Earth Network, and the Rise of Digital Utopianism* (Chicago: University of Chicago Press, 2006), 219.

55. Turner, *From Counterculture to Cyberculture*, 261.

56. Paul Sabin, *Public Citizens: The Attack on Big Government and the Remaking of American Liberalism* (New York: Norton, 2021).

57. Veja Kapczynski, "The Law of Informational Capitalism", 1493–99; baseado em Cohen, *Between Truth and Power*.

58. Compare a mudança radical de uma ampla compreensão da responsabilidade profissional para um foco mais restrito dos direitos civis, debatido em Megan Finn e Quinn DuPont, "From Closed World Discourse to Digital Utopianism: The Changing Face of Responsible Computing at Computer Professionals for Social Responsibility (1981–1992)", *Internet Histories* 4, nº 1 (2 de janeiro de 2020): 6–31, https://doi.org/10.1080/24701475.2020.1725851.

59. Citação da decisão secreta com nome e data editados, p. 63, citado em Amended Memorandum Opinion, 8–9.

60. Amended Memorandum Opinion, 8.

61. Felten, "Declaration of Professor Edward W. Felten in ACLU et al. *v.* James R. Clapper et al.", 8.

62. Anônimo, "Lessons Learned. Interview with [Redacted]", 1.

63. Para os desafios do consentimento, veja, por exemplo, Frank Pasquale, "Licensure as Data Governance", Instituto da Primeira Emenda Knight na Universidade Columbia, 28 de setembro de 2021, https://knightcolumbia.org/content/licensure-as-data-governance.

64. R Allen Wilkinson *et al.*, *The First Census Optical Character Recognition System Conference*, NIST IR 4912 (Gaithersburg, MD: National Institute of Standards and Technology, 1992), 1, https://doi.org/10.6028/NIST.IR.4912.

65. Wilkinson *et al.*, 4.

66. Wilkinson *et al.*, 2.

09: MÁQUINAS, APRENDIZADO

1. Pat Langley, "The Changing Science of Machine Learning", *Machine Learning* 82, nº 3 (março de 2011): 277, https://doi.org/10.1007/s10994-011-5242-y. Para histórias de previsão e aprendizado de máquina, veja Adrian Mackenzie, "The Production of Prediction: What Does Machine Learning Want?", *European Journal of Cultural Studies* 18, nº 4–5 (2015): 429–445; Ann Johnson, "Rational and Empirical Cultures of Prediction", em *Mathematics as a Tool*, ed. Johannes Lenhard e Martin Carrier, vol. 327 (Cham, Switzer land: Springer International Publishing, 2017), 23–35, https://doi.org/10.1007/978-3-319-54469-4_2; Adrian Mackenzie, *Machine Learners: Archaeology of a Data Practice* (Cambridge, MA: MIT Press, 2018); Aaron Plasek, "On the Cruelty of Really Writing a History of Machine Learning", *IEEE Annals of the History of Computing*

38, nº 4 (dezembro de 2016): 6–8, https:// doi.org/10.1109/MAHC.2016.43; Aaron Mendon-Plasek, "Mechanized Significance and Machine Learning: Why It Became Thinkable and Preferable to Teach Machines to Judge the World", em *The Cultural Life of Machine Learning: An Incursion into Critical AI Studies*, ed. Jonathan Roberge e Michael Castelle (Cham, Switzerland: Springer International Publishing, 2021), 31–78, https://doi.org/10.1007/978-3-030-56286-1_2; Cosma Rohilla Shalizi, "The Formation of the Statistical Learning Paradigm and the Field of Machine Learning, c. 1985-2000" (2020), manuscrito em preparação, disponível a pedido do autor.

2. P. Langley e J. G. Carbonell, "Approaches to Machine Learning", *Journal of the American Society for Information Science* 35, nº 5 (1º de setembro de 1984): 306–16, em 306.

3. Rosenblatt, "The Perceptron: A Perceiving and Recognizing Automaton (Project PARA)", 1, https://blogs.umass.edu/brain-wars/files/2016/03/rosenblatt-1957.pdf.

4. Jonathan Penn, "Inventing Intelligence: On the History of Complex Information Processing and Artificial Intelligence in the United States in the Mid-Twentieth Century" (tese, University of Cambridge, 2021), 96–98, https://doi.org/10.17863/CAM.63087. Para Rosenblatt e seus projetos econômicos contemporâneos, verifique Orit Halpern, "The Future Will Not Be Calculated: Neural Nets, Neoliberalism, and Reactionary Politics", *Critical Inquiry* 48, nº 2 (1º de janeiro de 2022): 334–359, https://doi.org/10.1086/717313.

5. "New Navy Device Learns by Doing; Psychologist Shows Embryo of Computer Designed to Read and Grow Wiser", *New York Times*, 8 de julho de 1958, http://timesmachine.nytimes.com/timesmachine/1958/07/08/83417341.html.

6. Herbert A. Simon, "Why Should Machines Learn?", em *Machine Learning: An Artificial Intelligence Approach*, ed. Ryszard S. Michalski, Jaime G. Carbonell, e Tom M. Mitchell, Symbolic Computation (Berlin, Heidelberg: primavera de 1983), 32, https://doi.org/10.1007/978-3-662-12405-5_2.

7. Para uma visão geral dos esforços, com atenção especial nas atividades em Stanford, veja Nils J. Nilsson, *The Quest for Artificial Intelligence: A History of Ideas and Achievements* (Cambridge, UK: Cambridge University Press, 2010), cap. 4.

8. Para a importância da "área cinza" da pesquisa entre governo e academia, veja Joy Rohde, *Armed with Expertise: The Militarization of American Social Research during the Cold War* (Ithaca, NY: Cornell University Press, 2013).

9. Laveen N. Kanal, "Preface", em *Pattern Recognition*, ed. Laveen N. Kanal (Washington, DC: Thompson Book Co, 1968), xi.

10. G. Nagy, "State of the Art in Pattern Recognition", *Proceedings of the IEEE*56, nº 5 (maio de 1968): 836–863, https://doi.org/10.1109/PROC.1968.6414.

11. Xiaochang Li, "'There's No Data Like More Data': Automatic Speech Recognition and the Making of Algorithmic Culture", em *Osiris, "Beyond Craft and Code",* ed. James Evans e Adrian Johns, em breve, captura este ponto central.

12. Mendon-Plasek, "Mechanized Significance and Machine Learning", 2–3. Michael Castelle está finalizando uma grande história da função de perda.

13. J. McCarthy *et al.*, "A Proposal for the Dartmouth Summer Research Project on Artificial Intelligence", 31 de agosto de 1955, Rockefeller Archive Center, registros da Fundação Rockefeller, projetos, RG 1.2, série 200.D, box 26, pasta 219.

14. Sir James Lighthill, "Lighthill Report", Artificial Intelligence: A General Survey, junho de 1972, §3, http://www.chilton-computing.org.uk/inf/literature/reports/lighthill_report/p001.htm.

15. Rodney A. Brooks, "Intelligence without Representation", *Artificial Intelligence* 47, nº 1–3 (1991): 140.

16. Para o sucesso oculto de sistemas especializados, veja Hallam Stevens, "The Business Machine in Biology — The Commercialization of AI in the Life Sciences", *IEEE Annals of the History of Computing* 44, nº 01 (1º de janeiro de 2022): 8–19, https://doi.org/10.1109/MAHC.2021.3104868.

17. Keki B. Irani *et al.*, "Applying Machine Learning to Semiconductor Manufacturing", *IEEE Expert* 8, nº 1 (1993): 41.

18. Alain Desrosières, *Prouver et gouverner: une analyse politique des statistiques publiques* (Paris: Découverte, 2014), cap. 9.

19. Hayashi Chikio¯ e M. Takahashi, "Kagakusi to Kagakusha: Hayashi Chikiosi Ko¯kai Intabyu", *Ko¯do¯ Keiryo¯gaku* 31, nº 2 (2004): 107–24; citado e traduzido em Joonwoo Son, "Data Science in Japan" (Unpublished MS, Columbia University, Sociology, maio de 2016).

20. Vladimir Naumovich Vapnik, *Estimation of Dependences Based on Empirical Data (1982); Empirical Inference Science: Afterword of 2006*, 2ª ed. (New York: primavera de 2006), 415.

21. Veja "History of the Institute |", acessado em 7 de julho de 2017, http://www.ipu.ru/en/node/12744.

22. Muitas vezes, Vapnik foi altamente crítico das insuficiências matemáticas e teóricas da maioria das outras análises de dados. Para uma avaliação, veja Léon Bottou, "In Hindsight: Doklady Akademii Nauk SSSR, 181 (4),

1968", em *Empirical Inference* (primavera de 2013), 3–5, http://link.springer.com/chapter/10.1007/978-3-642-41136-6_1.

23. Xiaochang Li, "Divination Engines: A Media History of Text Prediction" (NYU, 2017); Xiaochang Li e Mara Mills, "Vocal Features: From Voice Identification to Speech Recognition by Machine", *Technology and Culture* 60, nº 2 (18 de junho de 2019): S129–60, https://doi.org/10.1353/tech.2019.0066.

24. Para relatos autobiográficos convincentes, veja Terrence J. Sejnowski, *The Deep Learning Revolution* (Cambridge, MA: MIT Press, 2018); Yann LeCun, *Quand la machine apprend: La Révolution des neurones artificiels et de l'apprentissage profond* (Paris: Odile Jacob, 2019); para um bom relato jornalístico, veja John Markoff, *Machines of Loving Grace: The Quest for Common Ground between Humans and Robots*, 2016; e o excelente relato de Dominique Cardon, Jean-Philippe Cointet e Antoine Mazières, "La revanche des neurones: L'invention des machines inductives et la controverse de l'intelligence artificielle", *Réseaux* n° 211, nº 5 (2018): 173, https://doi.org/10.3917/res.211.0173.

25. Embora as versões da abordagem tenham sido publicadas anteriormente, os principais estudos transformadores incluem David E. Rumelhart e James L. McClelland, "Learning Internal Representations by Error Propagation", em *Parallel Distributed Processing: Explorations in the Microstructure of Cognition: Foundations* (Cambridge, MA: MIT Press, 1987), 318–362, http://ieeexplore.ieee.org/document/6302929; David E. Rumelhart, Geoffrey E. Hinton e Ronald J. Williams, "Learning Representations by Back-Propagating Errors", *Nature* 323, nº 6.088 (outubro de 1986): 533–536, https://doi.org/10.1038/323533a0; Y. LeCun *et al.*, "Backpropagation Applied to Handwritten Zip Code Recognition", *Neural Computation* 1, nº 4 (dezembro de 1989): 541–51, https://doi.org/10.1162/neco.1989.1.4.541; P. J. Werbos, "Backpropagation through Time: What It Does and How to Do It", *Proceedings of the IEEE* 78, nº 10 (outubro de 1990): 1550–1560, https://doi.org/10.1109/5.58337.

26. Para muitas histórias memoráveis deste período, veja LeCun, *Quand la machine apprend.*

27. De um entrevistado anônimo em Cardon, Cointet e Mazières, "La revanche des neurones", 21.

28. Leo Breiman e Nong Shang, "Born Again Trees". s.d., https://www.stat.berkeley.edu/~breiman/BAtrees.pdf.

29. Para o renascimento das redes neurais, veja Yann LeCun, Yoshua Bengio, e Geoffrey Hinton, "Deep Learning", *Nature* 521, nº 7.553 (27 de maio de 2015): 436–444, https://doi.org/10.1038/nature14539.

30. Alex Krizhevsky, Ilya Sutskever e Geoffrey E. Hinton, "ImageNet Classification with Deep Convolutional Neural Networks", em *Advances in Neural Information Processing Systems*, vol. 25 (Curran Associates, Inc., 2012), https://papers.nips.cc/paper/2012/hash/c399862d3b9d6 b76c8436e-924a68c45b-Abstract.html.

31. Olga Russakovsky *et al.*, "ImageNet Large Scale Visual Recognition Challenge", *International Journal of Computer Vision* 115, nº 3 (1º de dezembro de 2015): 211–252, https://doi.org/10.1007/s11263-015-0816-y.

32. Fei-Fei Li, "Crowdsourcing, Benchmarking & Other Cool Things", https://web.archive.org/web/20121110041643/http://www.image-net.org/papers/ImageNet_2010.pdf; Hao Su, Jia Deng e Li Fei-Fei, "Crowdsourcing Annotations for Visual Object Detection". s.d., 7.

33. Para problemas profundos e controvérsias sobre esse conjunto de dados, veja Kate Crawford e Trevor Paglen, "Excavating AI", 19 de setembro de 2019, https://excavating.ai.

34. Cardon, Cointet e Mazières, "La revanche des neurones".

35. O âmbito preciso do impacto ambiental é muito debatido. Os estudiosos que analisam os custos ambientais e de infraestrutura dessa computação em massa incluem Mél Hogan, "Data Flows and Water Woes: The Utah Data Center", *Big Data & Society* 2, nº 2 (1º de dezembro de 2015): 2053951715592429, https://doi.org/10.1177/2053951715592429; Nathan Ensmenger, "The Environmental History of Computing", *Technology and Culture* 59, nº 4 (2018): S7–33, https://doi.org/10.1353/tech.2018.0148; Kate Crawford, *Atlas of AI: Power, Politics, and the Planetary Costs of Artificial Intelligence* (New Haven, CT: Yale University Press, 2021), https://doi.org/10.12987/9780300252392, cap. 1.

36. Meredith Whittaker, "The Steep Cost of Capture", *Interactions* 28, nº 6 (novembro de 2021): 52, https://doi.org/10.1145/3488666.

37. M. I. Jordan e T. M. Mitchell, "Machine Learning: Trends, Perspectives, and Prospects", *Science* 349, nº 6.245 (17 de julho de 2015): 255–260, https://doi.org/10.1126/science.aaa8415.

38. Jordan e Mitchell.

39. Langley, "The Changing Science of Machine Learning", 278.

40. Veja Jenna Burrell, "How the Machine 'Thinks': Understanding Opacity in Machine Learning Algorithms", *Big Data & Society* 3, nº 1 (5 de janeiro de 2016): 4–5, https://doi.org/10.1177/2053951715622512.

41. "Netflix Prize: Review Rules", 2 de fevereiro de 2007, https://web.archive.org/web/20070202023620/http://www.netflixprize.com:80/rules.

42. Citado em Steve Lohr, "A $1 Million Research Bargain for Netflix, and Maybe a Model for Others", *New York Times*, 22 de setembro de 2009, sec. Technology, https://www.nytimes.com/2009/09/22/technology/internet/22netflix.html.

43. David Donoho, "50 Years of Data Science", *Journal of Computational and Graphical Statistics* 26, nº 4 (2 de outubro de 2017): 752, https://doi.org/10.1080/10618600.2017.1384734.

44. Donoho, 752–753.

45. Citado em Lohr, "A $1 Million Research Bargain for Netflix, and Maybe a Model for Others".

10: A CIÊNCIA DOS DADOS

1. Allen Ginsberg, "Howl", text/html, Poetry Foundation (Poetry Foundation, 12 de agosto de 2021), https://www.poetryfoundation.org/, https://www.poetryfoundation.org/poems/49303/howl.

2. Ashlee Vance, "In Ads We Trust", *Bloomberg Businessweek*, nº 4.521 (8 de maio de 2017): 6.

3. Chris Anderson, "The Long Tail", *Wired*, outubro de 2004, https://www.wired.com/2004/10/tail/.

4. Gregory Zuckerman, *The Man Who Solved the Market: How Jim Simons Launched the Quant Revolution* (New York: Penguin, 2019). Para uma relação profunda entre o desenvolvimento das tecnologias de reconhecimento de fala e mercados financeiros, Xiaochang Li, "Divination Engines: A Media History of Text Prediction" (tese de doutorado, NYU, 2017).

5. Ognjenka Goga Vukmirovic e Shirley M. Tilghman, "Exploring Genome Space", *Nature* 405, nº 6.788 (junho de 2000): 820, https://doi.org/10.1038/35015690. Em geral, veja Hallam Stevens, *Life Out of Sequence: A Data-Driven History of Bioinformatics* (Chicago: University of Chicago Press, 2013); Sabina Leonelli, *Data-Centric Biology: A Philosophical Study* (Chicago: University of Chicago Press, 2016), 18.

6. Cathy O'Neil, "Data Science: Tools vs. Craft", *Mathbabe* (blog), 4 de outubro de 2011, https://mathbabe.org/2011/10/04/data-science-tools-vs-craft/.

7. Cosma Rohilla Shalizi, "New 'Data Scientist' Is But Old 'Statistician' Writ Large", 4 de dezembro de 2011, https://web.archive.org/web/20111204161344/http://cscs.umich.edu/~crshalizi/weblog/805.html.

8. Solomon Kullback para Tukey, 13.3.1959, American Philosophical Society [APS] documentos de Tukey, Ms 117, série I: US: NSA.

9. Howard Barlow para Solomon Kullback, enviado a John Tukey, 6.4.1959, APS documentos de Tukey, Ms 117, série I: US: NSA.

10. Solomon Kullback para Tukey, 13.3.1959, APS documentos de Tukey, Ms 117, série I: US: NSA.

11. John W. Tukey, "The Future of Data Analysis", *The Annals of Mathematical Statistics* 33, nº 1 (1962): 6, itálico dele.

12. Luisa T. Fernholz *et alii*, "A Conversation with John W. Tukey and Elizabeth Tukey", *Statistical Science* 15, 2000, 80–81.

13. John W. Tukey, *Exploratory Data Analysis* (Addison Wesley, 1977), 2–3; para o projeto de Tukey, veja Alexander Campolo, "Steering by Sight: Data, Visualization, and the Birth of an Informational Worldview" (diss. de doutorado, New York University, 2019), 186–188.

14. Tukey, *Exploratory Data Analysis*, 56.

15. John M. Chambers, "Greater or Lesser Statistics: A Choice for Future Research", *Statistics and Computing* 3, nº 4 (1993): 182.

16. Chambers, 182.

17. Chambers, 183.

18. Para exemplos de artigos influentes perto do final da primeira década deste século afirmando que a abundância de dados inauguraria novas formas de compreender a ciência, veja Chris Anderson, "The End of Theory: The Data Deluge Makes the Scientific Method Obsolete", *Wired*, 2008, http://archive.wired.com/science/discoveries/magazine/16-07/pb_theory; Tony Hey, Stewart Tansley e Kristin Tolle, *The Fourth Paradigm: Data Intensive Scientific Discovery, The Fourth Paradigm: Data-Intensive Scientific Discovery* (Microsoft Research, 2009), https://www.microsoft.com/en-us/research/publication/fourth-paradigm-data-intensive-scientific-discovery/.

19. "John M. Chambers", https://awards.acm.org/award_winners/chambers_6640862.

20. William S. Cleveland, "Data Science: An Action Plan for Expanding the Technical Areas of the Field of Statistics", *International Statistical Review/Revue Internationale de Statistique* 69, nº 1 (abril de 2001): 23, https://doi.org/10.2307/1403527.

21. A conferência principal no campo, convocada pela primeira vez em 1975, foi a Conferência Internacional sobre Bases de Dados Muito Grandes.

22. Usama Fayyad, "Mining Databases: Towards Algorithms for Knowledge Discovery", *Bulletin of the Technical Committee on Data Engineering* 21, nº 1 (1998): 48.

23. Veja Usama M. Fayyad, Gregory Piatetsky-Shapiro e Padhraic Smyth, "From Data Mining to Knowledge Discovery: An Overview", em *Advances*

in Knowledge Discovery and Data Mining (Menlo Park, CA: AAAI/MIT Press, 1996), 1–34.

24. Matthew L. Jones, "Querying the Archive: Database Mining from Apriori to Page-Rank", em *Science in the Archives: Pasts, Presents, Futures*, ed. Lorraine Daston (Chicago: University of Chicago Press, 2016), 311–328.

25. Shawn Thelen, Sandra Mottner e Barry Berman, "Data Mining: On the Trail to Marketing Gold", *Business Horizons* 47 (2004): 26, https://doi.org/10.1016/j.bushor.2004.09.005.

26. Patrick O. Brown e David Botstein, "Exploring the New World of the Genome with DNA Microarrays", *Nature Genetics* 21 (1º de janeiro de 1999): 26, https://doi.org/10.1038/4462.

27. A lista de seminários a partir do final de 1998 está disponível em http://web.archive.org/web/19990116232602/http://www.almaden.ibm.com/cs/quest/seminars.html e http://web.archive.org/web/19980210042739/http://www.almaden.ibm.com/cs/quest/seminars-hist.html.

28. A página web para MIDAS está preservada em http://infolab.stanford.edu/midas/; uma lista dos grupos de mineração de dados pode ser encontrada nos e-groups do Yahoo. Veja Jeffrey D. Ullman, "The MIDAS Data-Mining Project at Stanford", em *Database Engineering and Applications, 1999. IDEAS'99. International Symposium Proceedings*, 1999, 460–464, http://ieeexplore.ieee.org/xpls/abs_all.jsp?arnumber=787298.

29. Uma versão impressa desse material apareceu como Sergey Brin, Rajeev Motwani e Terry Winograd, "What Can You Do with a Web in Your Pocket", *Data Engineering Bulletin* 21 (1998): 37–47.

30. http://infolab.stanford.edu/midas/.

31. Thomas Haigh, "The Web's Missing Links: Search Engines and Portals", em *The Internet and American Business*, ed. William Aspray e Paul Ceruzzi (Cambridge, MA: MIT Press, 2008), 160–161. Sergey Brin e Lawrence Page, "The Anatomy of a Large-Scale Hypertextual Web Search Engine", em *Seventh International World-Wide Web Conference (WWW 1998)*, 1998, http://ilpubs.stanford.edu:8090/361/, §3.1. "… grande parte da pesquisa sobre sistemas de recuperação de informação está em pequenas coleções homogêneas bem controladas, como coleções de artigos científicos ou notícias sobre um tópico afim."

32. Sergey Brin e Lawrence Page, "Dynamic Data Mining: Exploring Large Rule Spaces by Sampling", Technical Report (Stanford InfoLab, novembro de 1999), 2, http://ilpubs.stanford.edu:8090/424/.

33. Brin e Page, "The Anatomy of a Large-Scale Hypertextual Web Search Engine", §4.2.

34. Brin e Page, §4.2.

35. *Statistical Analysis of Massive Data Streams* (National Research Council of the National Academies, 2004), 8–9.

36. Alon Halevy, Fernando Pereira e Peter Norvig, "The Unreasonable Effectiveness of Data", *Intelligent Systems, IEEE* 24, nº 2 (abril de 2009): 8–12, https://doi.org/10.1109/MIS.2009.36.

37. Editado, "Confronting the Intelligence Future (U) An Interview with William P. Crowell, NSA's Deputy Director (U)", *Cryptolog* 22, nº 2 (1996): 1–5.

38. Paul Burkhardt e Chris Waring, "An NSA Big Graph Experiment".

39. ID do trabalho da NSA: 1034503

40. Editado, "NSA Culture, 1980s to the 21st Century — a SID Perspective", *Cryptological Quarterly* 30, nº 4 (2011): 84. Os pontos marcados são apresentados como prosa contínua.

41. Catherine D'Ignazio e Lauren F. Klein, *Data Feminism* (Cambridge, MA: MIT Press, 2020), 173.

42. Antonio A. Casilli, *En attendant les robots: enquête sur le travail du clic* (Paris: Éditions du Seuil, 2019), 14.

43. Sarah T. Roberts, *Behind the Screen: Content Moderation in the Shadows of Social Media* (New Haven, CT: Yale University Press, 2019).

44. Mary L. Gray e Siddharth Suri, *Ghost Work: How to Stop Silicon Valley from Building a New Global Underclass* (Boston: Houghton Mifflin Harcourt, 2019).

45. Casilli, *En attendant les robots*, 17.

46. Lilly Irani, "The Cultural Work of Microwork", *New Media & Society* 17, nº 5 (maio de 2015): 723, https://doi.org/10.1177/1461444813511926.

47. Lilly Irani, "Justice for 'Data Janitors'", *Public Books* (blog), 15 de janeiro de 2015, http://www.publicbooks.org/justice-for-data-janitors/.

48. Bin Yu, "Institute of Mathematical Statistics | IMS Presidential Address: Let Us Own Data Science", julho de 2014, https://imstat.org/2014/10/01/ims-presidential-address-let-us-own-data-science/.

49. Richard Olshen e Leo Breiman, "A Conversation with Leo Breiman", *Statistical Science*, 2001, 196.

50. Olshen e Breiman, 188.

51. Leo Breiman, "[A Report on the Future of Statistics]: Comment", *Statistical Science* 19, nº 3 (2004): 411.

52. Leo Breiman, “Statistical Modeling: The Two Cultures”, *Statistical Science* 16, nº 3 (2001): 201.

53. Chambers, “Greater or Lesser Statistics”, 182.

54. David Madigan e Werner Stuetzle, “[A Report on the Future of Statistics]: Comment”, *Statistical Science* 19, nº 3 (2004): 408.

55. Veja o muito citado relatório McKinsey de Nicolaus Henke e Jacques Bughin, “The Age of Analytics: Competing in a Data-Driven World” (McKinsey Global Institute, dezembro de 2016).

56. Gina Neff *et al.*, “Critique and Contribute: A Practice-Based Framework for Improving Critical Data Studies and Data Science”, *Big Data* 5, nº 2 (junho de 2017): 85–97, https://doi.org/10.1089/big.2016.0050.

57. Jennifer Bryan e Hadley Wickham, “Data Science: A Three Ring Circus or a Big Tent?”, *Journal of Computational and Graphical Statistics* 26, nº 4 (2 de outubro de 2017): 784–785, https://doi.org/10.1080/10618600.2017.1389743.

58. “Are Data Scientists at Facebook Really Data Analysts”, 25/08/2017, https://www.reddit.com/r/datascience/comments/6vv7u2/are_data_scientists_at_facebook_really_data/

59. Ryan Tibshirani, “Delphi’s COVIDcast Project: Lessons from Building a Digital Ecosystem for Tracking and Forecasting the Pandemic”, https://docs.google.com/presentation/d/1t_T8BRIkvC5CDOgE4_1PekPw-SThN2nMJTdieYgdnr4.

60. Blaise Aguera y Arcas, Margaret Mitchell e Alexander Todorov, “Physiognomy’s New Clothes”, *Medium* (blog), 20 de maio de 2017, https://medium.com/@blaisea/physiognomys-new-clothes-f2d4b59fdd6a.

61. Luke Stark e Jevan Hutson, “Physiognomic Artificial Intelligence”, *Fordham Intellectual Property, Media & Entertainment Law Journal*, próximo nº em breve, https://doi.org/10.2139/ssrn.3927300, p. 5 (citações internas removidas).

62. D’Ignazio e Klein, *Data Feminism*, esp. cap. 2.

63. Brin para lista de e-mails 10/11/97. A página web do grupo MIDAS de Stanford está preservada em http://infolab.stanford.edu/midas/; um armazenamento parcial da lista dos grupos de mineração de dados estava disponível nos e-groups do Yahoo antes de ser apagada; Jones tem uma cópia parcial. Brin planejou copiar as antigas mensagens, mas não teve sucesso.

11: A BATALHA PELA ÉTICA DOS DADOS

1. AI Now Institute, *Austerity, Inequality, and Automation | AI Now 2018 Symposium*, 2018, https://www.youtube.com/watch?v=gI1KxTrPDLo.

2. Joy Buolamwini e Timnit Gebru, "Gender Shades: Intersectional Accuracy Disparities in Commercial Gender Classification", em *Proceedings of the 1st Conference on Fairness, Accountability and Transparency* (Conferência sobre Equidade, Responsabilidade e Transparência, PMLR, 2018), 77–91, https://proceedings.mlr.press/v81/buolamwini18a.html. Veja também o site complementar do projeto, http://gendershades.org/.

3. Margaret Mitchell *et alii*, "Model Cards for Model Reporting", em *Proceedings of the Conference on Fairness, Accountability, and Transparency*, FAT* '19 (New York: Association for Computing Machinery, 2019), 220–229, https://doi.org/10.1145/3287560.3287596.

4. Tom Simonite, "Google Offers to Help Others With the Tricky Ethics of AI", *Wired*, acessado em 24 de agosto de 2021, https://www.wired.com/story/google-help-others-tricky-ethics-ai/.

5. Cade Metz e Daisuke Wakabayashi, "Google Researcher Says She Was Fired Over Paper Highlighting Bias in A.I.", *New York Times*, 3 de dezembro de 2020, sec. Technology, https://www.nytimes.com/2020/12/03/technology/google-researcher-timnit-gebru.html.

6. Adam D. I. Kramer, Jamie E. Guillory e Jeffrey T. Hancock, "Experimental Evidence of Massive-Scale Emotional Contagion through Social Networks", *Proceedings of the National Academy of Sciences* 111, nº 24 (17 de junho de 2014): 8788–8790, https://doi.org/10.1073/pnas.1320040111.

7. Alex Hern, "Facebook Deliberately Made People Sad. This Ought to Be the Final Straw", *The Guardian*, 30 de junho de 2014, sec. Opinion, https://www.theguardian.com/commentisfree/2014/jun/30/facebook-sad-manipulating-emotions-socially-responsible-company.

8. Matt Murray, "Users Angered at Facebook Emotion-Manipulation Study", TODAY.com, 30 de junho de 2014, http://www.today.com/health/users-angered-facebook-emotion-manipulation-study-1D79863049.Murray.

9. M. J. Salganik, *Bit by Bit: Social Research in the Digital Age* (Princeton, NJ: Princeton University Press, 2017), 282.

10. Chris Chambers, "Facebook Fiasco: Was Cornell's Study of 'Emotional Contagion' an Ethics Breach?", *The Guardian*, 1º de julho de 2014, https://www.theguardian.com/science/head-quarters/2014/jul/01/facebook-cornell-study-emotional-contagion-ethics-breach.

11. Allan M. Brandt, "Racism and Research: The Case of the Tuskegee Syphilis Study", *Hastings Center Report* 8, nº 6 (1978): 21–29, https://doi.org/10.2307/3561468.

12. R. A. Vonderlehr *et alii*, "Untreated Syphilis in the Male Negro: A Comparative Study of Treated and Untreated Cases", *Journal of the American Medical Association* 107, nº 11 (12 de setembro de 1936): 856–860, https://doi.org/10.1001/jama.1936.02770370020006.

13. Susan Reverby, *Examining Tuskegee: The Infamous Syphilis Study and Its Legacy* (Chapel Hill: University of North Carolina Press, 2009).

14. Veja Albert Jonsen, Oral History, entrevista a Bernard Schwetz, 14 de maio de 2004, https://www.hhs.gov/ohrp/education-and-outreach/luminaries-lecture-series/belmont-report-25th-anniversary-interview-ajonsen/index.html.

15. Comissão Nacional de Proteção de Seres Humanos e da Pesquisa Biomédica e Comportamental, "The Belmont Report: Ethical Principles & Guidelines for Research Involving Human Subjects" (Departamento de Saúde, Educação e Bem-Estar, 18 de abril de 1979), https://www.hhs.gov/ohrp/sites/default/files/the-belmont-report-508c_FINAL.pdf.

16. O relatório em si é acompanhado por mais de mil páginas de apêndices, detalhando seu pensamento sobre como operacionalizar a ética e as normas sociais de uma forma que poderia se tornar uma especificação processual aprovada pelo governo.

17. Tom L. Beauchamp, *Standing on Principles: Collected Essays* (New York: Oxford University Press, 2010), 6.

18. Karen Lebacqz, entrevista a LeRoy Walters, 26 de outubro de 2004, https://www.hhs.gov/ohrp/education-and-outreach/luminaries-lecture-series/belmont-report-25th-anniversary-interview-klebacqz/index.html.

19. EUA, ed., *Report and Recommendations: Institutional Review Boards*, DHEW Publication; Nº (OS) 78-0008, 78-0009 (Washington, DC: Departamento de Saúde, Educação e Bem-Estar dos EUA: para venda pela Supt. os Docs., gráfica do governo dos EUA, 1978).

20. Mike Monteiro, https://muledesign.com/2017/07/a-designers-code-of-ethics.

21. Jacob Metcalf, Emanuel Moss e danah boyd, "Owning Ethics: Corporate Logics, Silicon Valley, and the Institutionalization of Ethics", *Social Research* 86, nº 2 (verão de 2019): 449–476.

22. Brent Mittelstadt, "Principles Alone Cannot Guarantee Ethical AI", *Nature Machine Intelligence* 1, nº 11 (novembro de 2019): 501–7, https://doi.org/10.1038/s42256-019-0114-4.

23. Inioluwa Deborah Raji *et al.*, "Closing the AI Accountability Gap: Defining an End-to-End Framework for Internal Algorithmic Auditing", em *Proceedings of the 2020 Conference on Fairness, Accountability, and Transparency*, FAT* '20 (New York:

Association for Computing Machinery, 2020), 33–44, https://doi.org/10.1145/3351095.3372873.

24. Shannon Vallor, "An Ethical Toolkit for Engineering/Design Practice", 22 de junho de 2018, https://www.scu.edu/ethics-in-technology-practice/ethical-toolkit/.

25. Metcalf, Moss e boyd, "Owning Ethics".

26. Metcalf, Moss e boyd, 465.

27. Theodore Vincent Purcell e James Weber, *Institutionalizing Corporate Ethics: A Case History* (New York: Presidents Association, Chief Executive Officers' Division of American Management Associations, 1979), 6; citado em Ronald R. Sims, "The Institutionalization of Organizational Ethics", *Journal of Business Ethics* 10, nº 7 (1º de julho de 1991): 493, https://doi.org/10.1007/BF00383348.

28. Eric Johnson, "How Will AI Change Your Life? AI Now Institute Founders Kate Crawford and Meredith Whittaker Explain", Vox, 8 de abril de 2019, https://www.vox.com/podcasts/2019/4/8/18299736/artificial-intelligence-ai-meredith-whittaker-kate-crawford-kara-swisher-decode-podcast-interview.

29. Ben Wagner, "Ethics as an Escape from Regulation: From 'Ethics-Washing' to Ethics-Shopping?", em *Cogitas Ergo Sum: 10 Years of Profiling the European Citizen*, ed. Emre Bayamlioglu *et alii* (Amsterdam University Press, 2018), 84–89, https://doi.org/10.2307/j.ctvhrd092.18.

30. Metcalf, Moss e boyd, "Owning Ethics".

31. Henry T. Greely, "The Uneasy Ethical and Legal Underpinnings of Large-Scale Genomic Biobanks", *Annual Review of Genomics and Human Genetics* 8, nº 1 (2007): 343–364, https://doi.org/10.1146/annurev.genom.7.080505.115721.

32. Arvind Narayanan e Vitaly Shmatikov, "How to Break Anonymity of the Netflix Prize Dataset" (arXiv, 22 de novembro de 2007), https://doi.org/10.48550/arXiv.cs/0610105.

33. Pierangela Samarati e Latanya Sweeney, "Protecting Privacy When Disclosing Information: K-Anonymity and Its Enforcement through Generalization and Suppression", 1998.

34. Cynthia Dwork e Moni Naor, "On the Difficulties of Disclosure Prevention in Statistical Databases or The Case for Differential Privacy", *Journal of Privacy and Confidentiality* 2, nº 1 (1º de setembro de 2010): 94, https://doi.org/10.29012/jpc.v2i1.585.

35. Cynthia Dwork, "Differential Privacy", em *Automata, Languages and Programming*, ed. Michele Bugliesi *et al.*, Notas da aula de Ciências da Computação (Berlin, Heidelberg: Springer, 2006), 4, https://doi.org/10.1007/11787006_1.

36. Cathy O'Neil, *Weapons of Math Destruction: How Big Data Increases Inequality and Threatens Democracy* (New York: Crown, 2016); Virginia Eubanks, *Automating Inequality: How High-Tech Tools Profile, Police, and Punish the Poor* (New York: St. Martin's Press, 2017); Ruha Benjamin, *Race after Technology: Abolitionist Tools for the New Jim Code* (Cambridge, UK; Medford, MA: Polity Press, 2019).

37. Julia Angwin, Jeff Larson, Surya Mattu, Lauren Kirchner, "Machine Bias", ProPublica, 23 de maio de 2016, https://www.propublica.org/article/machine-bias-risk-assessments-in-criminal-sentencing.

38. Arvind Narayanan, *Tutorial: 21 Fairness Definitions and Their Politics*, 2018, https://www.youtube.com/watch?v=jIXIuYdnyyk. Veja as notas em Shubham Jain, "TL;DS - 21 Fairness Definition and Their Politics by Arvind Narayanan", 19 de julho de 2019, https://shubhamjain0594.github.io/post/tlds-arvind-fairness-definitions/.

39. Julie Zhuo, "How Do You Set Metrics?", *The Year of the Looking Glass* (blog), 10 de agosto de 2017, https://medium.com/the-year-of-the-looking-glass/how-do-you-set-metrics-59f78fea7e44.

40. Michael Kearns e Aaron Roth, *The Ethical Algorithm: The Science of Socially Aware Algorithm Design* (New York: Oxford University Press, 2020), 78.

41. Will Douglas Heaven, "Predictive Policing Algorithms Are Racist. They Need to Be Dismantled", *MIT Technology Review*, 17 de julho de 2020, https:// www.technologyreview.com/2020/07/17/1005396/predictive-policing-algorithms-racist-dismantled-machine-learning-bias-criminal-justice/.

42. Kearns e Roth, *The Ethical Algorithm*, 63.

43. Catherine D'Ignazio e Lauren F. Klein, *Data Feminism* (Cambridge, MA: MIT Press, 2020), 61.

44. Matthew Le Bui e Safiya Umoja Noble, "We're Missing a Moral Framework of Justice in Artificial Intelligence", em *The Oxford Handbook of Ethics of AI* (New York: Oxford University Press, 2020), 178, https://doi.org/10.1093/oxfordhb/9780190067397.013.9.

45. Julia Powles e Helen Nissenbaum, "The Seductive Diversion of 'Solving' Bias in Artificial Intelligence", Medium, 7 de dezembro de 2018, https://medium.com/s/story/the-seductive-diversion-of-solving-bias-in-artificial-intelligence-890df5e5ef53.

46. Frank Pasquale, "The Second Wave of Algorithmic Accountability", *Law and Political Economy* (blog), 25 de novembro de 2019, https://lpeblog.org/2019/11/25/the-second-wave-of-algorithmic-accountability/.

47. Rodrigo Ochigame, "The Invention of 'Ethical AI': How Big Tech Manipulates Academia to Avoid Regulation", *The Intercept* (blog), 20 de dezembro de 2019, https://theintercept.com/2019/12/20/mit-ethical-ai-artificial-intelligence/.

48. Thao Phan *et alii*, "Economies of Virtue: The Circulation of 'Ethics' in Big Tech", *Science as Culture*, 4 de novembro de 2021, 7, https://doi.org/10.1080/09505431.2021.1990875.

49. Shoshana Zuboff, *The Age of Surveillance Capitalism: The Fight for a Human Future at the New Frontier of Power* (New York: PublicAffairs, 2019).

12: PERSUASÃO, PUBLICIDADE E CAPITAL DE RISCO

1. Herbert Simon, "Designing Organizations for an Information-Rich World", em *Computers, Communications, and the Public Interest*, ed. Martin Greenberger (Baltimore: Johns Hopkins Press, 1971), 40.

2. Paul Lewis, "Fiction Is Outperforming Reality: How Youtube's Algorithm Distorts Truth", *The Guardian*, 2 de fevereiro de 2018, sec. Technology, http://www.theguardian.com/technology/2018/feb/02/how-youtubes-algorithm-distorts-truth.

3. "Easter Sun Finds the Past in Shadow at Modern Parade", *New York Times*, 1º de abril de 1929, https://timesmachine.nytimes.com/timesmachine/1929/04/01/95899706.pdf.

4. Edward L. Bernays, *Propaganda* (New York: H. Liveright, 1928).

5. Simon, "Designing Organizations for an Information-Rich World", 41.

6. Richard Serra, "TV Delivers People (1973)", *Communications* 48, nº 1 (1988): 42–44.

7. Neil Postman, *Amusing Ourselves to Death: Public Discourse in the Age of Show Business* (New York: Penguin Books, 1986).

8. Para um envolvimento mais profundo com Postman e suas formas de determinismo da mídia, veja Siva Vaidhyanathan, *Antisocial Media: How Facebook Disconnects Us and Undermines Democracy* (New York: Oxford University Press, 2018), p. 21–26.

9. https://www.w3.org/People/Berners-Lee/1991/08/art-6484.txt.

10. Ethan Zuckerman, "The Internet's Original Sin", *The Atlantic*, 14 de agosto de 2014, https://www.theatlantic.com/technology/archive/2014/08/advertising-is-the-internets-original-sin/376041/.

11. Michael H. Goldhaber, "The Attention Economy and the Net", *First Monday* 2, nº 4 (7 de abril de 1997), http://firstmonday.org/ojs/index.php/fm/article/view/519.

12. Goldhaber, "The Attention Economy and the Net".

13. Daniel Thomas e Shannon Bond, "BuzzFeed Boss Finds Natural Fit for Social Content on Mobile", *Financial Times*, 14 de março de 2016, https://www.ft.com/content/4f661ea8-e782-11e5-a09b-1f8b0d268c39.

14. Nem todas as profecias de Goldhaber já aconteceram: ele também profetizou uma economia puramente baseada em atenção na qual o dinheiro não teria nenhum papel. Embora agora seja possível trocar minutos de celular ou trocar tempo em aulas de idiomas com outro aluno em idiomas complementares, ainda não temos economias em que a atenção tenha substituído totalmente o dinheiro.

15. Goldhaber, "The Attention Economy and the Net".

16. Stewart Brand, "The World Information Economy", *The Whole Earth Cata log*, nº inverno (1986): 88.

17. Para uma visão geral concisa, veja Christina Spurgeon, "Online Advertising", em *The Routledge Companion to Global Internet Histories* (Routledge, 2017); Joseph Turow, *The Daily You: How the New Advertising Industry Is Defining Your Identity and Your Worth* (New Haven, CT: Yale University Press, 2011).

18. Veja Tim O'Reilly, "What Is Web 2.0", 30 de setembro de 2005, https://www.oreilly.com/pub/a//web2/archive/what-is-web-20.html. Para o ceticismo sobre a novidade dessa mudança, veja Matthew Allen, "What Was Web 2.0? Versions as the Dominant Mode of Internet History", *New Media & Society* 15, nº 2 (1º de março de 2013): 260–75, https://doi.org/10.1177/1461444812451567.

19. Nick Couldry e Joseph Turow, "Big Data, Big Questions | Advertising, Big Data and the Clearance of the Public Realm: Marketers' New Approaches to the Content Subsidy", *International Journal of Communication* 8 (16 de junho de 2014): 1714.

20. Kim Cleland, "Media Buying & Planning: Marketers Want Solid Data on Value of Internet Ad Buys: Demand Swells for Information That Compares Media Options", *Advertising Age*, 3 de agosto de 1998, S18; debatido em Turow, *The Daily You*, 61.

21. Cleland, "Marketers Want Solid Data"; debatido em Turow, *The Daily You*, 61.

22. Rick Bruner, "'Cookie' Proposal Could Hinder Online Advertising: Privacy Backers Push for More Data Controls", *Advertising Age*, 16 de março de 1997, 16; debatido em Turow, *The Daily You*, 58.

23. Citado em Meg Leta Jones, "Cookies: A Legacy of Controversy", *Internet Histories* 4, nº 1 (2 de janeiro de 2020): 94, https://doi.org/10.1080/24701475.2020.1725852. Veja também David M. Kristol, "HTTP Cookies: Standards, Privacy, and Politics", *ACM Transactions on I nternet Technology* 1, nº 2 (1º de novembro de 2001): 151–98, https://doi.org/10.1145/502152.502153.

24. Equipe CNET News, "Ads Find Strength in Numbers", CNET, 4 de novembro de 1996, https://www.cnet.com/tech/tech-industry/ads-find-strength-in-numbers/.

25. Veja Jones, "Cookies", 95; Matthew Crain, *Profit Over Privacy: How Surveillance Advertising Conquered the Internet* (Minneapolis: University of Minnesota Press, 2021), 125–29.

26. Crain, *Profit Over Privacy*, 129.

27. Susan Wojcicki, "Making Ads More Interesting", *Official Google Blog* (blog), 11 de março de 2009, https://googleblog.blogspot.com/2009/03/making-ads-more-interesting.html.

28. Crain, *Profit Over Privacy*, 95.

29. Adam D'Angelo, *Quora*, 2010, https://www.quora.com/What-was-Adam-DAngelos-biggest-contribution-to-Facebook/answer/Adam-DAngelo.

30. Ashlee Vance, "In Ads We Trust", *Bloomberg Businessweek*, nº 4.521 (8 de maio de 2017): 6–7.

31. John White, *Bandit Algorithms for Website Optimization* (O'Reilly Media, Inc., 2012); William R Thompson, "On the Likelihood That One Unknown Probability Exceeds Another in View of the Evidence of Two Samples" *Biometrika* 25, nº 3/4 (1933): 285–294.

32. Para um relato diferenciado dos efeitos do Facebook que rejeita uma simples narrativa de demonização, veja Vaidhyanathan, *Antisocial Media*, por ex., p. 16–17.

33. James Grimmelmann, "The Platform Is the Message", SSRN Scholarly Paper (Rochester, NY: Social Science Research Network, 1º de março de 2018), https://papers.ssrn.com/abstract=3132758.

34. Zeynep Tufekci, "Engineering the Public: Big Data, Surveillance and Computational Politics", *First Monday*, 2 de julho de 2014, https://doi.org/10.5210/fm.v19i7.4901.

35. Edward L. Bernays, "The Engineering of Consent", *The Annals of the American Academy of Political and Social Science* 250 (1947): 115.

36. Salman Haqqi, "Obama's Secret Weapon in Re-Election: Pakistani Scientist Rayid Ghani", DAWN.

COM, 21 de janeiro de 2013, https://www.dawn.com/2013/01/21/obamas-secret-weapon-in-re-election-pakistani-scientist-rayid-ghani/.

37. Rayid Ghani *et alii*, "Data Mining for Individual Consumer Models and Personalized Retail Promotions", *Data Mining Methods and Applications*, 2007, 215.

3. Ethan Roeder, "I Am Not Big Brother", *New York Times*, 6 de dezembro de 2012, http://www.nytimes.com/2012/12/06/opinion/i-am-not-big-brother.html?_r=0.

39. Zeynep Tufekci, "Yes, Big Platforms Could Change Their Business Models", *Wired*, 17 de dezembro de 2018, https://www.wired.com/story/big-platforms-could-change-business-models/.

40. Tufekci, "Engineering the Public".

41. M. J. Salganik, *Bit by Bit: Social Research in the Digital Age* (Princeton, NJ: Princeton University Press, 2017), 10.

42. Mike Butcher, "Cambridge Analytica CEO Talks to TechCrunch about Trump, Hillary and the Future", *TechCrunch*, 6 de novembro de 2017, https://social.techcrunch.com/2017/11/06/cambridge-analytica-ceo-talks-to-techcrunch-about-trump-hilary-and-the-future/.

43. Trenholme J. Griffin, *A Dozen Lessons for Entrepreneurs* (New York: Columbia Business School Publishing, Columbia University Press, 2017), 146.

44. AnnaLee Saxenian, *Regional Advantage: Culture and Competition in Silicon Valley and Route 128, With a New Preface by the Author* (Cambridge, MA: Harvard University Press, 1996); Christophe Lécuyer, *Making Silicon Valley: Innovation and the Growth of High Tech, 1930–1970* (Cambridge, MA: MIT Press, 2006).

45. Josh Lerner, "The Government as Venture Capitalist: The Long-Run Impact of the SBIR Program", *The Journal of Private Equity* 3, nº 2 (2000): 55–78. Obrigado a Ella Coon por enfatizar isso.

46. Jerry Neumann, "Heat Death: Venture Capital in the 1980s", *Reaction Wheel* (blog), 8 de janeiro de 2015, https://reactionwheel.net/2015/01/80s-vc.html.

47. Tom Nicholas, *VC: An American History* (Cambridge, MA: Harvard University Press, 2019).

48. Katrina Brooker, "WeFail: How the Doomed Masa Son-Adam Neumann Relationship Set WeWork on the Road to Disaster", *Fast Company*, 15 de novembro de 2019, https://www.fastcompany.com/90426446/wefail-how-the-doomed-masa-son-adam-neumann-relationship-set-wework-on-the-road-to-disaster.

49. Kai-Fu Lee, *AI Superpowers: China, Silicon Valley, and the New World Order* (Boston: Houghton Mifflin Harcourt, 2019).

50. Ryan Mac, Charlie Warzel e Alex Kantrowitz, "Growth at Any Cost: Top Facebook Executive Defended Data Collection in 2016 Memo — And Warned that Facebook Could Get People Killed", *BuzzFeed News*, 29 de março de 2018, https://www.buzzfeednews.com/article/ryanmac/growth-at-any-cost-top-facebook-executive-defended-data.

51. Paul Lewis, "'Fiction Is Outperforming Reality': How Youtube's Algorithm Distorts Truth", *The Guardian*, 2 de fevereiro de 2018, sec. Technology, http://www.theguardian.com/technology/2018/feb/02/how-youtubes-algorithm-distorts-truth.

52. Jane Jacobs, *The Nature of Economies* (New York: Modern Library, 2000).

13: SOLUÇÕES ALÉM DO SOLUCIONISMO

1. Karl Manheim e Lyric Kaplan, "Artificial Intelligence: Risks to Privacy and Democracy", *Yale Journal of Law & Technology* 21, nº 1 (2019): 180, 181.

2. William H. Janeway, *Doing Capitalism in the Innovation Economy: Markets, Speculation and the State.* (Cambridge, UK: Cambridge University Press, 2012).

3. Marshall Kirkpatrick, "Facebook's Zuckerberg Says The Age of Privacy Is Over", *New York Times*, 10 de janeiro de 2010, https://archive.nytimes.com/www.nytimes.com/external/readwriteweb/2010/01/10/10readwriteweb-facebooks-zuckerberg-says-the-age-of-privac-82963.html.

4. Tim Cook, "We Believe That Privacy Is a Fundamental Human Right. No Matter What Country You Live in, That Right Should Be Protected in Keeping with Four Essential Principles", Tweet, *@tim_cook* (blog), 24 de outubro de 2018, https://twitter.com/tim_cook/status/1055035539915718656.

5. Blake Lemoine, "The History of Ethical AI at Google", Medium, 17 de maio de 2021, https://cajundiscordian.medium.com/the-history-of-ethical-ai-at-google-d2f997985233.

6. Urooba Jamal, "An Engineer Who Was Fired by Google Says Its AI Chatbot Is 'Pretty Racist' and That AI Ethics at Google Are a 'Fig Leaf'", *Business Insider*, 31 de julho de 2022, https://www.businessinsider.com/google-engineer-blake-lemoine-ai-ethics-lamda-racist-2022-7.

7. danah boyd, "Where Do We Find Ethics?", Medium, 15 de junho de 2016, https://points.datasociety.net/where-do-we-find-ethics-d0b9e8a7f4e6; citando Audre Lorde, "The Master's Tools Will Never Dismantle the Master's House", em *Sister Outsider: Essays and Speeches* (Trumansburg, NY: Crossing Press, 1984), 110–114.

8. Anna Kramer, "How Twitter Hired Tech's Biggest Critics to Build Ethi cal AI", Protocol — The people, power and politics of tech, 23 de junho de 2021, https://www.protocol.com/workplace/twitter-ethical-ai-meta.

9. Michael Kearns e Aaron Roth, *The Ethical Algorithm: The Science of Socially Aware Algorithm Design* (New York: Oxford University Press, 2020), 16.

10. Kearns e Roth, 16.

11. Cynthia Rudin, "Stop Explaining Black Box Machine Learning Models for High Stakes Decisions and Use Interpretable Models Instead", *Nature Machine Intelligence* 1, nº 5 (maio de 2019): 10, https://doi.org/10.1038/s42256-019-0048-x.

12. Annette Zimmermann, Elena Di Rosa e Hochan Kim, "Technology Can't Fix Algorithmic Injustice", *Boston Review*, 12 de dezembro de 2019, https://bostonreview.net/science-nature-politics/annette-zimmermann-elena-di-rosa-hochan-kim-technology-cant-fix-algorithmic.

13. Zimmermann, Di Rosa e Kim.

14. Gina Neff *et alii*, "Critique and Contribute: A Practice-Based Framework for Improving Critical Data Studies and Data Science", *Big Data* 5, nº 2 (junho de 2017): 85–97, https://doi.org/10.1089/big.2016.0050.

15. Mike Isaac, *Super Pumped: The Battle for Uber* (New York: W. W. Norton & Company, 2020), cap. 16.

16. Kate O'Flaherty, "Apple's Privacy Features Will Cost Facebook $12 Billion", *Forbes*, 23 de abril de 2022, https://www.forbes.com/sites/kateoflahertyuk/2022/04/23/apple-just-issued-stunning-12-billion-blow-to-facebook/.

17. Yochai Benkler *et al.*, "Social Mobilization and the Networked Public Sphere: Mapping the SOPA-PIPA Debate", *Political Communication* 32, nº 4 (2 de outubro de 2015): 594–624, https://doi.org/10.1080/10584609.2014.986349.

18. Para uma boa reflexão sobre a necessidade contínua de regulação do Estado, veja Frank Pasquale, *The Black Box Society: The Secret Algorithms That Control Money and Information* (Cambridge, MA: Harvard University Press, 2015).

19. Amy Kapczynski, "The Law of Informational Capitalism", *The Yale Law Journal* 129, nº 5 (2020), 1465.

20. Karl Manheim e Lyric Kaplan, "Artificial Intelligence: Risks to Privacy and Democracy", *Yale Journal of Law & Technology* 21 (2019): 162.

21. Michael Kearns e Aaron Roth, "Ethical Algorithm Design Should Guide Technology Regulation", *Brookings* (blog), 13 de janeiro de 2020, https://www.brookings.edu/research/ethical-algorithm-design-should-guide-technology-regulation/.

22. Morgan Meaker, "Meta's Failed Giphy Deal Could End Big Tech's SpendingSpree", *Wired*, 3 de dezembro de 2021, https://www.wired.com/story/facebook-giphy-cma-global-template/.

23. Manheim e Kaplan, "Artificial Intelligence: Risks to Privacy and Democracy", 186.

24. Citado em Lina M. Khan, "Amazon's Antitrust Paradox", *The Yale Law Journal*, 2017, 740.

25. Patrice Bougette, Marc Deschamps e Frédéric Marty, "When Economics Met Antitrust: The Second Chicago School and the Economization of Antitrust Law", *Enterprise & Society* 16, nº 2 (junho de 2015): 313–353, https://doi.org/10.1017/eso.2014.18.

26. "General Data Protection Regulation (GDPR) — Official Legal Text", Regulamento Geral sobre Proteção de Dados (GDPR), https://gdpr-info.eu/, art 22.

27. Meg Leta Jones, *Ctrl + Z: The Right to Be Forgotten* (New York: New York University Press, 2016).

28. Khan, "Amazon's Antitrust Paradox".

29. Sarah T. Roberts, *Behind the Screen: Content Moderation in the Shadows of Social Media* (New Haven, CT: Yale University Press, 2019).

30. Paul M. Barrett, "Who Moderates the Social Media Giants? A Call to End Outsourcing" (NYU Stern — Center for Business and Human Rights, junho de 2020), 4, https://static1.squarespace.com/static/5b6df958f8370af3217d4178/t/5ed9854bf618c710cb55be98/1591313740497/NYU+Content+Moderation+Report_June+8+2020.pdf.

31. Jeff Kosseff, *The Twenty-Six Words That Created the Internet* (Ithaca, NY: Cornell University Press, 2019).

32. Jennifer S. Fan, "Employees as Regulators: The New Private Ordering in High Technology Companies", *Utah Law Review*, Vol. 2019, nº 5 (2020): 55.

33. Alexis C. Madrigal, "Silicon Valley Sieve: A Timeline of Tech-Industry Leaks", *The Atlantic*, 10 de outubro de 2018, https://www.theatlantic.com/technology/archive/2018/10/timeline-tech-industry-leaks/572593/.

34. Daisuke Wakabayashi, "At Google, Employee-Led Effort Finds Men Are Paid More Than Women", *New York Times*, 8 de setembro de 2017, https://www.nytimes.com/2017/09/08/technology/google-salaries-gender-disparity.html.

35. Catherine D'Ignazio e Lauren F. Klein, *Data Feminism* (Cambridge, MA: MIT Press, 2020), 65.

36. Sarah Hamid, "Community Defense: Sarah T. Hamid on Abolishing Carceral Technologies", *Logic Magazine*, 31 de agosto de 2020, https://

logicmag.io/care/community-defense-sarah-t-hamid-on-abolishing-carceral--technologies/.

37. Ruha Benjamin, *Race after Technology: Abolitionist Tools for the New Jim Code* (Cambridge, UK; Medford, MA: Polity Press, 2019).

38. Zimmermann, Di Rosa e Kim, "Technology Can't Fix Algorithmic Injustice".

39. Zimmermann, Di Rosa e Kim.

40. Amy Kapczynski, "The Law of Informational Capitalism", 1460.

41. Sobre normas, leis, arquitetura e mercados, veja, por exemplo, Lawrence Lessig, "The New Chicago School", *The Journal of Legal Studies* 27, nº S2 (1998): 661–691.

ÍNDICE

C

D

E

F

G

H

I

J

K

L

M

N

O

P

Q

R

S